プロ野球選手のデータ分析
改訂版
Analysis of the Data in Japanese Professional Baseball Player

中山 悌一 著

Book house HD, Ltd.Tokyo

Analysis of the Data in Japanese Professional Baseball Player

Copyright©2011 Teiichi NAKAYAMA

All rights reserved.
Including the right of reproduction in whole or in part in any form.
Published by Book House HD,Ltd. 2011

推薦のことば

　この本が上梓されたことを、スポーツ科学を研究する者の一人として、またスポーツを愛好する者として心よりお祝い申し上げます。

　著者である中山悌一先生との出会いは、阪神タイガースでの測定に参加させてもらった時からです。プロ野球選手の形態測定、体力測定、メディカル検査、栄養調査、心理調査まで幅広い観点から、毎年、プロ野球選手のデータを慎重かつ丁寧に収集され、分析をかけてこられました。これまでも、日本体育学会、日本体力医学会を中心に、貴重な選手のデータを発表され、論文にもまとめてこられました。これまでに蓄積されたとても貴重でかつ膨大な資料を、再整理され、月刊トレーニング・ジャーナルに40回も連載されました。おそらく、同じ回数以上連載を続けられるデータはお持ちでしょう。

　今回は、これまでの連載分を中心に本としてまとめられました。スポーツ科学に学ぶ学生から研究者まで、スポーツ指導者、競技関係者、野球愛好家、スポーツ関係者の保護者の皆さんに、是非とも手にとって読んで欲しい一冊です。

　これまで、「スポーツ現場の指導者とスポーツ科学研究者との間にあるギャップを埋める」ということが常に課題としてあがってきました。この本は、現役のトップ選手の貴重なデータを蓄積し、現場へのフィードバックを最優先事項として意識した中山悌一先生（スポーツ科学研究者）がまとめられた本であり、現場の指導者・選手へ科学的英知と示唆に富む分析結果を提供しています。おそらく、私の知る限り、スポーツ科学に関わる本として、これだけの資料と分析結果をまとめたものは、本書以外にないと断言できるでしょう。

　この本が世に出ることは、スポーツ科学研究にとっても、そしてこれから選手を育てる指導者にとっても慶事です。必ずや従来にない新しい視点を本書は与えてくれるでしょう。是非、多くの方々に手にとって欲しいと心より願います。

　最後になりますが、本書をまとめられた中山悌一先生の地道な努力と冷静な分析、そして研究者としての情熱に心より敬意を表します。

立命館大学スポーツ健康科学部副学部長
伊坂 忠夫

目次

推薦のことば　伊坂 忠夫　3

第1部

第1章　体格の推移 (1950〜2014)　8
1. 年齢と身長の推移　8
2. 体重およびBMIの推移　12
3. 優秀選手と一般選手の年齢と体格の推移　15

第2章　投球側と打撃様式の推移 (1950〜2014)　20

第3章　生まれ月の特徴 (1950〜2014)　26
1. 日本人プロ野球選手　26
2. 優秀選手の生まれ月——投手と野手の比較　33

第4章　出身地別特徴　40
1. 日本人プロ野球選手　40
2. 日本人プロ野球優秀選手は何県生まれが多いか　49
3. 日本人プロ野球優秀選手は何県生まれが多いか——投手と野手の比較　55

第5章　プロ野球選手の学歴　61
1. 日本人選手と外国人選手の比較　61
2. 投手と野手の比較　65
3. 優秀選手の学歴　69

第6章　日本人・外国人選手の比較　75
1. 選手数・年齢・身長・体重・BMI　75
2. 投打様式　85

第2部

第7章　フィジカルサポート　95

第8章　形態　99

第9章　形態と生涯成績の関係　104

第10章　体重、体脂肪率の変化　110
  1. 年間の体重と体脂肪率の変化　110
  2. 新人選手の体重変化　112

第11章　体力　118
  1. 筋力系　118
  2. 瞬発系　122
  3. 柔軟性、呼吸循環系　126
  4. 等速性筋力（サイベックス）　131
  5. 等速性筋力の競技特性（プロ野球選手と短距離選手の比較）　137
  6. フィールドテスト　141
  7. 視力　145
  8. 関節可動域　151

第12章　体力測定値と生涯成績の関係　159
  1. 投手　159
  2. 野手　164

第13章　スポーツ外傷・障害　170
  1. 発症状況と筋力　170
  2. 投手の肘・肩の投球障害の発症状況　175

第14章　バットスイング速度　180
  1. プロ野球選手のバットスイング速度と形態との関係　180
  2. プロ野球選手のバットスイング速度と体力との関係　186
  3. 高校野球選手のバットスイング速度と形態・体力との関係　193
  4. 少年野球選手のバットスイング速度と形態・体力との関係　199
  5. プロ野球、高校野球、少年野球選手の比較　205

付　章　プロ野球界で実施されたユニークな自主トレーニングと講習会　215

あとがき　220

本書は「データで見る日本プロ野球選手の身体的特性」と題し、『月刊トレーニング・ジャーナル』の2007年12月号〜2011年3月号までに連載された内容を再編集し、必要に応じ改変・追加などを行い、まとめたものである。

編集／浅野将志
ブックデザイン／ハンプティー・ダンプティー
アートディレクション／青野哲之

第1部

第1章 体格の推移（1950～2014）

第2章 投球側と打撃様式の推移（1950～2014）

第3章 生まれ月の特徴（1950～2014）

第4章 出身地別特徴

第5章 プロ野球選手の学歴

第6章 日本人・外国人選手の比較

第1部は、プロ野球選手のメンバー表を基に統計学的にまとめてみた。1950年からの分析に使用したのは、セントラル野球連盟とパシフィック野球連盟が監修していた「ファン手帳」（ファン手帳社）のメンバー表である。このメンバー表は、阪神タイガースの捕手として活躍され1980年当時、球団の職員として資料の整理等を担当されていた山本哲也氏より、「先生の勉強の役に立つのであれば」と頂いたものであった。「ファン手帳」は2002年をもって廃刊となったので、2003年からはベースボールマガジン社の「週刊ベースボール（プロ野球全選手写真名鑑）」を使用した。メンバー表は、毎年発行されリーグ別、球団別、守備位置別に選手の名前が紹介されている。その項目としては、背番号、移籍・新人、投球側、打撃様式、生年月日、年齢、在籍年数、身長、体重、学歴、出身県などが記載されている。身長、体重は、1958年までは尺貫法にて表示されていたため、1尺＝0.303m、1貫＝3.75kgの計算式でメートル法に換算して使用した。

第1章 体格の推移 (1950～2014)

1. 年齢と身長の推移

1. 緒言

日本のプロ野球は、今日素晴らしい発展を遂げ、我が国では最も人気のあるプロスポーツの1つである。研究者の野球に対する関心も高く、1950年頃から幾つかの報告が行われている[1]～[13]。澤田[14]は、昭和30年と31年の日米野球を観戦し、「彼我の体力差をまざまざと見せつけられた。このことが動機となって、現在の日本プロ野球選手の体力に関するデータ保存の必要性を痛感した。それは日本の球団が野球の本場アメリカの球団と対等に試合のできる日の到来を夢見て、それが実現した時点の日本人選手の体力は現在の選手に比し、どのような推移をとったか、この対比の基礎資料となる現時点での成績を正確に記録することは極めて重要なことであり、後世に益する意義あることのように思い、体力測定を開始した」と述べている。

野球のパフォーマンスを決定する要素として、平野[15]は「エネルギー的にみて、野球は大きな筋パワーに支えられた種目と考えられるので、LBMが大きいことが有利である」と述べている。このLBMに大きく影響する体格の測定は、比較的簡単に測定できる身長、体重を中心として多くの場面で継続的に測定されてきている。さらに、日米の青少年[17]やプロ野球選手[18]を対象とした報告も行われていて、ある一時期の日米の青少年やプロ野球選手の体格に大きな差があることが確認されている。しかし、平野[15]が述べるように野球は財団法人日本体育協会に加盟しておらず、野球選手に対する統括的な体力測定は行われていないため、データの蓄積はない。ましてやプロ野球選手に対する縦断的研究はほとんど見あたらない。最近では日本人プロ野球選手が米大リーグでプレーし、体格的にも、野球の技術的にも、他の米大リーグ選手たちと遜色なく活躍する時代となった。このことは日本人プロ野球選手の体格が向上し、米大リーグ選手たちに近づいてきたことも1つの要因ではないかと考えられる。

日本のプロ野球が、現行のセ・パ両リーグの2リーグ制を敷いたのは1950年からである。そこで本研究は1950年から2014年までの65年間に日本人プロ野球選手の身長と体重が、戦後飛躍的に向上した一般人の体格[28]～[33]と比較して如何に推移してきたか、さらに米大リーグ選手との体格の差は縮まりつつあるのかを明らかにすることを目的として遂行された。

2. 方法

対象者は外国人選手は統計処理から除外し、1950年から2014年までの日本人選手延べ43,733人とした[19]。日本人プロ野球選手の体格の推移は、投手、捕手、内野手、外野手の4つのポジション別で比較し、日本人一般男子（24歳）とも比較検討した。各文献[20]～[27]より引用した米大リーグ選手の身長と体重[37]も、日本人プロ野球選手と比較した。国民栄養の現状（厚生労働省国民栄養調査結果）[28]～[33]から引用した日本人一般男子（24歳）の身長、体重の値は、ばらつきが大きかったため移動平均の三点法にて処理した。

3. 結果および考察

1）日本人プロ野球選手の全選手数とポジション別選手数の推移

図1-1には、65年間にわたる日本人プロ野球選手の選手数の変動とポジション別割合を示した。2リーグ分裂直後の1950年と1951年は、プロ野球の選手数も少なく、それぞれ368人と343人であり、1球団あたりの選手数も平均30人前後であった。その後は急激に選手数も増加し、1955年には688人に達し、その後は多少の増減を繰り返したが1991年までは700人足らずの選手数で推移していた。1992年からはそれまでの1球団60人の選手保有制限が70人に変更され、経営的に余裕のある球団は選手数を増やし、全体の日本人選手数も783人に達した。その後は1球団の選手数が徐々に低下したが、2002年からは育成選手制度の導入などがあり徐々に増加し始めたが、2013年からは減少に転じ2014年の日本人プロ野球選手数は788人である。

ポジション別割合は、すべての年で投手が一番多く、1950年からの3年間は30％台後半であり、1953年

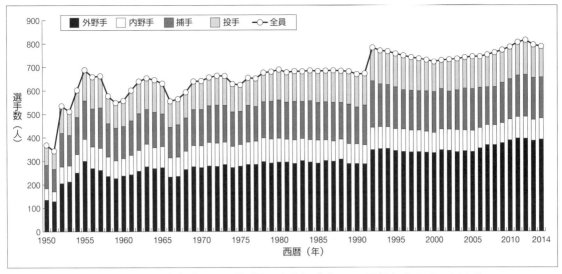

図1-1　日本人プロ野球選手の各年度ごとの選手数の変動とポジション別割合（1950～2014）

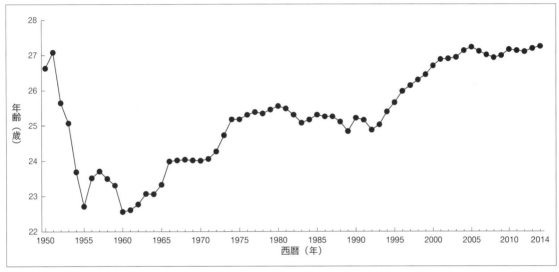

図1-2　日本人プロ野球選手の平均年齢の推移（1950～2014）

には40％台に達し、その後徐々に割合が増加し、1993年には45％台となり2014年には49.6％まで上昇した。このように投手の占める割合が増加したのは、野球の勝敗を決定する要因として投手の重要性が再認識されたことと、投手の分業制が確立し、より多くの投手が必要になったためと考えられる。

次にポジション別割合が高いのは内野手であり、21％から28％の範囲で推移している。外野手は17％から23％の範囲で変動し、捕手は割合が一番低く11％前後から15％の範囲で推移している。これらの野手の割合は、投手の占める割合の増加とともに年々減少傾向にある。

2）年齢

図1-2には、日本人プロ野球選手の平均年齢の年次推移を示している。2リーグ分裂直後の1950年と1951年はそれぞれ26.6歳と27.1歳と高い年齢を示したが、その後は若い新人選手が多数入団することにより平均年齢が急激に低下し、1955年には22.7歳となった。1966年までは23歳前後であったが、1967年には平均年齢が24歳を超え、さらに1974年には25歳台に達し、1993年までは25歳前後を推移していたが、1994年から徐々に高くなり、1997年に26歳台となり、2004年には27歳台に達し、2014年には最高の27.3歳となった。

このように平均年齢が徐々に伸びた要因としては、中日ドラゴンズの山本昌投手や阪神タイガースの鳥谷

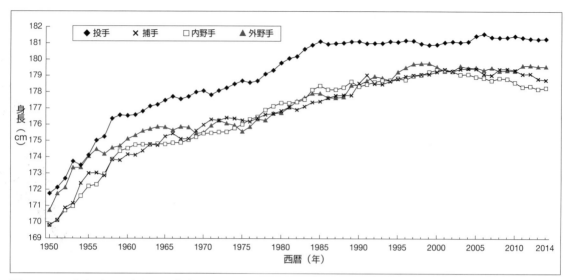

図1-3　日本人プロ野球選手のポジション別身長の推移（1950～2014）

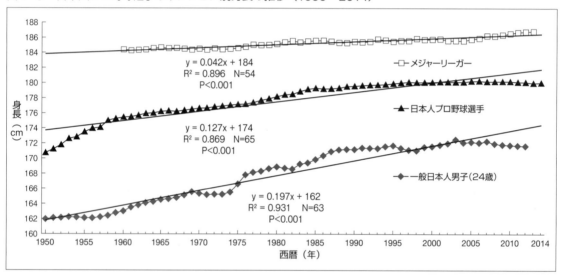

図1-4　日本人プロ野球選手と一般日本人男子、ＭＬＢ選手の身長の比較（1950～2014）

敬選手らに代表されるように、最近の選手は昔の選手と比較して、トレーニングや栄養などの自己管理がきちんとできるようになり、一流選手の選手寿命が延びたためと推測される。本来、野球という競技は、コンディショニングさえしっかり行えば40歳以上まで十分にプレーできる競技である。

3）身長

図1-3には、日本人プロ野球選手のポジション別平均身長の推移を示した。1950年の日本人プロ野球選手の身長は170.7cmであり、現在の日本人一般男子（24歳）より小さい。その後急激に大きくなり8年後の1958年には175cm台に達し、その後やや伸び率が低下したが1996年には180cm台となり、2006年には平均身長が180.3cmとなり、57年間で9.5cm（5.6%）も高くなったが、最近の10年間では身長の伸びが停滞している。

ポジション別比較では常に投手が一番高く、1950年では171.8cmで、1956年には175cm台となり、1981年には180cm台に達し、1985年には181cm台となったが、その後は身長の伸びが停滞し181cm前後を推移し、2006年に181.6cmの最高値を記録したが、その後は平均身長の伸びが停滞している。

野球というスポーツはポジションによってその役割も異なり、同じ野球選手といっても投手と野手では競技特性が大きく異なる。投手は打者が打ちにくいボールを投球することが大事であり、そのためには切れのある速いボールや変化球をコントロールよく投球する

表1-1　日本人プロ野球選手の身長の高い選手、低い選手（1950～2014）

身長の高い選手

順位	氏　名	ポジション	球団	身長(cm)	年度(年)
1	南　貴樹	投手	ソフトバンク	198	2014
2	金石　昭人	投手	巨人	197	1998
2	藤浪晋太郎	投手	阪神	197	2014
4	ダルビッシュ有	投手	日本ハム	196	2011
4	国吉　佑樹	投手	DENA	196	2014
6	藤原　虹気	投手	西武	195	2008
7	馬場　正平	投手	巨人	194	1959
7	高橋　智	外野手	ヤクルト	194	2001
9	新井　智博	投手	西武	193	1979
9	宮城　弘明	投手	ヤクルト	193	1987
9	服部　浩一	内野手	阪神	193	1988
9	仲根　政裕	外野手	中日	193	1988
9	川邊　忠義	投手	日本ハム	193	1997
9	南　竜次	投手	日本ハム	193	1997
9	丹波　幹雄	投手	ヤクルト	193	2002
9	木村　昌広	投手	中日	193	2003
9	伊良部秀輝	投手	阪神	193	2004
9	門倉　健	投手	巨人	193	2008
9	上野　啓輔	投手	ヤクルト	193	2012
9	大谷　翔平	投手	日ハム	193	2014
9	松本　竜也	投手	巨人	193	2014

身長の低い選手

順位	氏　名	ポジション	球団	身長(cm)	年度(年)
1	木下　勇	投手	西鉄	156	1950
2	浜崎　真二	投手	阪急	158	1950
2	野母　得見	投手	南海	158	1955
4	皆川　定之	遊撃手	東急	159	1950
5	松本　勇	捕手	南海	161	1950
5	坂田　清春	捕手	広島	161	1950
5	磯田　憲一	二塁・外野	広島	161	1951
5	今久留主淳	内野手	西鉄	161	1950
9	荒川　博	外野手	毎日	162	1959
9	鎌田　圭司	内野手	中日	162	2007
9	萩本伊三武	外野手	広島	162	1950
9	野口　勝美	投手	南海	162	1950
9	岡田　稔	内野手	巨人	162	1955
9	川内　偉人	投手	大洋	162	1955
15	内村　賢介	内野手	DENA	163	2014

＊複数の球団に所属した選手の球団名は、最も高い身長または最も低い身長を示したときの球団とした。
＊浜崎真二選手は、1950年のメンバー表には監督として登録されていたが、最近の報道で投手として登板した事が判明したので追加した。

ことが重要である。野手は打撃力が重要であるが、その他にも守備力、走力も必要であり投手とは異なった運動特性が要求される。投手は身長が高いほうが指極長も長く、高い位置からボールを投げ出すことによって投球に角度をつけることができる。打者からより近い位置でボールをリリースすることが可能となり、打者は打ちにくくなるものと考えられる。さらに投球動作時に回転の軸から末端までの距離が長いと、同じ角速度で動いた場合でも末端の速度が速くなるので速いボールを投げることができる。投手の身長が高いことは、投手は背が高いほうが有利であるというポジション的特異性に由来しているものと考えられる。その他のポジションでは、1968年までは外野手の身長が高い傾向にあったが、その後は内野手、捕手と類似した推移を続けている。

図1-4は日本人プロ野球選手と一般成人男子、MLB選手の身長の推移を比較したものである。1950年からの10年間（1950～1959年）の日本人一般男子（24歳）の身長は162.2cmであったが、その後徐々に増加し、最近の10年間（2003～2012年）の身長は172.0cm前後まで高くなった。プロ野球選手の身長は、一般人男子より5.5～8.6％の範囲で常に高く、1956年から1961年までは8％台と最も差が大きかった。

日本人プロ野球選手の身長は、1958年まで急速に上昇したが、一般男子は1956年までは、身長の伸びが停滞した。その後プロ野球選手も一般男子も順調に高くなってきた。これらの体格の向上は、1950年以降の日本人の食生活が飛躍的に向上したためと考えられる。深海（丸山）[34]は「身長は単に遺伝的というよりも、その食生活の習慣に起因した後天的要因にも大きく関わりがある」と述べているように、十分な栄養の摂取は体重のみならず身長の伸びにも大きく貢献したものと思われる。

文献（37）から引用した米大リーグ選手の1960年の平均身長は184.4cmであり、日本人プロ野球選手の1960年の平均身長は175.5cmと、その差は8.9cmにも及んでいた。しかし米大リーグ選手の身長の伸びは小さく、2006年の米大リーグ選手の平均身長は185.9cmであり、日本人プロ野球選手の2006年の平均身長は180.3cmで、その差は5.6cmにまで縮まった。

表1-1には、1950年から2014年までの日本人プロ野球選手の中で、身長が高かった選手と低かった選手を示した。最も身長が高かったのはソフトバンクの育成選手の南貴樹投手である。その後は読売ジャイ

アンツに在籍した金石昭人選手と阪神タイガースの藤浪晋太郎選手が続き、さらにダルビッシュ有選手と国吉佑樹選手が4位となる。いずれも1998年以降の選手であり投手である。後にプロレスで活躍する馬場正平選手は194cmの登録であった。

最も身長が低かった選手は、1950年に西鉄ライオンズに在籍した木下勇選手で156cmである。王貞治選手（読売ジャイアンツ）の打撃コーチとして有名な荒川博選手の名前もみられる。荒川博選手までは、すべて1950年代に登録された選手であるが、2007年登録の鎌田圭司選手と、2014年登録の内村賢介選手は異色の存在である。

2. 体重およびBMIの推移

4）体重

図1-5は、日本人プロ野球選手のポジション別体重の推移を比較したものがある。1950年のプロ野球選手の平均体重は65.0kgで現在の一般男子（67.3kg）より軽い。その後急激に増加し、8年後の1958年には70kg台に達し、その後やや伸び率が低下したが、

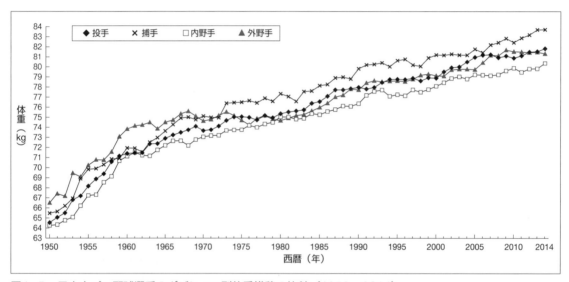

図1-5　日本人プロ野球選手のポジション別体重推移の比較（1950〜2014）

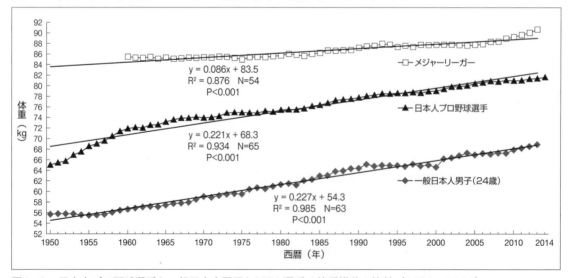

図1-6　日本人プロ野球選手と一般日本人男子とMBL選手の体重推移の比較（1950〜2014）

表1-2 日本人プロ野球選手の体重の重い選手、軽い選手（1950〜2014）

体重の重い選手

順位	氏名	ポジション	球団	体重(kg)	年度(年)
1	中田　亮二	内野手	中日	115	2010
2	井上　晴哉	内野手	ロッテ	114	2014
3	スタルヒン	投手	高橋	113	1954
4	大久保博元	捕手	巨人	108	1995
4	伊良部秀輝	投手	阪神	108	2004
4	吉岡　興志	投手	阪神	108	2012
7	中原　大樹	内野手	ソフトバンク	106	2012
8	矢作　公一	一塁手	日本ハム	105	1992
8	石毛　博史	投手	阪神	105	2005
8	吉岡　興志	投手	阪神	105	2010
8	山崎　武司	内野手	中日	105	2013
12	中込　伸	投手	阪神	104	2001
12	清原　和博	内野手	オックス	104	2008
14	馬場　正平	投手	巨人	103	1958
14	宮城　弘明	投手	ヤクルト	103	1984
16	G.G.佐藤	外野手	西武	102	2004
16	中村　剛也	内野手	西武	102	2011

体重の軽い選手

順位	氏名	ポジション	球団	体重(kg)	年度(年)
1	浜崎　真二	投手	阪急	51	1950
2	奥村　高明	外野手	阪神	53	1950
2	室川　光夫	捕手	近鉄	53	1951
2	今久留主功	内野手	毎日	53	1952
2	川西　俊雄	内野手	阪神	53	1953
2	石坂　善七	内野手	巨人	53	1956
7	内田蒼生也	投手	西鉄	54	1950
7	長谷川良平	投手	広島	54	1952
7	藤江　清志	投手	南海	54	1953

＊複数の球団に所属した選手の球団名は、最も高い身長または最も低い身長を示したときの球団とした。
＊浜崎真二選手は、1950年のメンバー表には監督として登録されていたが、最近の報道で投手として登板した事が判明したので追加した。

1978年には75kg台となり、2004年には80kgを超え、2014年では81.7kgとなり徐々に増加している。

ポジション別では、1969年までは外野手が一番重かったが、その後は捕手の体重が一番重くなり、徐々に増加し2014年では83.8kgである。これらの結果は澤田[35]の報告と一致するものであった。この理由として、捕手は守備時の移動距離が少なく、ポジション的役割としてホームベースを死守する役目を担っているために体重が重いほうが有利であるためと推測される。反して一番軽いのは、1980年と1981年を除いて内野手であり、2014年では80.4kgである。内野手は、打球に素早く追いつき、うまく打球を処理して送球しなくてはならないので、身体が比較的小さく俊敏な動きができる選手が必要である。守備位置を登録する場合には、一塁手も内野手として登録される。一塁手は、他の内野手とやや異なる競技特性を有するので、内野手から一塁手を除外して考えると、上記の特徴はより顕著となるであろう。

図1-6は日本人プロ野球選手と一般成人男子、MLB選手の体重の推移を比較したものである。プロ野球選手と一般男子を比較すると、プロ野球選手は1960年までの10年間に6.8kgも増加したが、一般男子はわずか0.9kgしか増加していない。1950年代には、プロ野球選手の体格が急激に向上し、一般男子の体格の向上は停滞ぎみとなり、この時期にプロ野球選手と一般男子の体格の差が広がった。その理由としては、終戦から5年しか経っていない1950年当時は、一般的な食料事情は悪かったが、プロ野球に入団してくる選手たちやプロ野球界は一般に比べて食料事情の回復も早く、栄養状態も比較的よかったと推測され、一般の栄養状況の回復はプロ野球界より遅れたと推測される。しかしその後は一般人の栄養状態も飛躍的に回復しプロ野球選手に近づき、栄養状況による体格への影響が少なくなってきたことが推測されるので、プロ野球選手と一般男子の体格の差が最近縮まる傾向にある。

文献(37)から引用した1960年の米大リーグ選手の平均体重は、85.5kgであったが、日本人プロ野球選手の1960年の平均体重は、71.9kgで、その差は13.6kgにも及んでいた。その後は、米大リーグ選手も日本人プロ野球選手も徐々に体重が増加し、2013年の米大リーグ選手の平均体重は90.8kgであり、日本人プロ野球選手の平均体重は81.4kgで、その差は9.4kgに縮まった。以上のように日本人プロ野球選手と米大リーグ選手の体格の差は確実に縮まりつつある。勝浦[36]は「日本人に比べアメリカ人男性は平均で15kgほど重たく、一般に白色人種は体重が重い傾向にあり、黄色人種は軽い傾向にある。こうした人種・民族による体重の違いは遺伝的なものだけでなく、文化・経済的な要因もかなり関係している」と述べている。戦後の日本の食料事情は著しく改善し、最近では食の欧米化が進み飽食の時代とさえ言われている状況である。このことは、少なくとも栄養摂取に関する限り、日本はアメリカ合衆国に限りなく近づき、現在の

日本人プロ野球選手と米大リーグ選手の体格の差は人種・民族的差に起因するものであろうと推察される。

表1-2には、1950年から2014年までの日本人プロ野球選手の中で、体重が重かった選手と軽かった選手を示した。最も重かったのは、中日の中田亮二選手である。後にプロレスで活躍した馬場正平選手は第14位にランクされ103kgの登録であった。最も軽かったのは、阪急に在籍した浜崎真二投手で次に阪神タイガースに在籍した奥村高明選手ら5人が続く。その後の54kgの選手3人を加えて、いずれも1950年代に登録された選手である。

5) BMI

図1-7は、日本人プロ野球選手のポジション別BMIの推移を示した。日本人プロ野球選手のBMIは、1950年が22.3でその後徐々に大きくなり、1958年には23台となり1987年には24台に達し、2014年は25.2と徐々に大きくなっている。すなわち最近は身長の伸びは停滞しているが、体重が増加してBMIが大きくなっているのである。この体重の増加は、競技力向上のために必要な除脂肪体重が増えているためと推測される。少なくとも34年前（著者が野球界に入団した頃）までは、プロ野球界のトレーニングと言えば、ランニングが中心であったが、最近ではほとんどの選手がウェイトトレーニングを練習に取り入れ、筋量を増やすことに努めている。この結果BMIが大きくなったのである。ポジション別にみると、1972年までは、捕手と外野手が高い値を示していたが、

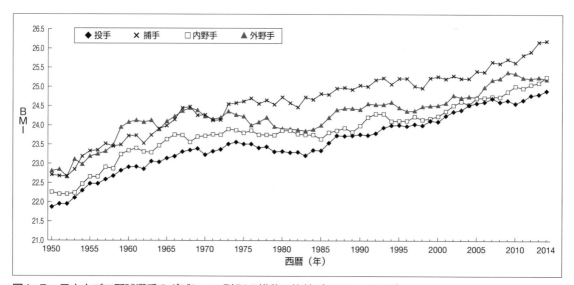

図1-7　日本人プロ野球選手のポジション別BMI推移の比較（1950〜2014）

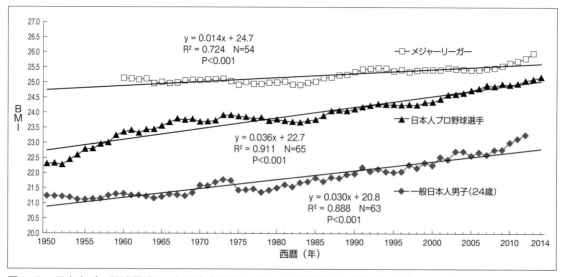

図1-8　日本人プロ野球選手と一般日本人男子とMBLのBMI推移の比較（1950〜2014）

1973年から今日に至るまで捕手が一番高い値を示し、2014年のBMIは26.2である。これは捕手のポジション的特性によるものであろう。

逆に外野手のBMIが捕手に比べて小さくなったのは、1970年代から球場が広くなり打撃を優先する外野手から、守備範囲が広く俊敏に動ける外野手への転換が必要となったためと思われる。それに反して、常に一番低いBMIの値を示しているのが投手であり、1950年には21.9で、その後徐々に高くなり2007年は24.7を示している。しかし最近では、他のポジションとほとんど変わらなくなってきている（捕手を除く）。これは、先発完投型の投手だけでなく、中継ぎ的投手や変則的投手が増加したことや、投手もウェイトトレーニングを行うようになり筋肉がついてきてBMIが増加してきているためと推測される。

1950年からの10年間（1950～1959年）の日本人一般男子（24歳）の平均BMIは21.2であったが、その後徐々に増加し最近の10年間（1992～2001年）の平均BMIは22.2まで増加した。この増加は、最近の状況を考慮すると脂肪の増加ではないかと考えられる。

図1-8は日本人プロ野球選手と一般成人男子、MLB選手のBMIの推移を比較したものである。

1960年の米大リーグ選手の平均BMIは、25.1であったが、日本人プロ野球選手の1960年の平均BMIは23.4で、その差は1.7であった。その後は、米大リーグ選手も日本人プロ野球選手も徐々にBMIが増加し、2013年の米大リーグ選手の平均BMIは26.0であり、日本人プロ野球選手の2013年の平均BMIは25.1で、差は0.9と縮まった。これは、日本人プロ野球選手もウェイトトレーニングをしっかり実施し、LBMが増加したためと思われる。

4. まとめ

日本人プロ野球選手は、過去65年の間に、体格が大きくなり競技力が向上し、米大リーグ選手たちと対等に闘える時代となった。しかし、日本人プロ野球選手は、米大リーグ選手より技術的に優れ効率的に身体を使える反面、絶対的な筋力がまだ不足している。今後は、筋力トレーニングをしっかりと行い、除脂肪体重（LBM）を増やして、民族的な体格の劣勢を克服し、真の「ワールドシリーズ」に勝利してもらいたいものである。

3. 優秀選手と一般選手の年齢と体格の推移

1. 緒言および方法

日本人プロ野球選手の体格の推移に関しては、すでに述べたが、本章1、2で分析できなかった優秀選手（シーズン中によい成績を残した選手）とそれ以外の一般選手とを比較し、65年間の年齢と体格の推移について述べる。

優秀選手とは、投手では規定投球回数に達した投手と、セーブの記録が表彰されるようになった1999年からはセ・パ両リーグでセーブポイントの上位5人、計10人を追加した。2006年からは、セーブポイントの多い各リーグ10人とホールドの多い各リーグ10人を優秀投手に加えた。野手では規定打席に達した選手を優秀選手とした。なお、外国人選手は統計処理から除外し、日本人プロ野球選手のみを対象とした。

2. 結果および考察
1）優秀選手の対象人数と割合

図1-9には、1950年から2014年までの優秀選手の割合の推移を示した。2リーグ分裂直後の1950年と1951年はその割合が30％前後を示すことがあったが、1952年には20％前後となった。その後は、投手が7.6％から19.4％で推移し、野手が9.9％から18.7％で推移している。最近の10年間では、野手が10.7％から14.6％の範囲であるのに比較して、投手では9.1％から15.9％で推移している。

2）年齢

図1-10には優秀選手と一般選手の年齢の推移を示した。全体的な年齢の推移の傾向としては、2リーグ分裂直後は比較的高い年齢層であったが、その後若い選手の大量の入団があり平均年齢も低下した。その後は選手寿命が長くなり、選手の平均年齢も上昇している。その中でほとんどの年で平均年齢が高いのは「野手の優秀選手」である。優秀野手選手は、2リーグ分裂直後の1950年では29.4歳で最も高く、1959年と1997年、1999年以外の年度では平均年齢が常に一番高かった。その次に平均年齢が高いのは「投手の優秀選手」である。このように優秀選手の平均年齢が高

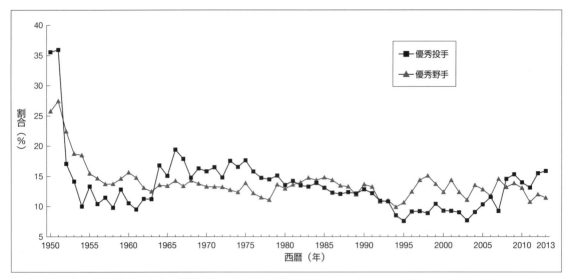

図1-9　日本人優秀選手の割合の推移（1950～2013）

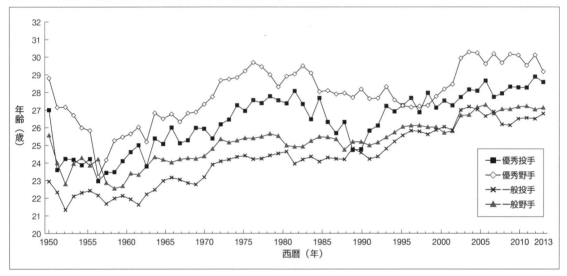

図1-10　日本人優秀選手の年齢の推移（1950～2013）

く、優秀野手選手の平均年齢が最も高い理由としては以下のことが考えられる。

①プロ野球の世界では、優秀な成績を残せなかった選手は若くても球界を去らなければならない。成績を残した選手のみが長くプロ野球の世界で「飯を食える」のである。
②野球の技術は一度身につけると簡単に消滅するものではなく、野球は心身両面でのコンディショニングをしっかり行えば比較的長くプレーできる競技種目である。
③野手はバットやグラブ（ミット）を媒体としてプレーしているので、高い技術力を長く活かすことができるが、投手は自分の肉体のみを使って投球を行うので、肘や肩への負担も大きく、肘や肩の故障が原因となって現役を引退する可能性が高い。

　一般選手の平均年齢の比較では、常に野手のほうが1歳ほど高い傾向が続いていたが、その差は徐々に小さくなり、2001年には平均年齢が逆転した。その後は同じような推移を辿っている。この理由としては、以下のことが考えられる。

①一般選手の野手の平均年齢が常に1歳ほど高かったのは、野手はレギュラーで試合に出場しなくても代打や守備固めなどで試合に出場する機会があり、長く球界に在籍できるので、平均年齢が高くなると考えられる。

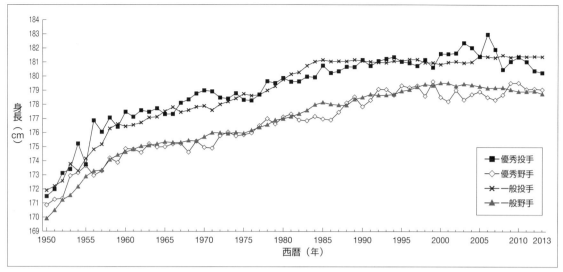

図1-11　日本人プロ野球選手の優秀選手と一般選手の身長の推移（1950～2013）

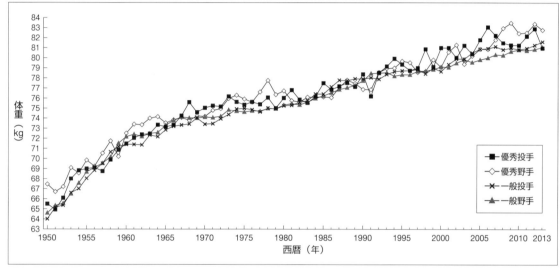

図1-12　日本人優秀選手の体重の推移（1950～2013）

②投手は、1980年代までは先発完投型の投手が要求され、その能力がないと判断された投手は球界を去ることとなったので、平均年齢が低くなったと推測できる。

③1990年代になるとリリーフ投手の重要性が増し、ワンポイントや中継ぎ、抑え投手などの役割の投手が出現した。そのために先発完投型の投手以外の役割を持った投手が働く場所ができ、長く球界に在籍することで平均年齢が高まってきたと思われる。

3）身長

図1-11には優秀選手と一般選手の平均身長の推移を示した。この図より、優秀選手と一般選手の比較の前に常に投手が野手よりも大きいことがわかる。すなわち優秀な選手であるかどうかより、投手か野手であるかで身長に差が認められる。

投手の優秀選手と一般選手を比較すると、1975年くらいまでは優秀選手の投手が大きい傾向を示したが、その後は、優秀選手と一般選手の間に身長の差があまり認められなくなった。これは先発完投型の大型の投手だけでなく技巧派投手やリリーフ投手の出現に起因しているものと推測される。しかし最近2～3年間では、藤浪投手、大谷翔平などの大柄な投手の出現によって、優秀投手の身長が高くなってきているようである。

野手の優秀選手と一般選手を比較すると、1955年までは優秀選手の身長が高く、1970年前後と1985年前後は優秀選手が身長が低く、さらに2008年以降

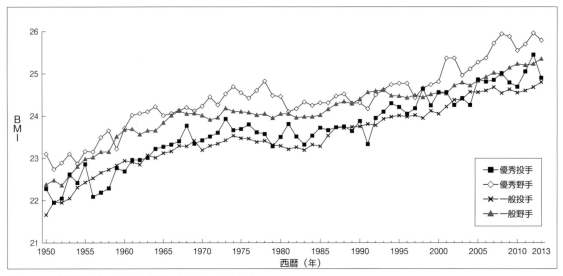

図1-13　優秀選手のBMIの推移（1950〜2013）

は優秀選手の身長が低い傾向にある。しかし全体的に見ると、両者間にほとんど差が認められないようである。

4）体重

図1-12には優秀選手と一般選手の平均体重の推移を示した。この図より、身長のように投手と野手間に大きな差は認められず、優秀選手と一般選手との比較でも明確な違いを認めることができなかった。しかし、65年間の優秀投手と一般選手の平均値の比較では、優秀投手の平均体重は76.0kg、一般投手の平均体重は75.4kgであり、差を認めた。さらに同様に、野手の優秀選手の平均体重は76.2kg、一般選手の平均体重は75.4kgであり、差を認めた。このことより、投手でも野手でも体重が重く、除脂肪体重が大きい選手が優秀選手であると言えるかもしれない。

5）BMI

図1-13には優秀選手と一般選手のBMIの推移を示した。BMIは野手と投手と比較すると、65年間を通じて野手のほうが大きい傾向にある。野手の優秀選手と一般選手のBMIを比較するとほとんどの年で優秀選手が大きく、打撃で優秀な成績を残す選手は、がっちりした体格の持ち主が多いことがわかる。

次に投手も一般選手よりも優秀選手のBMIが大きい傾向にあり、投手も野手と同様にがっちりとした投手がよい成績を残す確率が高そうである。しかし野手でも投手でも優秀選手のBMIが大きいことは、優秀選手の平均年齢が高いことを考慮すると、年齢の増加に伴う脂肪量の増加により、体重が増え、BMIが大きくなった可能性も否定できない。

[参考文献]
1）笹川九吾、田村善弘、野球選手の体力について、体育学研究、(1951)、1, 100-101.
2）福田邦三、加藤橘夫、神田順治、石河利寛、松井三雄、前川峰男、森清、少年野球の研究、体育学研究、(1951)、1, 224-236. Fukuda, K., Matsui, M., Maekawa, M., Mori, K., Kato, K., Kanda, J., Ishiko, T., Study on the junior baseball. (in Japanese)
3）吉村寿人、山岡誠一、千早卓郎、江口文野、宇佐見駿一、波多間幸信、平松戌辰、北川孝二、中学野球の衛生学的考察、体育学研究、(1952)、1, 295-301. Yoshimura, H., Yamaokaa, Chihaya, T., Eguchi, B., Usami, S., Hatama, Y., Hiramatsu, S., Kitagawa, K., A contribution to hygienic control of baseball games for boys of junior high school. (in Japanese)
4）荒井充、滝内勝男、広瀬一郎、内藤寛、林原明郎、畑佳成、加賀完一、運動選手の体格、体型に関する研究（第1報）野球選手の体格体型について、体力科学、(1952) 1, 162.
5）神田順治、大学野球の実態調査から（第1報）、体育学研究、(1953)、1, 385-387. Kanda, J., Research on the college baseball, No.1, (in Japanese)
6）加藤橘夫、前川峰男、丹下保夫、鷹野健次、石河利寛、浅田隆夫、少年野球の研究（第二報）（日本体育学会少年野球班課題報告）、体育学研究、(1953)、1, 393-399. Kato, K., Maekaw, M., Kanda, J., Tange, Y., Takano, K., Asada, T., Ishiko, T. Study on the junior baseball No.2 (in Japanese)
7）石河利寛、広田公一、スポーツ適正の研究（1）野球におけるバッティングの適正、体力科学、(1955)、5, 13-14.
8）重田定正、石河利寛、広田公一、谷岸博、野球のバッティングに関する研究、体育学研究、(1956)、2, 9-17.

9）沢田芳男、坂田亮明、緒方肇、岡昭一、村田忠彦、体力判定図形によるプロ野球選手の体力医学的考察、体力科学、(1957)、6, 117.
10）沢田芳男、身体計測からみたハワイ高校選抜野球選手の検討、体力科学（1959）8, 193-194.
11）佐藤和夫、矢野秀夫、職業野球選手の体力科学的調査、体力科学、(1959) 8, 196.
12）沢田芳男、武藤雅之、プロ野球選手体力の国際比較、体力科学（1964）13, 46-47.
13）平野裕一、福永哲夫、近藤正勝、角田直也、池川繁樹、身体組成および体肢組成からみた野球選手の特性、J. J. Sports Sci, (1989), 8, 560-564. Hrano, Y., Fukunaga, T., Kondo, M., Tsunoda, N., Ikegawa, S. Characteristics of baseball players from the view point of body and limb compositions J. J. Sports Sci., (1989) 8, 560-564. (in Japanese)
14）澤田芳男、日本人のからだ－とくに野球選手の身長を中心として－、体力科学、(1988)、37, 1-14. Sawada, Y., Physique of the Japanese : past, present and future — round about stature of baseball players—. Jpn. J. Phys. Fitness Sports Med., (1988), 37, 1-14 (in Japanese)
15）平野裕一、野球選手の体力的特性、Jpn. J. Sports Sci., (1987), 6, 712-719.
16）Shigeta, S., A study on the change in the physique of the Japanese, 体育学研究、(1962)、6, 23-39.
17）吉田清、野口義之、運動能力の比較的研究（日、米青少年のちがいについて）、体育学研究、(1959)、4 (3), 55-70. Noguchi, Y., Yoshida, K., Comparative Study of motor fitness (No.1), The differences of motor Fitness between Japanese and American youth. (in Japanese)
18）白旗敏克、大畠襄、河野照茂、久富冲、遠藤陽一、小野寺昇、佐藤美弥子、プロ野球選手の身体特性とスポーツ外傷・障害、J. J. Sports Sci., (1990), 9, 407-412.
19）多川益太郎編集、ファン手帳、日本野球用品株式會社、東京、(1950)～(2002).
＊1952年より発行所が株式会社ファン手帳社に、所在地が千葉に変更、
＊1985年から編集発行人が多川清、多川卓の連名に変更
＊1997年から編集発行人が多川卓となり現在に至る
20）Coleman, A., E., Skinfold estimates of body fat in major league baseball players. Phys. Sportsmed., (1981), 9, 77-82.
21）Coleman, A., E., Physiological characteristics of major league baseball players. Phys. Sportsmed., (1982), 10, 51-57.
22）Coleman, A.,E., In-season strength training in major league baseball players. Phys. Sportsmed., (1982), 10, 125-132.
23）Gurry,M., Pappas, A., Michaels, J., Maher, P., Shakman, A., Robert, G., Rippe, J., A comprehensive preseason fitness evaluation for professional baseball players. Phys. Sportsmed., (1985), 13, 63-74.
24）Hagerman, F. C., Starr, L. M., Murray, T. F., Effect of a long-term fitness program on Professional baseball players. Phys. Sportsmed., (1989), 17, 101-119.
25）Jordon. H., Analysis of data from Reichler's (1979) the baseball encyclopedia: right-handed pitchers are taller and heavier than left-handed pitchers. Perceptual and Motor Skills, (1994), 78, 1043-1048.
26）http://www.sponichi.co.jp/usa/nichibei/2000/majormember.htm 日米野球「オールスターシリーズ2000」大リーグメンバー
27）http://www.yomiuri.co.jp/mlb-npb/stats_mlb/main. htm All-Star Series Japan 02 大リーグチーム　2002
28）厚生省公衆衛生局栄養課編、国民栄養の現状（昭和33年国民栄養調査結果）、初版　第2部、第一出版株式会社、東京、(1960)、149-150.
29）厚生省公衆衛生局栄養課編、国民栄養の現状（昭和39年国民栄養調査結果）、初版　第2部、第一出版株式会社、東京、(1966)、101-103.
30）厚生省公衆衛生局栄養課編、国民栄養の現状（昭和51年国民栄養調査結果）、初版　第4部、第一出版株式会社、東京、(1978)、154-156.
31）厚生省保健医療局健康増進栄養課編、国民栄養の現状（昭和61年国民栄養調査結果）、第1刷　第5部、第一出版株式会社、東京、(1988)、157-159.
32）厚生省保健医療局地域保健健康増進栄養課、生活習慣病対策室監修、国民栄養の現状（平成8年国民栄養調査結果）、第1刷　第5部、第一出版株式会社、東京、(1998)、140-142.
33）健康・栄養情報研究会編、国民栄養の現状（平成13年厚生労働省国民栄養調査結果）、初版　第6部、第一出版株式会社、東京、(2003) 187-189.
34）深海（丸山）康子、ヒトの身長はどこまで高くなれるか、体育の科学、(1997)、47、350-355.
35）澤田芳男．スポーツ医学（久松栄一郎、猪飼道夫編）、V. 体格・体質・体力．5. ポジションと体力．2) プロ野球、体育の科学社、東京、5版、(1970)、109-113.
36）勝浦哲夫、ヒトの体格の上限（体重）－ヒトはどこまで重くなれるか－、体育の科学、(1997)、47、346-349.
37）http://sportsologist.com/baseball-player-height-and-weight-by-year/

第2章 投球側と打撃様式の推移
(1950〜2014)

1. 緒言

野球は、ポジションによって送球側による有利、不利が現れる。たとえば捕手の場合、右打席に打者がいた場合には、一塁、二塁に送球する場合には右投げが有利となる。内野手の場合、一塁に送球する場合には右投げが有利となる。同じ内野手でも一塁手は、二塁に送球するときには左投げが有利となる。外野手は送球側に影響されることはあまりない。一方打撃においては、左打者が一塁に近く有利である。とくに最近は左打ちの選手が増加しているように思われる。そこで、投げる側と打撃する側についてポジション別に出現頻度の経年変化を検討することとした。

2. 方法

対象者は、1950年から2014年までに日本プロ野球界に在籍した選手（外国人選手を含む）、延べ45,725人である。選手の投球側は右投げと左投げに分け、打撃様式は右打ちと左打ち、さらに両打ちの3様式に区別した。これらの投球側と打撃様式は、投手、捕手、内野手、外野手の守備位置ごとに分けられ、さらに捕手と内野手と外野手は、投手に対する野手としても分析した。規定打席に達した選手を優秀打者として、その他の一般打者と比較した。

3. 結果および考察
1）左投げ選手の割合

図2-1には、全選手を対象にして右投げ選手と左投げ選手の占める割合の推移を示した。野球で最初に行うことはボールを投げることである。人は利き手で投球する。久保田[2]は「人間ではおよそ9割が右利きである」と述べている。日本プロ野球の全選手を対象にした左投げの選手の割合は、1953年から1958年にかけて14.7％から20.1％に急激に増加する現象が認められたが、この期間は2リーグ分裂初期の変換期でもあり、明確な理由は不明である。その後の左投げの選手の割合は、約16.1％から21.5％の範囲で推移し、最近は左投げの選手がやや増加しているようである。このことより日本のプロ野球には、左投げの人が多く参加していると言える。

2）ポジション別の年次推移

図2-2では、ポジション別に右投げ選手の占める割合の年次推移を見てみた。野球は9人で行われる競技であるが、守備位置によってその役割が大きく異なる。とくに送球にその守備位置の特徴がよく現れている。捕手はほとんどすべての選手が右投げである。捕手は65年間に3人の左投げの選手も在籍したが、それ以外の選手は右投げであった。捕手の送球における役割は、盗塁を阻止したり走者を牽制するために各塁に送球することである。送球だけを考えた場合には右投げでも左投げでも大差はない。しかし右打席に打者がいるときは、右投げの捕手は打者が邪魔になることなく二塁、一塁に送球できるが、左投げの捕手は打者が邪魔になり一度右にステップして送球しなければならず、送球までの時間も遅くなる。三塁への送球は送球する方向に打者が立っているので、打者の前面か、または背面のどちらかにステップしなければならない。前面にステップしたときは右投げの捕手が投げやすく、背面にステップしたときは左投げの捕手が有利である。図2-3に示すように65年間の平均で、打者の74％が右打ちである現状では、右打席に打者がいる確率が高いので右投げの捕手のほうが有利となる。しかし、最近では左打ち選手の割合が増加しているので、このまま左打ち選手が増えると左投げの捕手が出現しても不思議ではない。

次に右投げ選手の比率が高いのが内野手であり、1985年くらいまでは90％前後を推移していたが、最近はその割合が上昇しつつある。内野は基本的に送球方向が左側（一塁ベース）になるので右利きが有利である。しかし一塁手は、打球を処理するときは送球の方向が基本的に右側となるので左投げが送球しやすくなる。また一塁手は、投手からの牽制球を受けるときも、左投げの選手は右手のグラブで捕球するのでランナーにタッチしやすく有利である。このように同じ内

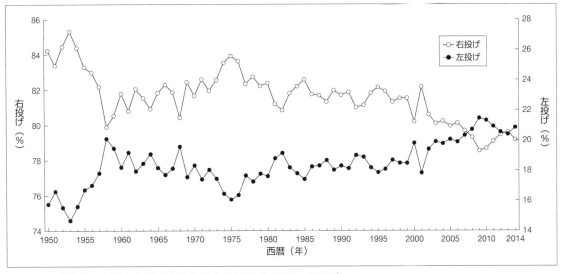

図2-1　全選手の右投と左投の占める割合の推移（1950〜2014）

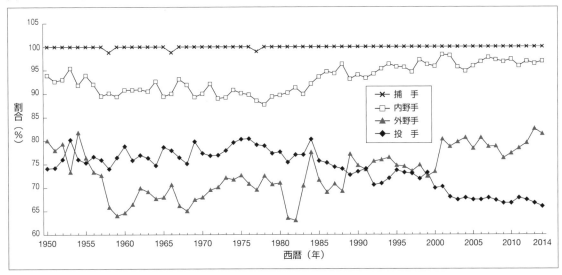

図2-2　ポジション別の右投げ選手の占める割合の推移（1950〜2014）

野手でも、一塁手と他の内野手とでは守備の役割が異なり一塁手以外は右投げが有利となる。

　さらに投手では、1950年から1984年くらいまでは右投げの投手の割合が78％前後で推移していたが最近では右投げの投手が減少傾向にある。すなわち左投げ投手が増加してきたのである。この理由としては打撃様式の変化との関連で後に述べる。

　65年間で平均的に右投げ選手の割合が最も少なかったのが外野手であるが、最近では右投げ外野手が増加傾向にあり、投手の割合を上まわっている。外野手は、打球を処理する際にはほとんど前方に送球するので右投げでも左投げでも問題にならない。ただしライト線の打球を処理して送球する場合には、左投げの選手が送球しやすい。逆にレフト線の打球を処理して送球する場合には、右投げの選手が送球しやすい。しかし外野手は、内野手ほどの制約はないので右投げ外野手の占める割合は内野手より低いのである。

3）右打ち選手の割合が低下

　図2-3は、全選手を対象として右打ち、左打ち、両打ち選手の占める割合の推移を示したものである。野球という競技では、左打者のほうが有利であるとよく言われる。その理由として一塁ベースに近いことや、右投手のボールが見やすいこと、打ち終わった後に一塁にスタートしやすいことなどがあげられる。次にチームにもたらすメリットとして、一塁にランナーがいる時は一塁手がベースの近くに守るので一・二塁間のヒットゾーンが広くなることや、左打者が打席に立つ

第2章　投球側と打撃様式の推移

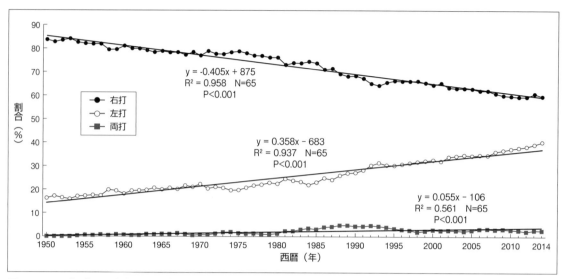

図2-3 日本プロ野球全選手の右打・左打・両打の割合の推移（1950～2014）

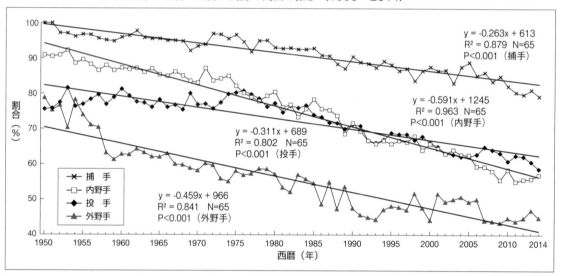

図2-4 ポジション別の右打ち選手の占める割合の推移（1950～2014）

と捕手が二塁に送球し難く一塁ランナーが盗塁しやすいこと、さらに左打者の打球は進塁打になりやすいことなどがあげられる[4]。

日本のプロ野球では、1950年には右打ち選手が84%を占めていたが、その後徐々に少なくなり、2014年には60%まで低下した。それに比較して左打ちの選手は、1950年には16%であったが、その後徐々に上昇し2014年には40%まで増加した。このように右打ちの打者が年々少なくなり、左打ちの選手が増加している。プロ野球選手は、左打ち打者の有利さを理解し野球生活を送るある時期に左打ちに変更したことが想像される。送球と異なり、打撃様式は後天的に変更が可能なのである。

両打ちとは、投手のボールが見やすいほうの打席で打撃を行うことである。すなわち、右投手に対しては左打席で、左投手に対しては右打席で打撃を行う。両打ちの選手は1954年に初めて登場し、その後徐々に増加し1988年には4.8%で最高の割合を示したが、その後は減少傾向にあり、1998年には2.0%まで低下した。最近はやや増加傾向にあり2014年は2.6%である。両打ちの選手は、左投げの投手が増加すると右打席に立つ割合が高くなる。両打ち選手の割合が低下した要因としては、打撃において投手のボールが見やすいという優位性よりも、左打ちの利点を優先し、両打ちよりも左打ちを選択したと推測される。

4）ポジション別の右打ち選手の割合

図2-4は、ポジション別に右打ち選手の占める割

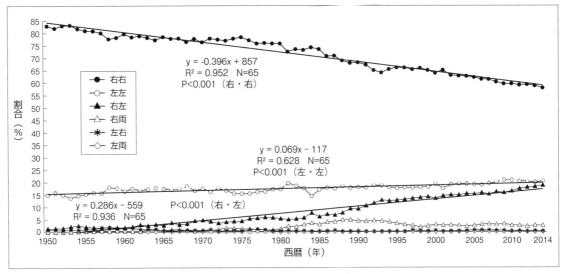

図2-5　全選手を対象とした投打様式の割合の推移（1950〜2014）

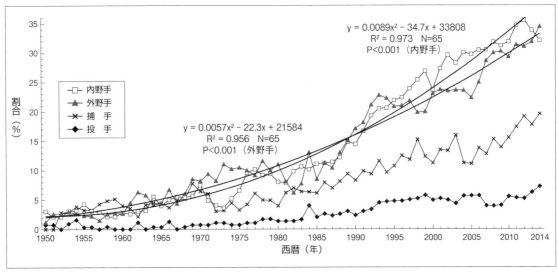

図2-6　ポジション別右投げ左打ち選手の占める割合の推移（1950〜2014）

合の推移を示したものである。打撃様式にもポジション別の特徴が現れる。右打ち選手の占める割合が最も高いのは捕手である。1950年、1951年には全員が右打ちであったが、その後右打ち選手の割合は低下し2014年には79％となっている。捕手は、99％以上が右投げの選手なので本来右打ちであったろうと推測され、2リーグ分裂後の盗塁王の中には捕手は存在せず、歴代の最多盗塁数50人の中では10位にランクされる古川清蔵選手のみが選手生活の初期に捕手を経験しただけである。このように、捕手は俊足選手が少なく意図的には左打ちに変更しなかったと思われる。

次に右打ち選手の割合が高いのは内野手である。内野手は1950年には91％が右打ちであったが、その後徐々に低下し2014年には57％となった。内野手は、一塁手を除いてすべて右投げであるので、右打ちの選手が外野手よりも多く、俊足巧打的選手も多いので後天的に左打ちに変更し、捕手より右打ち選手の割合が低くなったと推測される。この傾向は外野手にも見られ、1950年には外野手の右打ち選手は79％であったが、その後急激に低下し2014年には45％となり、左打ちの選手が多くなってしまった。外野手は左投げの選手も多く、俊足巧打的選手も多いので右打ち選手の割合が一番低いのである。

投手に関しては、野手とはやや異なり、1985年くらいまでは右打ちの選手が78％前後で推移していたが、その後は徐々に低下し2014年には59％となっている。この右打ち選手の割合の低下は、左投げ投手が増加したためと推測される。

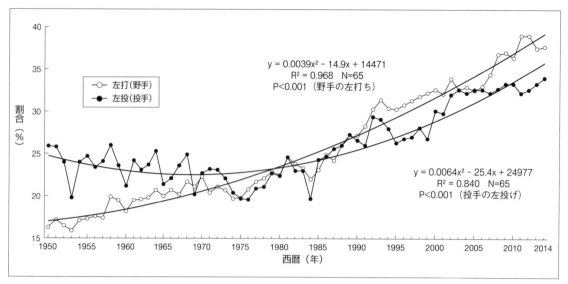

図2-7 野手の左打ちの占める割合と投手の左投げの占める割合の推移（1950～2014）

5）右投げ左打ちの増加

図2-5は投打の様式を6つに分け、それぞれの様式の占める割合の推移を比較したものである。右投げ右打ちの選手は、65年間常に一番多かった。しかし右投げ右打ち選手の割合は、1950年代前半には82％前後を示していたが、その後徐々に低下し、2014年には58％となっている。次に多いのは左投げ左打ちの選手である。左投げ左打ちの選手の割合は、1950年代は15％前後で推移していたが、その後はわずかに上昇し2014年は20％である。

なお、右投げ右打ちの選手が、65年間に83％から59％まで低下したのに対して、特徴的なのは右投げ左打ちの選手の割合が、1950年にわずか1.4％であったがその後徐々に高まり、2014年には19％まで増加した事である。このことは、本来右投げ右打ちの選手が徐々に右投げ左打ちに変わっていったと推測できる。この理由としては、人間は本来右投げの人が多いことや、右投手が多くて左打ちの選手は打撃で有利であること、さらに打撃は後天的に身につく技術であることなどがあげられる。これらの野球の競技特性を考慮すると、この傾向は今後も引き続き、右投げ左打ちの選手が増加するものと考えられる。

右投げ両打ちの選手は、1954年に初めて出現し、その後徐々に増加し、1988年に4.8％の最高値を示したが、その後低下し2014年には2.6％となっている。左投げ右打ち選手と左投げ両打ち選手の割合はほとんどの年で1.0％以下であった。

6）ポジション別の右投げ左打ち

図2-6は、増加が著しい右投げ左打ち選手の占める割合の推移をポジション別に示したものである。すべてのポジションで右投げ左打ちの選手の割合は増加しているが、内野手と外野手は割合も高く増加率も大きい。内野手と外野手は同じような推移を辿り、1950年にはそれぞれ3.0％と1.2％であったがその後は緩やかに増え、1990年以降は急激に増加し、2014年はそれぞれ32％と35％となっている。

捕手は1952年に初めて右投げ左打ち選手が現れ、その後徐々に増加し、2014年には20％となっている。捕手の右投げ左打ちの選手の割合は、1956年から1960年までの5年間は内野手や外野手よりも高かったが、その後は増加率が鈍っている。捕手は守備に重点が置かれ俊足巧打の選手が少なかったため、右投げ左打ちの選手の割合は急激には増加しなかったと思われる。

投手の右投げ左打ち選手の占める割合は、1950年が0.7％であったが2014年には最高の7.2％まで増えた。ただし野手のような急激な増加は認められない。この理由としては、投手は野手ほど打撃に重きを置く必要がないこと、左打席に立つと右手が投手側にくるために死球による右手の負傷の危険性が増加することなどが考えられる。

野手全員の中に占める左打者の割合も年々増加しているが、両リーグの規定打席に達した優秀打者の中に占める左打者の割合は、ほとんどの年で野手全員の中に占める左打者の割合よりも高く、左打者は右打者と比較して優秀な打者の割合が高いことが明らかとなっ

た。とくに1997年以降は規定打席に達した選手の40％以上は左打者が占め、この傾向はますます強まりそうである。

7）左打者を抑えるために

このように優秀な左打者が増えると、その打者を抑えるために対策を立てなければならない。まずは左投手を増やすことである。左投手は、左打者にとってボールが見難く恐怖感も感じる。図2-7は、野手の左打ち選手の占める割合と、左投げ投手の占める割合の推移を比較したものである。左打ちの野手は1950年にわずか16％であったが、1964年には初の20％台となり、1985年くらいから急激に増加し、2014年には38％にまで達した。一方左投げの投手は、1950年は26％であったが、その後増減を繰り返し23％前後で推移していたが、野手の左打ちが急激に増加し始める1985年くらいから左投げ投手の割合も急激に増加し、2014年は34％である。これは球団の対策として左打者を抑えるために左投手を増やしたものと推測できる。

4．まとめ

このように日本のプロ野球は、1950年から65年間の間に、野球の競技特性を考慮して投球側や打撃様式を変化させ、著しく変革していることが明らかとなった。

[主な参考文献]
1）平野裕一（1987）野球選手の体力的特性．Jpn. J. Sports Sci, 6：712-719
2）久保田競編（1991）左右差の起源と脳、安倉書店：東京、PP. 1
3）前原勝矢（1990）右利き・左利きの科学、講談社：東京、PP. 146-148.
4）新日本石油野球部監修（2003）左バッターになろう．西東社、東京、PP. 16-19.
5）多川益太郎編集（1950～2002）、ファン手帳、日本野球用品株式會社、東京

第3章 生まれ月の特徴（1950～2014）

1. 日本人プロ野球選手

1．緒言

　日本のプロ野球には、毎年80人前後の新人選手が入団してくる。このようにして入団してくる選手たちは、何月生まれの選手が多いか興味深いことである。生まれ月と競技成績に関する研究は、以前から多くの研究者によって行われている。内山[1]らは、低学齢においては年間の成長量が大きいため、早生まれ（1月、2月、3月生まれ）は体格・体力的な面で同一学年の中で劣勢であると指摘している。しかしその影響の大きさや程度がいつ頃まで続くかについては意見の分かれるところではあるが、大西[2]はその影響は小さくて早期（中学から高校頃）に解消すると述べている。内山らは、Jリーグ・プロサッカー選手について調査し、Jリーグの登録選手は4月、5月、6月生まれの選手数が早生まれ（1月、2月、3月期）の約2.2倍であったと述べている。プロ野球については、今村[3]らが1986年度の登録選手について調査し、4月生まれをピークとした顕著な漸減傾向は認められないが、4月から8月に生まれた者の優位性は動かないと述べている。このようにプロ野球選手の生まれ月に関する研究は1年間を調査した結果だけである。そこで本章では、1950年から2014年までにプロ野球に入団した選手の生まれ月別特徴を明らかにしようとした。

2．方法

　対象者は外国人選手を統計処理から除外し、1950年から2014年までの日本人の新人選手5,835人とした。尚、1956年から1959年まではメンバー表に生年月日の記述がなかったがその前後のメンバー表よりできるだけ生年月日を調査し、実際の対象者は5,774人である。日本人プロ野球選手は、投手と野手に大別し、野手は捕手、内野手、外野手の3つのポジションに分類した。

　1950年から2014年までの65年間は、第1期間（1950～1962年）、第2期間（1963～1975年）、第3期間（1976～1988年）、第4期間（1989～2001年）、第5期間（2002～2014年）の5つの期間に

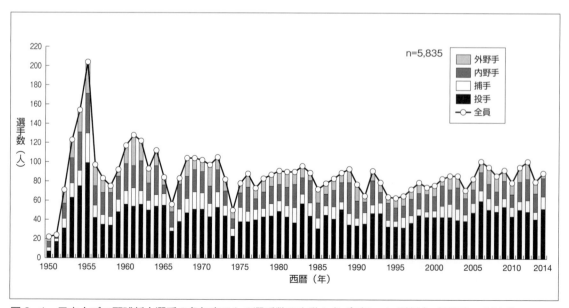

図3-1　日本人プロ野球新人選手の各年度ごとの選手数の変動と各ポジション別割合（1950～2014）

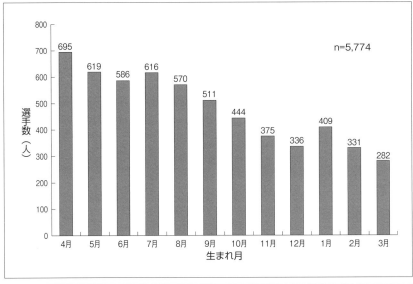

図3-2 プロ野球新人選手の生まれ月別選手数の比較（1950〜2014）

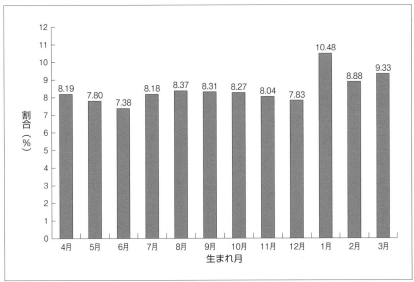

図3-3 日本人の生まれ月別割合の比較（1930〜1994）

分割し、比較検討した。

暦年齢と選手数の関係を明らかにしたときは、4月生まれの暦年齢が一番高いとして12、5月生まれが11、さらに6月生まれが10とし、同様に3月生まれの暦年齢が一番低いとして1、2月生まれが2、さらに1月生まれが3として選手数との関係を明らかにした。

3. 結果および考察
1）新人選手数の推移

図3-1には、1950年から2014年までにプロ野球に入団した新人選手の選手数を投手、捕手、内野手、外野手に分けて示した。2リーグ分裂直後の1950年と1951年は、各々22人と24人と少なかったが、その後は急激に増加し1955年には新人選手が最高の204人に達した。その後は多少の増減を繰り返したが、2014年の新人選手は89人である。ポジション別割合では、投手が常に一番多く2004年以降はすべて50%以上である。

2）生まれ月別選手数の比較

図3-2には、1950年から2014年までにプロ野球に入団した新人選手の生まれ月別の選手数を示した。この結果4月生まれの選手が695人で最も多く、その次は5月生まれ、7月生まれと続いた。最も少ないのは3月生まれの282人であり、4月生まれの選手の半分にも満たない。しかし、このプロ野球選手の母集団となる日本人の出生月は、いかなる特徴を示すのであろうか？　今回の調査で対象となった65年間（1950〜2014年）の新人選手の平均年齢は20.3歳

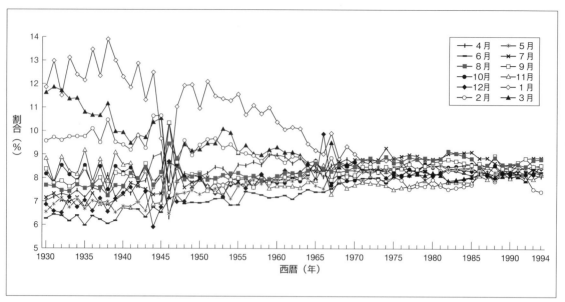

図3-4 日本人の生まれ月割合の推移（1930〜1994）

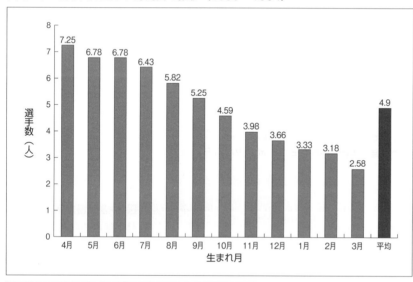

図3-5 総出生数10万人当たりのプロ野球選手数の月別比較（1950〜2014）（総出生数は1930〜1994年とする）

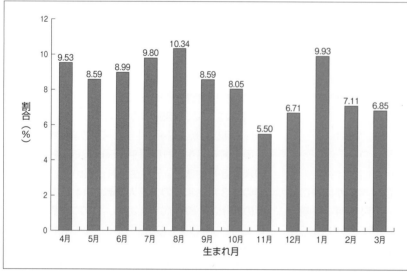

図3-6 24歳以上の新人選手の生まれ月別割合の比較（1950〜2014）

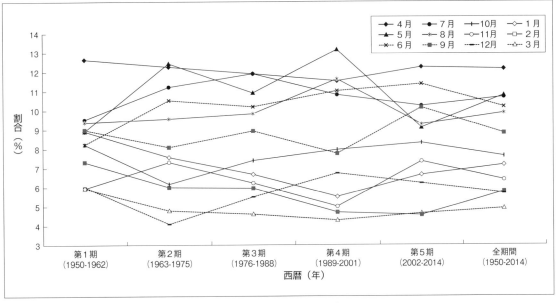

図3-7 新人選手の生まれ月別割合の推移（5期）（1950～2014）

であったので、彼らが誕生したと推定される1930年から1994年までの65年間に生まれた約1億2千万人あまりの日本人の生まれ月別割合を比較してみた（図3-3）[4]。出生月が一番多いのは10.5%の1月で、次に9.3%の3月が続き、さらに8.8%の2月となっている。最も少ないのは、7.4%の6月で、次に少ないのが7.8%の5月である。この結果、日本人の出生は、早生まれと言われる1月から3月に生まれる割合が高いことがわかる。

さらに、図3-4の生まれ月別割合の推移を見てみると、1930年代は1月生まれが非常に多く、1938年には全体の13.9%にも達し、逆に生まれる月が少ないのは6月で、1935年には6.0%で最も少ない割合を示した。1930年代における各月の選手数の割合のばらつきが非常に大きかった。その理由としては、当時は農業従事者が非常に多く、農閑期の出産が多く農繁期の出産が少なかったものと推測できる。しかし1965年くらいから、生まれ月のばらつきが小さくなり、生まれ月による出生数の変化が小さくなった。

このような一般の日本人の出生状況を考慮して、プロ野球選手の生まれ月別特徴を比較してみた。出生数10万人当たりのプロ野球選手の割合を月別に比較してみる（図3-5）と、プロ野球選手が一番多いのは4月生まれの7.3人で、その後は暦年齢の順となり、3月生まれは2.6人で4月生まれの約36%となっている。このように、日本のプロ野球界では同学年での暦年齢が高いほど多くのプロ野球選手が誕生し、さらに日本人の出生状況を考慮した場合にはこの傾向が一

層強まることが明らかになった。今村[3]らは、低学齢児においては年間の成長量が大きいために、早生まれは体格・体力面で同一学年の中で劣勢であると述べているので、逆に4月、5月などの暦年齢が高い子どもたちは体格・体力で優位に立っているということになる。日本の教育制度の中では、同じ学年同士でスポーツを行うことが多い。この場合野球の競技特性を考慮すると体格・体力面で優位に立つことが競技力を高めるのに有利となる。すなわち野球という競技は、体格・体力面で優れた選手が、投手や捕手となり、また主力打者としてチームを構成し活動の機会も多い。逆に体格・体力面で劣り、競技レベルの低い選手は、打撃の機会の少ない下位の打順を打ち、守備機会の少ない守備位置を守り、さらにチームの選手数が多い場合には補欠となり、試合に出る機会さえ少なくなる。とくに低年齢層のチームほどこの傾向は強くなるのである。このように体格・体力的に優れた選手は試合に出場することも多く、投げたり、打ったり、守ったり、走塁したりする機会も増え、ますます競技力も向上する。このような選手がプロ野球に入団してくる確率が高まるのであろう。

しかし新人選手の年齢を考慮して、生まれ月別割合を比較すると、新人選手の46.4%を占める高校を卒業してすぐに入団してくる選手では、全選手を対象とした結果と同様に暦年齢が高いほど多くのプロ野球選手を輩出している。しかし図3-6のように入団時の年齢が、新人選手の13%を占める24歳以上になるとこの傾向がなくなることが確認できた。このように入

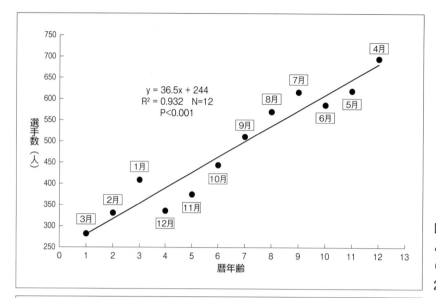

図3-8 暦年齢と選手数との関係（1950〜2014）（4月は12、5月は11……2月は2、3月は1となる）

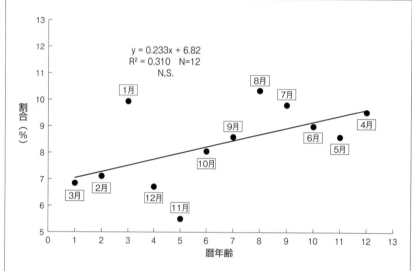

図3-9 24歳以上の新人選手の生れ月の割合と暦年齢との関係（1950〜2014）

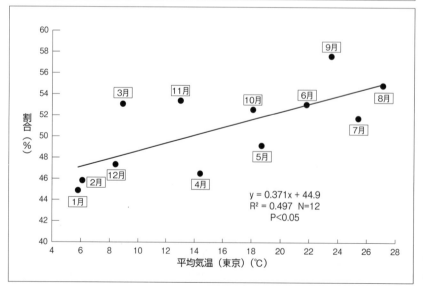

図3-10 投手の占める割合と月ごとの平均気温との関係（1950〜2014）

団してくる年齢が高くなると、暦年齢における体格・体力面での優位性がなくなり、暦年齢がほとんど関係なくなるのであろう。

3) 期間別の推移

図3-7には、5期間に分けた新人選手の生まれ月の割合の推移を示した。65年間で最も選手数が多かった4月生まれの選手数の割合は、第1期間では12.6%で第4期間は他の月と比較しても最も大きく、第2期間、第3期間ではやや低下したが、第5期間では再び1位になり、すべての期間で常に上位に位置していた。このように1950年から2014年までの65年間で生まれ月の割合の高い月は常に高い割合を示し、同様に生まれ月の割合の低い月は常に低い割合を示した。すなわち、同一学年において暦年齢が高い人ほどプロ野球選手になりやすいという傾向は、65年間ほとんど変わらないことが示唆された。

4) 暦年齢・平均気温との関係

図3-8には、月別に見た暦年齢と生まれ月別の選手数との関係を示した。この結果 $y = 36.46x + 244.2$ の回帰直線と、$R^2 = 0.932$（n = 12）の相関係数が得られ、0.1％水準で有意な関係を認めた。すなわち、同一学年において暦年齢が高いほど多くのプロ野球選手が輩出されていることが統計学的にも明らかとなった。しかし、図3-9のように24歳以上の新人選手の生まれ月の割合と暦年齢との関係では有意な関係を認めることができなかった。

同じ野球選手でも投手と野手では競技特性が異なる。野球の勝敗における投手の果たす役割は非常に高く、少年期におけるチームでは体格的にも運動能力的にも優れた選手が投手になることが多い。この調査では、投手の占める割合が一番高いのは9月の57.6％、次に高いのは8月の54.9％、3番目に高いのは53.4％の11月である。逆に最も低いのは1月の44.9％、次に低いのは2月の45.8％で、3番目に低いのは46.5％の4月である。全選手に対する投手の占める割合は、気温の高い夏に生まれた野球選手に投手の占める割合が高くなり、逆に気温の低い冬に生まれた選手は投手になる割合が低かった。このことは気温の高い時期に生まれた子どもは、活動的になり運動能力も向上しやすいのではないかと推測されるが、明確な理由は不明である。

さらに図3-10には、生まれ月ごとの投手の占める割合と各月の平均気温（東京）との関係を示した[5]。この結果、$y = 0.371x + 44.9$ の回帰直線と、$R^2 = 0.497$（n = 12）の相関係数が得られ、5％水準で有意な関係が認められた。このことから平均気温が高い月ほど投手の占める割合が高くなることが明らかとなった。

5) 外国人選手との比較

図3-11～14には、それぞれ1953年から2014年の間に日本のプロ野球でプレーした外国人選手と、2005年度の米大リーグ選手の生まれ月別割合を比較したものである。

米国の教育制度は9月に新学期が始まるが、日本人選手のように暦年齢が高い月ほど多くのプロ野球選手を輩出するような傾向は見られない。両方の結果から7月と2月が選手数が少なく、8月と3月にやや

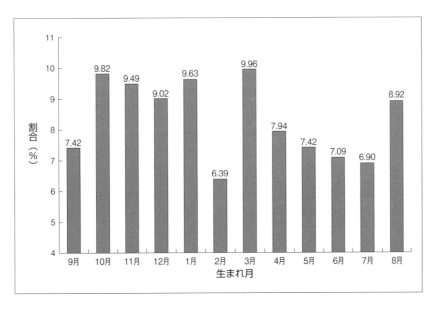

図3-11 日本プロ野球でプレーした外国人選手の生まれ月別割合の比較（1953～2014）

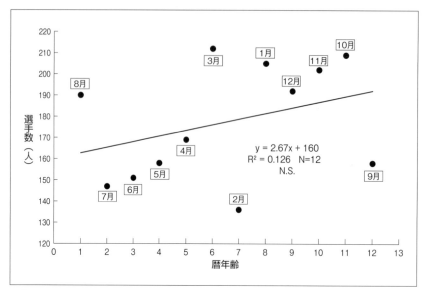

図3-12 外国人選手の暦年齢と選手数との関係（1953〜2014）

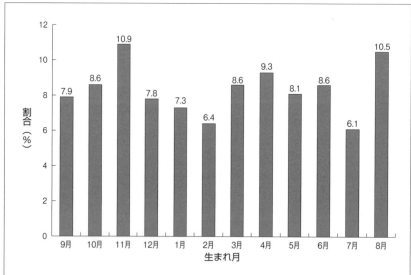

図3-13 メジャーリーガーの生まれ月別割合の比較（2005）

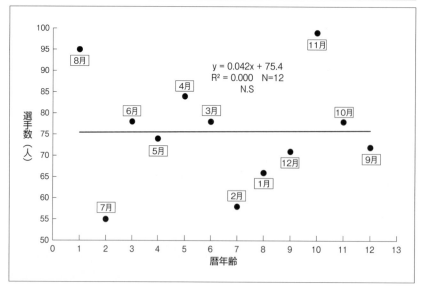

図3-14 メジャーリーガーの暦年齢と選手数との関係（2005）

多いとも見受けられるが、規則性は感じられない。

5. まとめ

日本人プロ野球選手は、4月生まれが一番多く3月生まれが最も少なく、同一学年の暦年齢が高いほどプロ野球選手になる確率が高かった。そしてこの結果は、1950年から2014年までを5期間に分けた場合にもすべての期間で変化することなく同様の結果を得た。さらに一般の日本人の出生状況を考慮した場合にはこの傾向がより如実に現れた。これらの結果は、同一学年において暦年齢が高いことが少年期の野球体験において、競技力が向上するように優位に働くと推測できた。しかし入団年齢が24歳以上になるとこの傾向が無くなった。

夏季に生まれたプロ野球選手は、他の季節に生まれた選手よりも投手の占める割合がやや高かった。しかし捕手、内野手、外野手では生まれ月による有意な差は認められなかった。日本人以外の外国人選手には、生まれ月と選手数には明確な法則性は認められなかった。

2. 優秀選手の生まれ月 ── 投手と野手の比較

1. 緒言

本章「1. 日本人プロ野球選手」において、プロ野球選手になった選手は同じ学年で暦年齢が高い4月生まれが一番多くて、暦年齢が最も低い3月生まれの選手は最も少なく、4月生まれの選手の半数にも満たないことを述べた。すなわち、成長過程にある少年時代に暦年齢が高く成長の早い4月生まれの選手がレギュラーとなり試合に出場する機会も多くなり活躍し、プロ野球選手となっていくのである。このようにして入団した選手たちの中で、何月生まれの選手がプロ野球で優秀な成績を残していくのか興味深い問題である。そこで、プロ野球で優秀な成績を残した選手は何月生まれが多いかを明らかにする。

2. 方法
1) 対象者

対象者は、1950年から2013年までに日本プロ野球界に在籍した外国人選手を除く延べ40,507人の選手の中で、優秀選手と認められた選手延べ5,461人とした。1956年から1959年までの4年間のメンバー表には生年月日の記述がなかったので統計処理から除外した。優秀選手とは、投手の場合、規定投球回数に達した投手とし、セーブの記録が表彰されるようになった1999年からはセ・パ両リーグでセーブポイントの上位5人、計10人を追加した。2006年からは、セーブポイントの多い各リーグ10人とホールドの多い各リーグ10人を優秀投手に加えた。野手は規定打席に達した野手を優秀選手とした。投手の規定投球回数は、2リーグ分裂後でも多少の変更があったが、

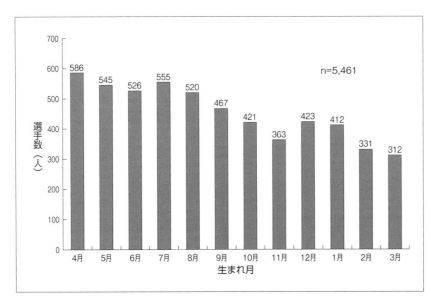

図3-15 日本人優秀選手の生まれ月の比較（1950〜2013）

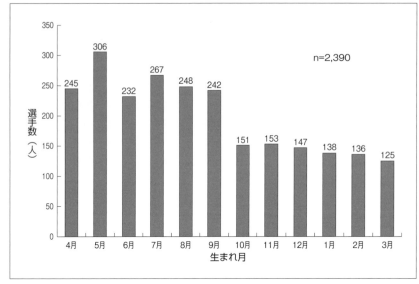

図3-16 日本人優秀投手の生まれ月の比較（1950～2013）

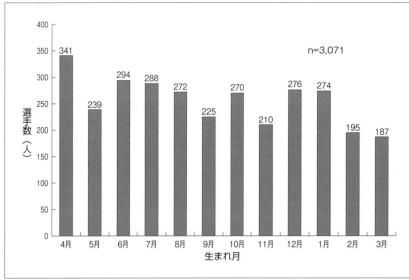

図3-17 日本人優秀野手の生まれ月の比較（1950～2013）

1966年以降は所属球団の試合数×1.0となっている。野手の規定打席は、パ・リーグが1959年、セ・リーグが1962年以降、所属球団の試合数×3.1と規定されている。

3. 結果および考察
1）優秀選手の生まれ月

図3-15は、全選手を対象として優秀選手の生まれ月を示したものである。優秀選手は、4月生まれが延べ586人と最も多く全体の10.8％を占めている。全体的に見ると、同じ学年で暦年齢が高い4月生まれが一番多くて、暦年齢が低い生まれ月の選手が少ない傾向にある。その中で、7月生まれが多くて、2月が少ないのが特徴的である。

図3-16は、優秀投手の生まれ月別実数と割合を示し比較したものである。優秀投手は5月生まれが延べ306人と最も多く全体の12.8％を占めている。次に7月生まれが多く267人である。最も少ないのが3月生まれの125人（5.2％）である。優秀投手の生まれた月は4月から9月が多く、10月以降は極端に少なくなるのが特徴的であった。

図3-17は、優秀野手の生まれ月別実数とその割合を示したものである。優秀野手は4月生まれが最も多く341人（11.1％）を占め、次に6月生まれが294人（9.6％）となっている。最も少ないのが3月生まれの187人（6.1％）で、次に少ないのが2月の195人（6.3％）であった。全体的に見ると暦年齢の影響は少なく、暦年齢の比較的低い12月、1月でもそれぞれ9.0％と8.9％を占め、平均（8.3％）よりも高い割合を示している。

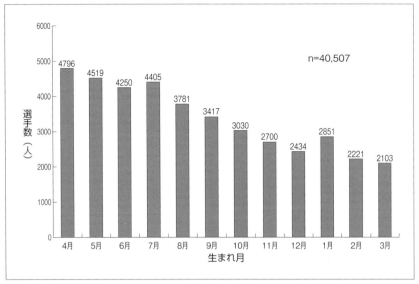

図3-18 日本人選手の生まれ月（延人数）（1950～2013）

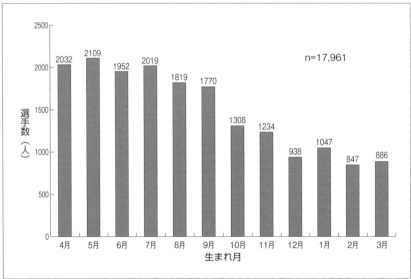

図3-19 日本人投手の生まれ月（延人数）（1950～2013）

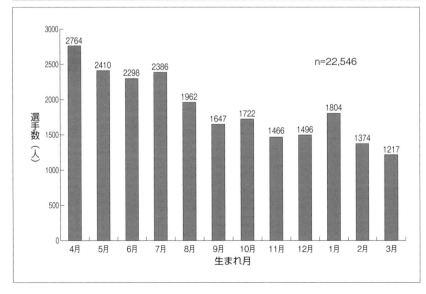

図3-20 日本人野手の生まれ月（1950～2013）

第3章 生まれ月の特徴

2）全選手の生まれ月

前項までは優秀選手の生まれ月を示してきたが、その母集団となる全選手を対象とした生まれ月の分布を見てみたいと思う。図3-18は全選手の生まれ月別実数とその割合を示したものである。P.25で述べた新人選手を対象にした結果と略同様で、同じ学年で暦年齢が高い4月生まれが一番多くて、暦年齢が最も低い3月生まれの選手は最も少なく、4月生まれの選手の半数にも満たない。

図3-19は、全投手の生まれ月別実数とその割合を示したものである。全投手の生まれた月は、5月が最も多く2,109人（11.7％）を占め、次に多いのが4月の2,032人（11.3％）である。最も少ないのが2月の847人（4.7％）で、次が3月の886人（4.9％）であった。全体的に見ると、暦年齢の高い4月、5月が多くなり、暦年齢の低い2月、3月が少ない。しかし暖かい4月から9月が多く、寒くなる10月から3月が少ないという見方もできるかもしれない。

図3-20は、全野手の生まれ月別実数とその割合を示したものである。全野手の生まれた月は、4月が最も多く2,764人（12.3％）を占め、次に多いのが5月の2,410人（10.7％）である。最も少ないのが3月の1,217人（5.4％）で、次が2月の1,374人（6.1％）であった。全体的に見ると投手より暦年齢の影響を大きく受け、暦年齢の高い月に生まれた野手が多く、暦年齢の低い月に生まれた野手は少ない。

3）優秀選手が出現した月別割合

図3-21は、優秀選手が出現する月別割合を示している。すなわち、4月生まれの選手は全体で延べ

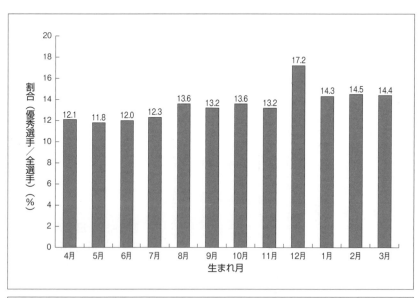

図3-21 優秀選手が出現する生まれ月別割合の比較（1950～2013）

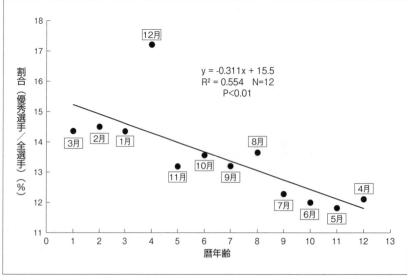

図3-22 優秀選手が出現する月別割合と暦年齢との関係（1950－2013）

4,796人であったが、その中で優秀選手になったのは延べ581人であり、優秀選手の出現率は12.1%であることを示す。この結果、出現率が最も高いのは12月の17.2%であり、次に高いのは2月の14.5%である。最も低いのは5月の11.8%であり、次に6月の12.0%となる。全体的に見ると暦年齢の低い12月から3月に出現率が高く、暦年齢の高い4月から7月が優秀選手の出現率が低い傾向にある。この暦年齢と優秀選手が出現する割合との関係を示したのが図3-22である。この関係では、y＝－0.311x＋15.5の回帰直線とR²＝0.554（n＝12）の相関係数が得られ1%水準で有意な関係を認めた。すなわち、暦年齢が低い生まれ月の選手ほど優秀選手が出現する割合が高いということになる。

次に図3-23の投手について見てみると、出現率が最も高いのは12月の15.7%で、次が2月の15.2%となり、その後5月の14.2%となっている。最も低いのは10月の10.7%であり、次に6月の11.1%となる。全体的には暦年齢との関係はあまり見られそうでもない。この暦年齢と優秀投手が出現する割合との関係を示したのが図3-24である。この関係では、y＝－0.165x＋14.1の回帰直線とR²＝0.149（n＝12）の相関係数が得られたが、統計学的な有意な関係を得ることができなかった。すなわち暦年齢と優秀投手の出現する割合の関係は、暦年齢が低いほど優秀投手が多く出現する傾向にはあったが、優秀投手は暦年齢とは関係なく出現することが明らかとなった。

さらに図3-25の野手について見てみると、出現率が最も高いのは12月の18.2%で、次が10月の15.7%となり、その後は3月の15.3%となっている。最

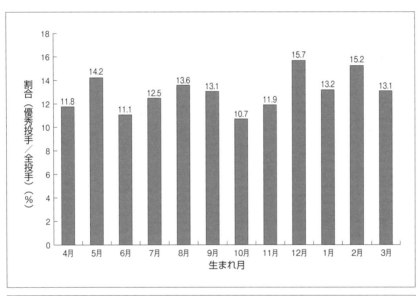

図3-23 優秀投手が出現する生まれ月別割合の比較（1950〜2013）

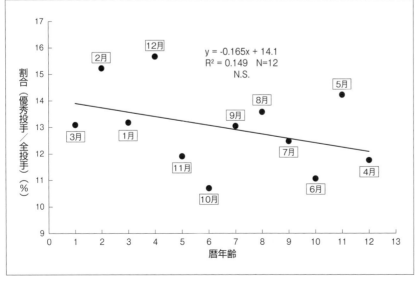

図3-24 優秀投手が出現する月別割合と暦年齢との関係（1950－2013）

第3章 生まれ月の特徴　37

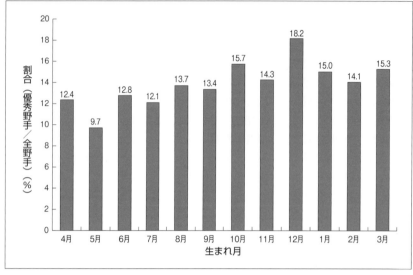

図3-25 優秀野手が出現する生まれ月別割合の比較（1950～2013）

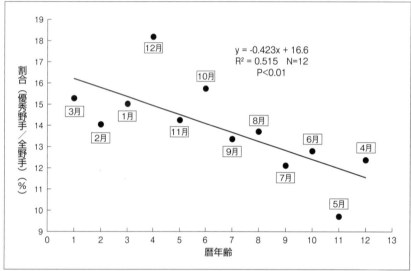

図3-26 優秀野手が出現する月別割合と暦年齢との関係（1950-2013）

も低いのは5月の9.7%であり、次に7月の12.1%となる。全体的に見ると暦年齢の低い12月から3月に出現率が高く、暦年齢の高い4月から7月が優秀野手の出現率が低い。この暦年齢と優秀野手が出現する割合との関係を示したのが図3-26である。この関係では、$y = -0.423x + 16.6$の回帰直線と$R^2 = 0.515$（n＝12）の相関係数が得られ1%水準で有意な関係を認めた。すなわち、暦年齢が低い生まれ月の野手ほど優秀野手が出現する割合が高いということになる。

この結果は、プロ野球の球団は選手を入団させる場合には暦年齢の高い4月、5月生まれの選手を多く入団させるが、優秀選手になる確率は暦年齢の低い月に生まれた選手が高い傾向にあり、とくに野手においてより顕著であることを証明している。すなわち、プロ野球のスカウトは暦年齢の高い早熟な選手を多く入団させてはいるが、選手として大成する割合は暦年齢の低い選手が高いということになる。

4. まとめ

1）一軍で活躍した選手を「優秀選手」と位置づけ、その「優秀選手」は何月生まれの選手が多いか明らかにした。

2）「優秀選手」は、暦年齢が高い4月生まれが一番多くて、暦年齢が低い生まれ月の選手が少ない傾向にあった。

3）「優秀投手」は、4月から9月が多く、10月以降は極端に少なくなるのが特徴的であった。

4）「優秀野手」は、暦年齢の影響は少なく平均的に優秀野手が出現した。

5）優秀選手が出現する割合は、暦年齢が低い生まれ月の選手ほど高かった。

6）優秀投手は、暦年齢とは関係なく出現した。
7）優秀野手が出現する割合は、暦年齢が低い生まれ月の選手ほど高かった。
8）上記の結果は、プロ野球の球団は暦年齢の高い早熟な選手を多く入団させているが、選手として大成する割合は暦年齢の低い選手が高いということになるので、スカウティングの視点を考え直すべきである。

[参考文献]
1）内山三郎、丸山圭蔵：Jリーグ・プロサッカー選手における早生まれの影響、体育の科学 47：67-71、1996
2）大西義男：生月の研究（特に五月生まれの形態、機能、運動能力について）．体育学研究 9：2.1963
3）今村　修、沢木康太郎：生まれ月が子供の心身におよぼす影響について．東海大学紀要体育学部 19;73-79.1989
4）厚生省大臣官房統計情報部　人口動態統計(明治32年〜平成9年)（CD－ROM）財団法人厚生統計協会　東京 2003
5）文部科学省国立天文台編：理科年表平成15年．丸善株式会社．東京．172－173．平成14年11月30日発行

第4章 出身地別特徴

1. 日本人プロ野球選手

1. 緒言

野球は、日本各地で行われている国民的なスポーツであるが、シーズン制が敷かれ真冬や厳寒地域では試合は行われない。プロ野球のシーズンも暖かくなる3月か4月に開幕し、寒くなる11月には閉幕する。高校野球でも選抜高等学校野球大会は春の3月から4月にかけて実施され、全国高等学校野球選手権大会は真夏の8月に開催される。しかし最近では、防寒対策も施されたドーム球場などが数多く建設され、真冬でもドーム球場を利用して野球の試合が行われ、冬季に野球を行う環境も整備されてきている。そのため雪が多い寒冷地でも野球が行われやすくなってきたと推測される。そこで、プロ野球選手を多く輩出する地域はどこなのか、同じ野球選手でも競技特性や練習形態が異なる投手の占める割合が高い地域は存在するのか、さらにこれらの傾向は56年間で変化しているのかを明らかにしようとした。

2. 方法

対象者は、メンバー表に出身地が掲載されはじめた1959年から2014年までの56年間にプロ野球に入団した日本人新人選手4,844人である。新人選手の出身都道府県の基礎資料は、メンバー表から得た。メンバー表の出身地は、在籍していた高校や大学ではなく本籍地を基本として決定していることを各球団に確認した。56年間の間にプロ野球に入団した選手は、どの都道府県出身者が多かったかを調査し、各都道府県の人口100万人当たりで1年間に何人のプロ野球選手を輩出したことになるかも算出した。各都道府県の人口は56年間に多少の増減を認めたので、1983年の人口を使用した。人口の資料は総務省統計局より得た[1]。次に各都道府県の野球人口に着目し、中学校体育連盟の軟式野球[2]、高等学校野球連盟（硬式）[3]に登録しているチーム数、選手数とプロ野球選手数との関係を明らかにした。さらに、日本を8地域に分割し56年間を14年ずつ4期間に分け、出身地別選手数と全体の選手数に占める割合の推移を求めた。8地域とは高校野球の地区大会が開催される地域に準じて、北海道・東北地方（北海道、青森、岩手、宮城、秋田、山形、福島）、関東地方（茨城、栃木、群馬、埼玉、千葉、東京、

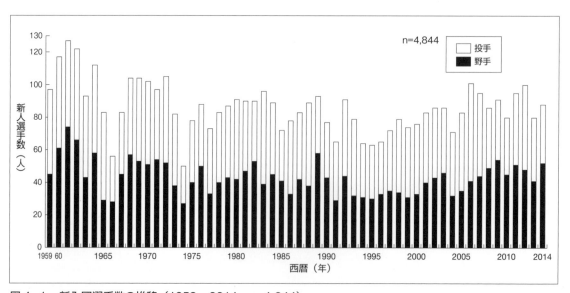

図4-1　新入団選手数の推移（1959～2014、n=4,844）

神奈川、山梨)、北信越地方（新潟、富山、石川、福井、長野)、東海地方（岐阜、静岡、愛知、三重)、近畿地方（滋賀、京都、大阪、兵庫、奈良、和歌山)、中国地方（鳥取、島根、岡山、広島、山口)、四国地方（徳島、香川、愛媛、高知)、九州地方（福岡、佐賀、長崎、熊本、大分、宮崎、鹿児島、沖縄）である。4期間の内訳は、第1期間（1959～1972年)、第2期間（1973～1986年)、第3期間（1987～2000年)、第4期間（2001～2014年）である。

野球選手は、投手と野手に大別でき、その競技特性も練習方法も異なる。そこで各都道府県が輩出した全プロ野球選手の中で投手の占める割合を求め比較した。さらに地域別に投手の占める割合の推移も比較検討した。

プロ野球選手を多く輩出する要因として気象現象に着目し、年間平均気温、年間降雪日数、年間降水量、年間日照時間との関係を明らかにした。これらの気象に関するデータは理科年表より得た[4]。なお、気象データは1971年から2000年までの平均値である。

3．結果および考察
1）新人選手数の推移

図4-1は、1959年から2014年までの新人選手の選手数の推移を投手と野手に分けて示した。新人選手は、1960年代と1970年代の前半は100人を超えることがあったが、その後は各年度により多少の増減を繰り返し、最近の10年間（2005～2014年）は80人から101人の範囲で推移している。

2）プロ野球選手の多い都道府県

1959年から2014年の間にプロ野球選手を多く輩出した都道府県は、大阪府が445人で断然多く、その後は兵庫県、福岡県、東京都、神奈川県、愛知県、千葉県、広島県、埼玉県、熊本県の順となっている。

表4-1　各都道府県のプロ野球選手を輩出した人数と順位（1959～2014）

順位	都道府県	選手数(人)	順位	都道府県	選手数(人)	順位	都道府県	選手数(人)	順位	都道府県	選手数(人)
1	大阪	445	13	和歌山	121	25	三重	68	37	長野	43
2	兵庫	282	14	大分	115	26	群馬	67	38	島根	41
3	福岡	273	15	愛媛	103	27	岐阜	65	39	石川	40
4	東京	259	16	山口	99	27	沖縄	65	40	岩手	36
5	神奈川	224	17	茨城	98	29	栃木	63	41	新潟	33
6	愛知	207	17	宮崎	98	29	奈良	63	41	富山	33
7	千葉	173	17	鹿児島	98	31	長崎	61	43	福井	31
8	広島	171	20	北海道	95	32	高知	60	44	鳥取	29
9	埼玉	169	21	宮城	90	33	山梨	58	45	滋賀	28
10	熊本	138	22	岡山	89	34	秋田	56	46	青森	22
11	静岡	131	23	徳島	81	35	香川	51	46	山形	22
11	京都	131	24	佐賀	71	36	福島	48		計	4,844

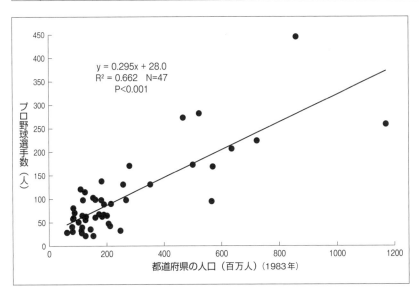

図4-2　各都道府県の人口と輩出したプロ野球選手数との関係（1959～2014）

同様にプロ野球選手が少ない都道府県は、山形県・青森県が22人と一番少なく、滋賀県が28人、鳥取県が29人と続く、その後は福井県、富山県、新潟県、岩手県、石川県、島根県の順となっている（表4-1）。このようにプロ野球選手を多く輩出している都道府県は、人口の多い都道府県であり、逆にプロ野球選手をあまり輩出していないのは人口が少ない地域が多い。各都道府県の人口とプロ野球選手の輩出数は正の相関が得られ、人口の多い都道府県ほど多くのプロ野球選手を輩出していることがわかる（図4-2）。

さらに、各都道府県の野球人口に注目してみた。野球人口の中では、中学校体育連盟の軟式野球に登録している選手が一番多く、2003年の資料では全国で約31万人である。各都道府県の中学校体育連盟の軟式野球の登録選手数とプロ野球選手の輩出数との関係を見てみると、正の相関が得られ、登録選手数が多い都道府県は多くのプロ野球選手を輩出していた（図4-3）。次に野球人口が多いのは高等学校野球連盟の硬式野球に登録している選手で、2003年の資料では全国で約15万人である。同様に各都道府県の高等学校野球連盟の硬式野球の登録選手数とプロ野球選手の輩出数との関係を見てみると、正の相関が得られ登録選手数が多い都道府県ほど多くのプロ野球選手を輩出していた（図4-4）。このように中学校、高等学校での野球人口はプロ野球選手の輩出数と正の相関が得られ、野球を行う少年たちが多い都道府県は、プロ野球選手を輩出する確率も高くなることが明らかとなった。

中学校、高等学校での野球人口は、その地域の総人口の影響を受ける。そこで人口の影響を排除するため

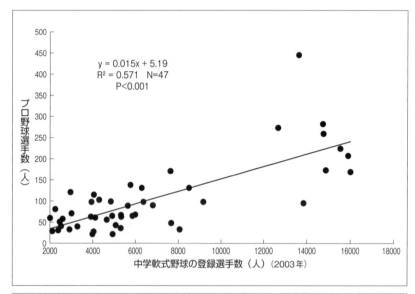

図4-3　各都道府県の中学校体育連盟の軟式野球登録選手数とプロ野球選手との関係（1959～2014）

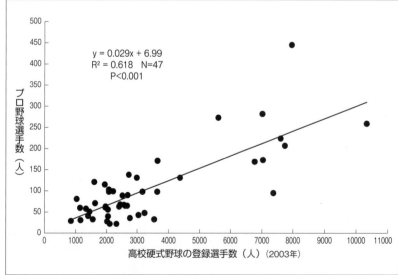

図4-4　各都道府県の高等学校野球連盟の硬式野球登録選手数とプロ野球選手数との関係（1959～2014）

表4-2 各都道府県のプロ野球選手を輩出した人数と順位（人口100万人当たり1年間の選手数、1959～2014）

順位	都道府県	選手数(人)	順位	都道府県	選手数(人)	順位	都道府県	選手数(人)	順位	都道府県	選手数(人)
1	和歌山	1.99	13	沖縄	1.05	25	三重	0.72	37	埼玉	0.56
2	徳島	1.75	14	鹿児島	0.98	26	福井	0.70	38	富山	0.53
3	大分	1.67	15	兵庫	0.98	27	長崎	0.68	39	滋賀	0.46
4	宮崎	1.52	16	大阪	0.94	28	茨城	0.68	40	岩手	0.45
5	佐賀	1.46	17	島根	0.93	29	静岡	0.68	41	福島	0.42
6	熊本	1.38	18	奈良	0.93	30	千葉	0.65	42	東京	0.40
7	高知	1.29	19	京都	0.93	31	群馬	0.65	43	長野	0.37
8	山梨	1.29	20	香川	0.91	32	石川	0.64	44	山形	0.31
9	愛媛	1.22	21	鳥取	0.86	33	栃木	0.63	45	北海道	0.30
10	広島	1.11	22	岡山	0.85	34	愛知	0.59	46	青森	0.26
11	山口	1.11	23	秋田	0.80	35	岐阜	0.59	47	新潟	0.24
12	福岡	1.07	24	宮城	0.77	36	神奈川	0.58		計	0.74

（人口は中間年の1983年を使用）

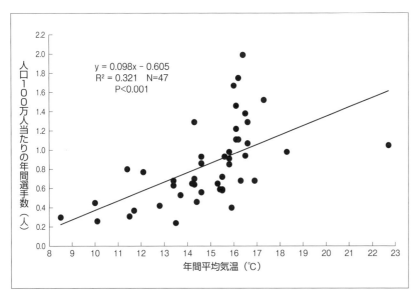

図4-5 各都道府県の年間平均気温と人口100万人当たりの選手数との関係（1959～2014）

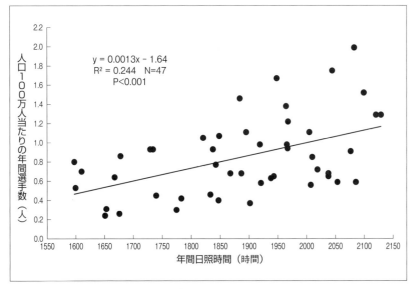

図4-6 各都道府県の年間日照時間と人口100万人当たりの選手数との関係（1959～2014）

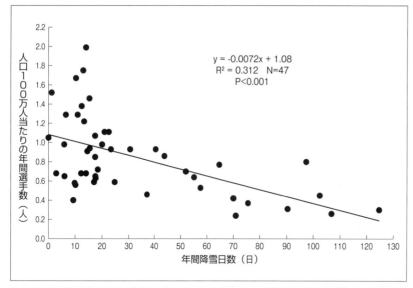

図4-7 各都道府県の年間降雪日数と人口100万人当たりの選手数との関係（1959〜2014）

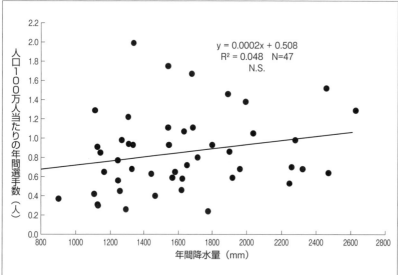

図4-8 各都道府県の年間降水量と人口100万人当たりの選手数との関係（1959〜2014）

に、人口100万人当たりで1年間に何人のプロ野球選手を輩出したことになるかを算出すると、多くのプロ野球選手を輩出した都道府県は、和歌山県が1.99人で一番多く、徳島県と大分県が1.75人と1.67人と続き、その後は宮崎県、佐賀県、熊本県、高知県、山梨県、愛媛県、広島県の順となっている。これらの都道府県は野球が盛んな地域と考察することができるであろう。同様にプロ野球選手が少ない都道府県は、北海道・東北の寒冷地が多いようである。新潟県が0.24人と一番少なく青森県が0.26人と続き、その後は北海道、山形県、長野県、東京都、福島県、岩手県、滋賀県の順となっている（表4-2）。そこで人口100万人当たりでのプロ野球選手の輩出数と気象条件との関係に注目してみた。各都道府県の人口100万人当たりでのプロ野球選手数は、年間平均気温と年間日照時間と正の相関が得られ、年間降雪日数とは負の相関が得られ、年間降水量とには有意な関係は認められなかった（図4-5、6、7、8）。

このようにプロ野球選手は、温暖で日照時間の長く降雪日数の少ない地域で多く輩出され、年間降水量とは有意な関係がないことが明らかとなった。厳寒な北海道・東北地方は、スキーやスケートなどのウインタースポーツなども盛んで、野球を行う地域的環境が不足しているものと考えられる。しかし、最近ではドーム球場なども整備され練習環境も改善されてきているので、今後は厳寒な地域である北海道・東北地方でも多くのプロ野球選手が輩出されるだろうと推測される。

3）地域別特徴

図4-9は、1959年から2014年の間にプロ野球

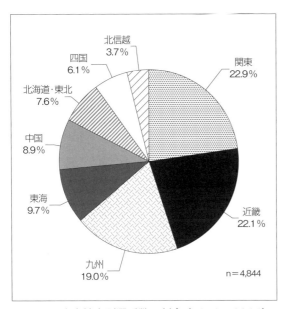

図4-9 出身地方別選手数の割合（1959～2014）

に入団した全選手を全国8地域に分類したものである。56年間で最も割合が高いのは22.9%の関東地方で、近畿地方と九州地方が22.1%と19.0%となり、この3地域で全体の64.0%を占め、56年間の全プロ野球選手の2/3近くはこの3地域の出身者であることがわかる。その後は東海地方が9.7%、中国地方が8.9%台で続き、北海道・東北地方が7.6%、四国地方が6.1%となり、最も少ないのが3.7%の北信越地方である。

次に、56年間を4つの期間に分け、各地方の選手の占める割合の推移を示したのが図4-10である。九州地方は、第1期間では近畿地方や関東地方よりも高い20.7%の割合を示していたが、その後は割合が急激に低下し、第3期間では17.0%の低値となった。この傾向は四国地方、中国地方でも認められ、西日本の選手の割合が低下していることが明らかとなった。このことは、総人口における九州地方、四国地方、中国地方の人口の占める割合が低下していることも起因していると考えられる。日本の人口はこの調査期間中すべての地方で増加し、第1期間の中間年の1966年は約9,934万人であったが、第4期間の中間年の2007年では12,672万人となっている。しかし全人口に対する各地方の人口の割合は各地方によって異なり、人口の割合が増加しているのは関東地方だけであり、近畿地方と東海地方はほとんど変化がなく、その他の地方は人口の割合が低下している。

近畿地方と関東地方は、第1期間ではそれぞれ18.4%と18.8%であったが、その後は徐々に増加し、第4期間では各々25.6%と24.2%となっている。このように関東地方や近畿地方の都市部で選手数の割合が増加しているのは、都市部での少年野球やリトルリーグなどの組織が関係していると推測される。日本リトルシニア野球のホームページによると、少年の硬式野球の組織としては全国で9つの協会が存在するが、全日本リトル野球協会が一番多くの選手数を抱え、13歳から15歳までの選手を対象としたリトルシニア

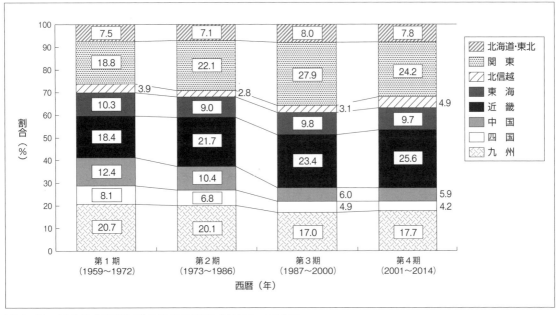

図4-10 出身地方別選手数の割合の推移（1959～2014）

第4章 出身地別特徴

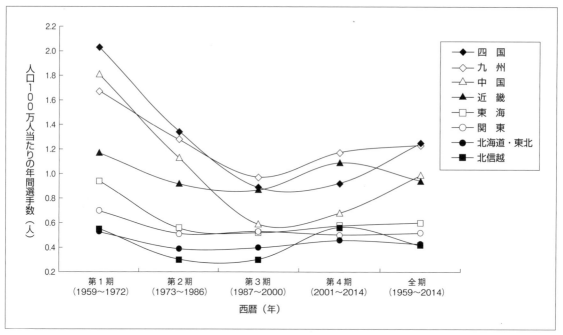

図4-11 出身地方別選手数（人口100万人あたりの1年間）の推移（1959～2014）

部門では全国で14,000人あまりが、選手登録している。8歳から12歳までの選手を対象としたリトルリーグ部門では全国で8,000人あまりが選手登録している。リトルシニア部門では、全国で440チームが存在するが、40％以上の181チームが関東連盟に所属している。次に大阪府に本部を置くボーイズリーグは、全国261チームのうち関西地方に全体の約40％に当たる103チームが存在している。このように都市部では硬式の少年野球の組織が充実し、少年たちが野球を行う環境が整っていると考察できる。

4）期間別推移

図4-11には、全国8地域での人口100万人当たりの1年間の選手数の推移を示している。第1期間では、四国地方が2.03人、中国地方が1.81人、さらに九州地方が1.67人と高かったが、その後は急激に低下し、第4期間では各々0.92人、0.68人、1.17人となっている。このことは、この3地方は第1期間までは野球の盛んな地域であり、人口100万人当たり多くのプロ野球選手を輩出したが、その後はその傾向が薄れ、その他の地域と同じようにプロ野球選手を輩出するようになったと推察できる。

5）投手の占める割合

調査期間中に投手の占める割合が高い都道府県は、新潟県が81.8％で断然高く、その後は秋田県、山形県、長崎県、鳥取県、福島県、高知県、岐阜県、岩手県、石川県が60％台で続いている。さらに投手の占める割合が低い都道府県は、奈良県が39.7％で最も低く、山口県が41.4％、長野県が41.9％と続き、その後は鹿児島県、岡山県、広島県、福岡県、熊本県の順となっている（表4-3）。

図4-12は、8地域における地方別投手の占める割合の推移を示している。各期間での投手の占める割合の平均値は、第1期間から第3期間までは各々48.9％、50.2％、52.1％であったが、第4期間では54.2％と高くなっている。北海道・東北地方は、第2期間までは常に一番高い割合を示していたが、第3期間には急激に低下した。四国地方は、第1期間では46.0％と低い値であったが、その後徐々に割合が高くなり、第4期間では71.2％と非常に高い割合を示した。

投手と野手では競技特性や練習内容が異なる。投手は、打者が打ちにくく切れのある速いボールをコントロールよく投球することが大事であり、先天的な素質に負うところが大きく、比較的個人での練習が可能である。しかし野手は、打撃力が重要視され打撃練習を行う施設やそれを助ける人員も必要となる。さらに野手に必要な守備力向上のためには、広い守備練習用のグラウンドも不可欠となる。このように考えると、投手は、気候的もしくは設備などの練習環境が整っていなくても好投手は輩出されやすいと言えるかもしれな

表4-3 各都道府県の投手の占める割合と順位（1959〜2014）

順位	都道府県	割合(%)	順位	都道府県	割合(%)	順位	都道府県	割合(%)	順位	都道府県	割合(%)
1	新潟	81.8	13	宮城	57.8	25	山梨	51.7	37	大阪	47.6
2	秋田	71.4	13	三重	57.4	26	富山	51.5	38	神奈川	47.3
3	山形	68.2	15	埼玉	56.8	27	愛知	51.2	39	和歌山	47.1
4	長崎	67.2	16	愛媛	56.3	28	栃木	50.8	40	熊本	47.1
5	鳥取	65.5	17	宮崎	56.1	29	沖縄	50.8	41	福岡	46.2
6	福島	64.6	18	島根	56.1	30	徳島	50.6	42	広島	45.6
7	高知	63.3	19	群馬	55.2	31	滋賀	50.0	43	岡山	44.9
8	岐阜	63.1	20	福井	54.8	32	東京	49.0	44	鹿児島	44.9
9	岩手	61.1	21	千葉	53.8	33	茨城	49.0	45	長野	41.9
10	石川	60.0	22	静岡	52.7	34	佐賀	47.9	46	山口	41.4
11	青森	59.1	22	京都	52.7	35	兵庫	47.9	47	奈良	39.7
12	香川	58.8	24	北海道	52.6	36	大分	47.8		計	51.3

※順位は小数点第3位までで比較した。静岡と京都は同数であった。

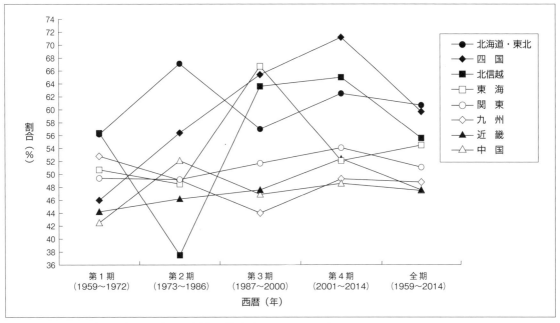

図4-12 出身地方別の投手の占める割合の推移（1959〜2014）

い。新潟県や秋田県などは気候的環境も悪く、野球があまり盛んではなく、設備などの練習環境もあまり整っていないので、投手の占める割合が高くなったのではないかと推測される。北海道・東北地方が第3期間までは投手の占める割合が高かった理由としては、気候条件が悪く設備などの練習環境が整っていなかったためと考えられる。第4期間になると北海道・東北地方も防寒対策の練習環境が整ってきて、投手の占める割合が低下してきたと推察される。逆に中国地方、四国地方は、第1期間までは野球が盛んな地域で野手を多く輩出していたが、最近では野球の盛んな地域でなくなってきて投手の占める割合が増加してきたのではないかと考えられる。

調査期間の56年間を前半の28年間と後半の28年間に分けて、年間降雪日数と投手の占める割合との関係を求めた（図4-13、14）。前半の関係では、年間降雪日数が多いと投手の占める割合が有意に高くなるという関係が得られたが、後半ではそのような関係は認められなかった。このことは、前半のは雪に対する練習環境が十分でなかったので、野手が育つ環境が整わず投手の占める割合が高かったと推測される。しかし後半は降雪に対する練習環境が整い野手が練習する施設も整備され、前半のような関係がなくなったと考えられる。

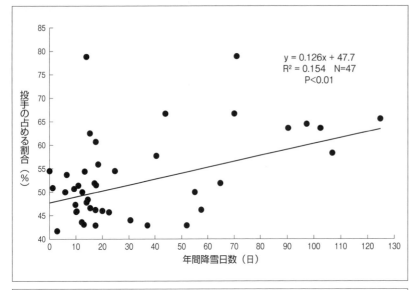

図4-13 各都道府県の年間降雪日数と投手の占める割合との関係（前半）（1959～1986）

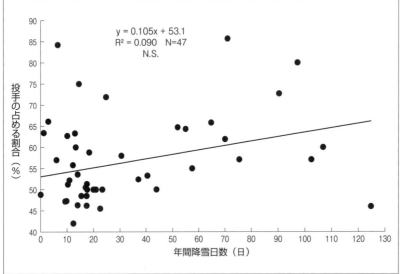

図4-14 各都道府県の年間降雪日数と投手の占める割合との関係（後半）（1987～2014）

4．まとめ

本項では、1959年から2014年にプロ野球に入団した新人選手4,844人を対象に、プロ野球選手を多く輩出する都道府県や地域はどこか、同じ野球選手とはいえ運動特性や練習形態が異なる投手の占める割合が高い都道府県や地域は存在するのか、さらにこれらの傾向は56年間の間に変化しているのかを明らかにすることを目的として遂行され、以下の結果を得た。

1) プロ野球選手を多く輩出している都道府県は、総人口が多く、中学校体育連盟の軟式野球と高等学校野球連盟の硬式野球の登録選手数が多い都道府県であり、人口が多く野球人口の多い都道府県ほど多くのプロ野球選手を輩出していた。

2) 各都道府県の高校野球の勝率とプロ野球選手の輩出数との関係は正の相関が得られ、高校野球の強い都道府県は多くのプロ野球選手を輩出していた。

3) プロ野球選手を輩出している状況を地域別に見てみると、56年間の出身地別選手数の割合は、関東地方が22.9％で、近畿地方が22.1％、九州地方が19.0％でこの3地域で全体の64.0％を占めていたが、その推移を見てみると関東地方と近畿地方の割合は増加しているが、九州地方は著しく減少し、この傾向は四国地方、中国地方でも認められ西日本の選手の割合が低下していることが明らかとなった。

4) 各都道府県の人口100万人当たりでのプロ野球選手数は、年間平均気温と年間日照時間と正の相関が得られ、年間降雪日数とは負の相関が得られ、年間降水量とには有意な関係は認められなかった。このようにプロ野球選手は、温暖で日照時間が長く降雪日数の少

ない地域で多く輩出され、年間降水量とは有意な関係がないことが明らかとなった。

5）全国8地域での人口100万人当たり1年間の選手数は、調査期間の初期（1959～1972年）では四国地方、中国地方、九州地方が多かったが、その3地域はその後急激に低下しその他の地域とほとんど差がなくなり、この3地域は第1期間までは野球の盛んな地域であったがその後はこの傾向が薄れ、全国で同じようにプロ野球選手を輩出するようになった。この要因としては、寒冷地での寒さや雪の影響を補う室内練習場の設置や、日照時間の不足を補うためのナイター設備の普及などが大きく影響していると推測される。

6）投手の占める割合が高い都道府県は、新潟県が81.8％で断然高く71.4％で秋田県次に山形県、長崎県と続き、逆に投手の占める割合が低い都道府県は、奈良県が39.7％、山口県が41.4％であった。投手は、先天的な素質に負うところが大きく、気候的もしくは設備などの練習環境があまり整っていなくても好投手は輩出されやすいのではないかと考察できる。

2. 日本人プロ野球優秀選手は何県生まれが多いか

1．緒言

前項において、プロ野球選手は人口が多く野球人口も多い都道府県で多く輩出され、人口の影響を差し引くと温暖で日照時間が長く、降雪日数の少ない地域で多く輩出され、年間降水量とは有意な関係がないことを明らかにした。

日本人の気質については、九州男児は男っぽいとか、東北の人は粘り強いとか地域によってその性格の特徴を言うことも多い。そこで、日本各地から入団するプロ野球選手が、その後レギュラーとして活躍するのはどの地域の選手が多いのかは興味深い問題である。ここではプロ野球選手の優秀選手は何県生まれが多いかを検証していく。

2．方法
1）対象者

対象者は、1959年から2014年までに日本プロ野球に在籍した外国人選手を除く延べ38,799人の選手の中で、優秀選手と認められた選手延べ4,847人を対象とした。

2）期間

対象となった55年間を4つの期間に分け、その推移を分析した。第4期間のみ2001年から2013年までの13年間であるが、その他は14年間に分けてその推移を検討した。

3．結果および考察
1）プロ野球選手が多い都道府県および地域

表4-4は、プロ野球選手の多い都道府県を表したものである。左側は1959年から2014年までの延べ選手数の多い順に示し、右側は1959年から2014年までに入団した新人選手数が多い順に示したものである。この両方を比較すると、ほとんど同じような傾向を示し、どちらも大阪府、兵庫県が1位、2位を占め、その後は人口の多い都道府県が上位に位置している。

表4-5には、対象となった期間を4つに分け各都道府県の選手数の順位の変動を見たものである。全期間を通して1位の大阪府は、すべての期間で1位を占めている。全期間で2位、3位の兵庫県と東京都も大きな変化は認められない。しかし全期間で4位の福岡県は第3期間まで順位を下げていて、逆に千葉県や神奈川県、埼玉県などの首都圏の県が順位を上げているのが特徴である。さらに北海道が第1期間では36位であったのが、その後徐々に順位を上げ、第4期間では11位まで躍進しているのが目を引く。

このように、55年の間にはプロ野球選手を輩出する県・地域にも変化が現れていると思われる。そこで表4-6と図4-15に各地域の延べ選手数の割合の推移を示した。全期間で見てみると関東地方出身の選手が一番多く全体の23.3％を占めている。次に近畿地方の選手が22.2％で続き、九州地方の選手が18.5％となっている。しかしこの3地域の推移は多少の違いを示している。全期間で1位の関東地方は、第1期間では17.8％しかなく第3位であったがその後は急激な伸びを示し、第3期間では1位の26.6％となった。その後も上昇を続け、第4期間では27.1％となっている。近畿地方も割合が伸びてきているが関東地方ほどの急激な上昇は認められない。これに反して九州地方の割合は徐々に低下し、第1期間では19.7％であったが、第4期間では17.2％まで落ち込んだ。

その他の5地域の割合は、全体的に低下傾向にあ

表4-4 プロ野球選手が多い都道府県

順位	都道府県	延選手数	順位	都道府県	新人選手数
1	大阪	3,468	1	大阪	445
2	兵庫	2,355	2	兵庫	282
3	東京	2,020	3	福岡	273
4	福岡	2,007	4	東京	259
5	愛知	1,761	5	神奈	224
6	神奈	1,711	6	愛知	207
7	千葉	1,602	7	千葉	173
8	広島	1,384	8	広島	171
9	埼玉	1,309	9	埼玉	169
10	熊本	1,246	10	熊本	138
11	静岡	1,098	11	静岡	131
12	京都	1,087	11	京都	131
13	和歌山	1,036	13	和歌山	121
14	大分	922	14	大分	115
15	愛媛	887	15	愛媛	103
16	宮崎	797	16	山口	99
17	岡山	783	17	茨城	98
18	茨城	754	17	宮崎	98
19	鹿児島	725	17	鹿児島	98
20	山口	723	20	北道	95
21	北道	711	21	宮城	90
22	宮城	694	22	岡山	89
23	徳島	610	23	徳島	81
24	佐賀	573	24	佐賀	71
25	群馬	566	25	三重	68
26	栃木	561	26	群馬	67
27	高知	551	27	岐阜	65
28	三重	528	27	沖縄	65
29	山梨	509	29	栃木	63
30	長崎	507	29	奈良	63
31	奈良	494	31	長崎	61
32	岐阜	485	32	高知	60
33	秋田	463	33	山梨	58
34	香川	441	34	秋田	56
35	沖縄	389	35	香川	51
36	島根	361	36	福島	48
37	長野	353	37	長野	43
38	福島	309	38	島根	41
39	石川	305	39	石川	40
40	福井	280	40	岩手	36
41	富山	237	41	新潟	33
42	岩手	227	41	富山	33
43	鳥取	223	43	福井	31
44	新潟	212	44	鳥取	29
45	青森	191	45	滋賀	28
46	滋賀	189	46	青森	22
47	山形	155	46	山形	22
	計	38,799		計	4,844

表4-5 各都道府県の選手数順位の変動

順位	都道府県	第1期	第2期	第3期	第4期	全期間
1	大阪	1	1	1	1	1
2	兵庫	3	2	4	3	2
3	東京	5	4	2	5	3
4	福岡	2	3	8	4	4
5	愛知	4	6	5	9	5
6	神奈	10	8	7	2	6
7	千葉	17	9	3	6	7
8	広島	6	5	12	10	8
9	埼玉	21	16	6	7	9
10	熊本	7	7	9	15	10
11	静岡	9	10	11	16	11
12	京都	13	19	14	8	12
13	和歌山	14	13	10	12	13
14	大分	8	12	19	17	14
15	愛媛	11	11	25	18	15
16	宮崎	18	18	15	20	16
17	岡山	15	15	20	30	17
18	茨城	25	20	16	13	18
19	鹿児島	23	17	26	19	19
20	山口	12	14	28	40	20
21	北海道	36	24	13	11	21
22	宮城	16	22	24	24	22
23	徳島	19	27	18	32	23
24	佐賀	30	33	17	23	24
25	群馬	28	32	32	14	25
26	栃木	32	30	21	22	26
27	高知	24	21	27	37	27
28	三重	29	25	31	25	28
29	山梨	27	23	30	33	29
30	長崎	31	34	22	31	30
31	奈良	37	26	33	21	31
32	岐阜	19	37	35	29	32
33	秋田	34	31	23	34	33
34	香川	22	28	40	35	34
35	沖縄	47	36	29	26	35
36	島根	33	29	38	44	36
37	長野	26	38	39	42	37
38	福島	38	39	34	38	38
39	石川	46	44	36	27	39
40	福井	39	42	46	28	40
41	富山	44	43	37	39	41
42	岩手	40	41	44	45	42
43	鳥取	35	35	43	47	43
44	新潟	45	40	41	43	44
45	青森	41	45	42	46	45
46	滋賀	43	46	45	36	46
47	山形	42	47	47	41	47

表4-6 各地域の延べ選手数の割合の推移（％）

各地域	第1期	第2期	第3期	第4期	全期間
北海道・東北	6.94	6.57	7.79	6.98	7.09
関東	17.75	20.40	26.60	27.09	23.28
北信越	3.32	3.21	3.10	4.55	3.57
東海	11.45	9.81	9.95	8.97	9.98
近畿	20.43	21.48	21.65	24.92	22.24
中国	11.88	11.90	7.28	5.62	8.95
四国	8.49	7.55	5.46	4.67	6.42
九州	19.74	19.09	18.16	17.20	18.47
計	100.00	100.00	100.00	100.00	100.00

※数値は小数点第2位で四捨五入したものであり、合計が100にならない場合があります。

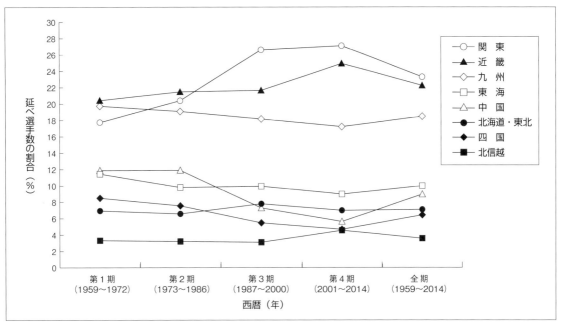

図4-15 各地域の延べ選手数の割合の推移（1959～2014）

る。全期間で4位の中国地方は第1期間では11.9％であったがその後は徐々に低下し、第4期間では5.6％となっている。全期間で5位の東海地方は第1期間では11.5％であったがその後は急激に低下し、第4期間では9.0％となっている。その中でも全期間で6位の北海道・東北地方はやや上昇傾向が認められ、第1期間では6.9％であったがその後6.6％、7.8％、7.0％と推移している。四国地方も中国地方と同様の傾向を示し、第1期間では8.5％であったがその後は急激に低下し、第4期間では4.7％となっている。全区間では最下位の北信越地方も北海道・東北地方と同様に上昇傾向にあり、第1期間では3.3％であったがその後3.2％、3.1％と推移し、第4期間では4.6％にまで上昇している。

　これらをまとめてみるとプロ野球選手の選手数は、関東・近畿地方の大都市圏では上昇し、温暖な地域では減少傾向にあり、寒冷地では上昇傾向にあることが確認できた。

2）優秀選手が多い都道府県および地域

　表4-7は、優秀選手の多い都道府県名を順に示した。1位が大阪府の421名で2位の兵庫県が292名で続き、両県で全体の14.8％を占める。この結果は表4-4に示した順位とほとんど同じような結果であった。さらに図4-16には、各都道府県の延べ選手数と延べ優秀選手数との関係を示したものである。この結果、0.1％水準で有意な正の相関関係を認めた。すなわち延べ選手数が多い都道府県は延べ優秀選手も多いことが統計学的にも証明された。

　表4-8は、優秀選手が出現した割合の高い都道府

表4-7 延優秀選手の多い都道府県

順位	都道府県	選手数(人)	割合(%)
1	大阪	421	8.69
2	兵庫	292	6.02
3	東京	275	5.67
4	千葉	271	5.59
5	愛知	240	4.95
6	広島	239	4.93
7	福岡	219	4.52
8	神奈川	195	4.02
9	熊本	179	3.69
10	静岡	165	3.40
11	京都	160	3.30
12	岡山	128	2.64
13	和歌山	125	2.58
14	埼玉	119	2.46
14	大分	119	2.46
16	宮崎	117	2.41
17	愛媛	104	2.15
18	高知	103	2.13
19	茨城	91	1.88
20	栃木	89	1.84
21	北海道	81	1.67
22	秋田	80	1.65
23	岐阜	72	1.49
24	鹿児島	69	1.42
25	奈良	68	1.40
26	香川	61	1.26
27	宮城	58	1.20
28	山梨	55	1.13
28	徳島	55	1.13
30	長崎	54	1.11
31	山口	53	1.09
32	鳥取	52	1.07
32	佐賀	52	1.07
34	島根	46	0.95
35	群馬	45	0.93
36	石川	41	0.85
37	三重	38	0.78
38	福島	36	0.74
39	滋賀	28	0.58
39	沖縄	28	0.58
41	青森	20	0.41
41	長野	20	0.41
43	山形	19	0.39
43	福井	19	0.39
45	岩手	16	0.33
45	新潟	16	0.33
47	富山	14	0.29
		4,847	100

表4-8 優優秀選手の出現率が高い都道府県（1959-2013）

順位	都道府県	延選手数(人)	延優秀選手数(人)	優秀選手の出現割合(%)
1	鳥取	222	52	23.4
2	高知	547	103	18.8
3	広島	1350	239	17.7
4	秋田	457	80	17.5
5	千葉	1572	271	17.2
6	岡山	769	128	16.6
7	栃木	552	89	16.1
8	岐阜	467	72	15.4
9	静岡	1080	165	15.3
10	滋賀	184	28	15.2
11	京都	1061	160	15.1
12	宮崎	786	117	14.9
13	熊本	1233	179	14.5
14	奈良	480	68	14.2
15	香川	435	61	14.0
16	愛知	1725	240	13.9
17	石川	295	41	13.9
18	東京	1983	275	13.9
19	大分	905	119	13.1
20	島根	357	46	12.9
21	山形	150	19	12.7
22	兵庫	2316	292	12.6
23	大阪	3390	421	12.4
24	茨城	735	91	12.4
25	和歌山	1023	125	12.2
26	福島	301	36	12.0
27	愛媛	877	104	11.9
28	北道	690	81	11.7
29	神奈	1665	195	11.7
30	福岡	1962	219	11.2
31	山梨	504	55	10.9
32	長崎	498	54	10.8
33	青森	188	20	10.6
34	鹿児島	703	69	9.8
35	佐賀	562	52	9.3
36	埼玉	1287	119	9.2
37	徳島	599	55	9.2
38	宮城	679	58	8.5
39	群馬	548	45	8.2
40	新潟	208	16	7.7
41	沖縄	367	28	7.6
42	三重	515	38	7.4
43	山口	719	53	7.4
44	岩手	221	16	7.2
45	福井	266	19	7.1
46	富山	230	14	6.1
47	長野	348	20	5.7
		38,011	4,847	12.8

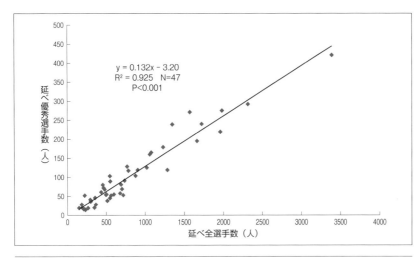

図4-16 各都道府県の延べ選手数と延べ優秀選手数との関係（1959～2013）

表4-9 各地域別に見た優秀選手が出現した割合の推移（1959～2013）

各地域	第1期 (1959～ 1972)	第2期 (1973～ 1986)	第3期 (1987～ 2000)	第4期 (2001～ 2013)	全期 (1959～ 2013)
北海道・東北	11.9	14.6	10.6	9.5	11.5
関東	15.4	14.9	11.2	11.7	12.9
北信越	6.0	8.0	10.2	8.3	8.2
東海	15.3	15.5	10.3	13.6	13.6
近畿	14.9	13.5	12.2	11.8	12.9
中国	14.2	16.4	15.4	13.9	15.2
四国	13.6	18.0	9.7	9.2	13.1
九州	13.6	10.1	11.7	12.4	11.9
計	14.1	13.9	11.6	11.7	12.8

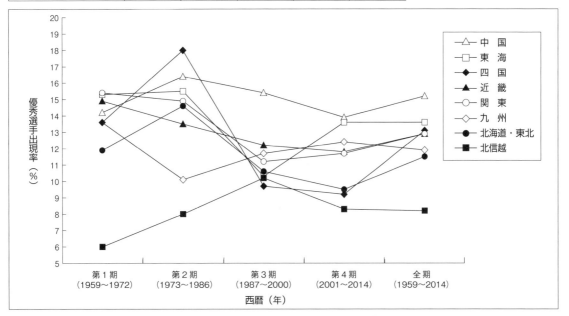

図4-17 各地域別に見た優秀選手が出現した割合の推移（1959～2013）

県を示したものである。最も割合が高かった鳥取県は、延べ選手数が222名で、52名の延べ優秀選手数が輩出され、その割合が23.4％となったことを表している。次に割合が高いのは高知県の18.8％でさらに広島県の17.7％と続く。優秀選手の出現した割合の最も低い県は、長野県でわずか5.7％にすぎず、富山県、

福井県、岩手県と続き、寒冷地の東北地方や北信越地方の県が下位を占めているようである。

そこで、各地域別の各期間の優秀選手の出現した割合の推移を示したのが表4-9と図4-17である。全期間を通じて最も優秀選手の出現した割合が高かったのは中国地方の15.2%であった。この推移を見ると、第1期間が14.2%、第2期間が16.4%、第3期間が15.4%と常に上位を占めていた。全期間を通じて最も優秀選手の出現した割合が低かったのは北信越地方の8.2%で、中国地方の約半分の出現率であった。この推移をみると、第3期間のみ10.2%とやや高くなったがその他の期間では常に下位を占めていた。

これらの優秀選手の出現した割合の差異を明らかにするためにまず気象条件に着目し、各都道府県の優秀

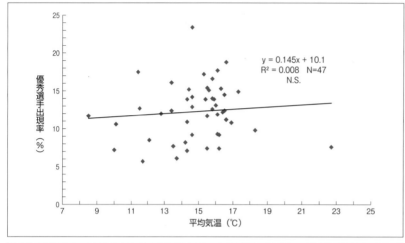

図4-18　各都道府県の優秀選手出現率と平均気温との関係（1959〜2013）

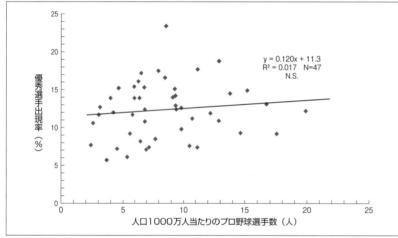

図4-19　各都道府県の優秀選手出現率と人口1000万人当たりのプロ野球選手数との関係（1959〜2013）

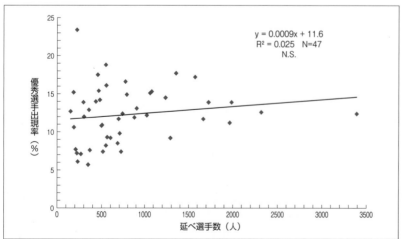

図4-20　都道府県別の延べ選手数と優秀選手出現率との関係（1959〜2013）

選手の出現率と各都道府県の県庁所在地の年間平均気温との関係を示したのが図4-18である。この結果平均気温が高い都道府県は優秀選手の出現率も高い傾向にあったが、統計学的な有意な関係を認めることはできなかった。

次に図4-19には、野球が盛んで人口当たりの野球選手の輩出数と優秀選手の出現率との関係を示した。この結果でも、人口1000万人当たりのプロ野球選手の輩出数が多い都道府県は優秀選手の出現率も高い傾向にあったが、統計学的な有意な関係を認めることはできなかった。

さらに都道府県別の延べ選手数と優秀選手の出現率との関係を示したのが図4-20である。この結果、多くのプロ野球選手を輩出している都道府県は優秀選手の出現率も高い傾向にあったが、統計学的には証明できなかった。すなわち多くのプロ野球選手を輩出する都道府県でも優秀選手になる確率は必ずしも高くないことになる。

4．まとめ

1）一軍で活躍した選手を「優秀選手」と位置づけ、その「優秀選手」は何県、どの地域が多いか明らかにした。
2）延べ選手数が多い都道府県は、延べ優秀選手も多いことが確認された。
3）優秀選手の出現した割合の高い都道府県は鳥取県、高知県、広島県の順であり、低いのは長野県、岩手県、福井県の順であった。
4）優秀選手の出現した割合の高い地域は中国地方であり、低いのは北信越地方であった。
5）優秀選手が出現する割合は、平均気温とは無関係であった。
6）優秀選手が出現する割合は、人口当たりのプロ野球選手数とも有意な関係が認められなかった。
7）多くのプロ野球選手を輩出する都道府県でも優秀選手になる確率は必ずしも高くなかった。

3．日本人プロ野球優秀選手は何県生まれが多いか
── 投手と野手の比較

1．緒言

プロ野球選手は、投手と野手に大別され競技特性や練習内容も大きく異なる。投手は、先天的な素質に負うところが大きく、気候的もしくは設備などの練習環境があまり整っていなくても好投手は輩出されやすいのではないかと考察できる。その中で優秀選手として一軍で活躍できる選手はどの都道府県どの地域が多いか、また投手と野手では違いがあるのかは興味深い問題である。ここでは、プロ野球選手を投手と野手に分けて、プロ野球選手の優秀選手は何県生まれが多いかを明らかにしていく。

2．方法
1）対象者
対象者は、1959年から2014年までに日本プロ野球に在籍した外国人選手を除く延べ38,779人の選手の中で、優秀選手と認められた選手延べ4,847人を対象とした。

2）期間
対象となった55年間を4つの期間に分けその推移を分析した。第4期間のみ2001年から2013年までの13年間であるが、その他は一期間を14年間に分けてその推移を検討した。

3．結果および考察
1）投手の占める割合の高い都道府県
表4-10は、各都道府県を投手の占める割合の高い順に並べたものである。最も投手の占める割合が高いのは83.0%の鳥取県であり、延べ223人の選手の中で延べ185人が投手であったことを示す。その次は74.1%の新潟県であり、その後は60%台に秋田県、山形県、高知県と続く。

最も投手の占める割合の低いのは、富山県の27.0%で、次に長野県の31.2%となり、その後奈良県、佐賀県、山口県、熊本県と続く。

2）優秀投手・優秀野手の出現率の高い都道府県
表4-11は、優秀投手の出現率の高い都道府県順に示したものである。最も優秀投手の出現率が高いのは鳥取県の27.6%であった。すなわち延べ185人の投手の中で51人の優秀投手が出現したことになる。その次が岡山県の23.7%で、さらに島根県、滋賀県が20%台で続く。最も優秀投手の出現率が低いのは岩

表4-10 都道府県の投手の占める割合

順位	都道府県	全選手	投手	野手	投手の割合(%)	野手の割合(%)
1	鳥取	223	185	38	82.96	17.0
2	新潟	212	157	55	74.06	25.9
3	秋田	463	314	149	67.82	32.2
4	山形	155	97	58	62.58	37.4
5	高知	551	343	208	62.25	37.7
6	岩手	227	129	98	56.83	43.2
7	青森	191	107	84	56.02	44.0
8	三重	528	290	238	54.92	45.1
9	福井	280	153	127	54.64	45.4
10	長崎	507	277	230	54.64	45.4
11	島根	361	194	167	53.74	46.3
12	岐阜	485	258	227	53.20	46.8
13	福島	309	163	146	52.75	47.2
14	沖縄	389	202	187	51.93	48.1
15	宮城	694	356	338	51.30	48.7
16	滋賀	189	95	94	50.26	49.7
17	群馬	566	281	285	49.65	50.4
18	愛媛	887	440	447	49.61	50.4
19	宮崎	797	394	403	49.44	50.6
20	静岡	1098	530	568	48.27	51.7
21	石川	305	147	158	48.20	51.8
22	京都	1087	517	570	47.56	52.4
23	北海道	711	337	374	47.40	52.6
24	茨城	754	352	402	46.68	53.3
25	栃木	561	258	303	45.99	54.0
26	愛知	1761	807	954	45.83	54.2
27	埼玉	1309	595	714	45.45	54.5
28	大分	922	418	504	45.34	54.7
29	徳島	610	276	334	45.25	54.8
30	香川	441	198	243	44.90	55.1
31	千葉	1602	702	900	43.82	56.2
32	山梨	509	218	291	42.83	57.2
33	神奈川	1711	718	993	41.96	58.0
34	和歌山	1036	420	616	40.54	59.5
35	岡山	783	317	466	40.49	59.5
36	東京	2020	805	1215	39.85	60.1
37	大阪	3468	1376	2092	39.68	60.3
38	広島	1384	539	845	38.95	61.0
39	鹿児島	725	282	443	38.90	61.1
40	兵庫	2355	906	1449	38.47	61.5
41	福岡	2007	752	1255	37.47	62.5
42	熊本	1246	459	787	36.84	63.2
43	山口	723	266	457	36.79	63.2
44	佐賀	573	202	371	35.25	64.7
45	奈良	494	170	324	34.41	65.6
46	長野	353	110	243	31.16	68.8
47	富山	237	64	173	27.00	73.0
	計	38,799	17,176	21,623	44.27	55.7

表4-11 優秀投手の出現割合

都道府県	全選手(%)	投手(%)	野手(%)
鳥取	23.3	27.57	2.6
岡山	16.3	23.66	11.4
島根	12.7	20.10	4.2
滋賀	14.8	20.00	9.6
栃木	15.9	19.38	12.9
高知	18.7	19.24	17.8
山梨	10.8	18.35	5.2
奈良	13.8	17.65	11.7
秋田	17.3	17.52	16.8
愛知	13.6	16.36	11.3
大分	12.9	15.31	10.9
静岡	15.0	15.09	15.0
和歌山	12.1	14.52	10.4
広島	17.3	13.54	19.6
鹿児島	9.5	13.48	7.0
福島	11.7	12.88	10.3
岐阜	14.8	12.40	17.6
愛媛	11.7	12.27	11.2
千葉	16.9	12.25	20.6
石川	13.4	12.24	14.6
茨城	12.1	12.22	11.9
東京	13.6	12.17	14.6
青森	10.5	12.15	8.3
福岡	10.9	11.70	10.4
徳島	9.0	11.59	6.9
兵庫	12.4	11.59	12.9
神奈川	11.4	11.42	11.4
北海道	11.4	10.98	11.8
熊本	14.4	10.68	16.5
宮崎	14.7	10.41	18.9
宮城	8.4	10.39	6.2
大阪	12.1	9.74	13.7
三重	7.2	9.66	4.2
新潟	7.5	9.55	1.8
山形	12.3	9.28	17.2
山口	7.3	9.02	6.3
京都	14.7	8.70	20.2
沖縄	7.2	8.42	5.9
埼玉	9.1	8.07	9.9
群馬	8.0	7.47	8.4
福井	6.8	6.54	7.1
佐賀	9.1	6.44	10.5
香川	13.8	6.06	20.2
長崎	10.7	5.05	17.4
長野	5.7	4.55	6.2
富山	5.9	3.13	6.9
岩手	7.0	3.10	12.2
平均	12.5	12.28	12.7

表4-12 優秀野手の出現割合

都道府県	全選手(%)	投手(%)	野手(%)
千葉	16.9	12.3	20.56
京都	14.7	8.7	20.18
香川	13.8	6.1	20.16
広島	17.3	13.5	19.64
宮崎	14.7	10.4	18.86
高知	18.7	19.2	17.79
岐阜	14.8	12.4	17.62
長崎	10.7	5.1	17.39
山形	12.3	9.3	17.24
秋田	17.3	17.5	16.78
熊本	14.4	10.7	16.52
静岡	15.0	15.1	14.96
東京	13.6	12.2	14.57
石川	13.4	12.2	14.56
大阪	12.1	9.7	13.72
兵庫	12.4	11.6	12.91
栃木	15.9	19.4	12.87
岩手	7.0	3.1	12.24
茨城	12.1	12.2	11.94
北海道	11.4	11.0	11.76
奈良	13.8	17.6	11.73
神奈川	11.4	11.4	11.38
岡山	16.3	23.7	11.37
愛知	13.6	16.4	11.32
愛媛	11.7	12.3	11.19
大分	12.9	15.3	10.91
佐賀	9.1	6.4	10.51
福岡	10.9	11.7	10.44
和歌山	12.1	14.5	10.39
福島	11.7	12.9	10.27
埼玉	9.1	8.1	9.94
滋賀	14.8	20.0	9.57
群馬	8.0	7.5	8.42
青森	10.5	12.1	8.33
福井	6.8	6.5	7.09
鹿児島	9.5	13.5	7.00
富山	5.9	3.1	6.94
徳島	9.0	11.6	6.89
山口	7.3	9.0	6.35
宮城	8.4	10.4	6.21
長野	5.7	4.5	6.17
沖縄	7.2	8.4	5.88
山梨	10.8	18.3	5.15
三重	7.2	9.7	4.20
島根	12.7	20.1	4.19
鳥取	23.3	27.6	2.63
新潟	7.5	9.6	1.82
平均	12.5	12.3	12.66

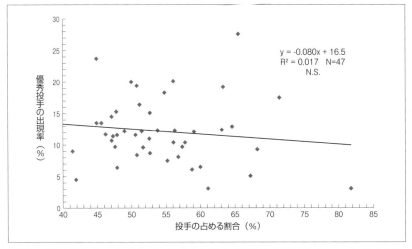

図4-21 投手の占める割合と優秀投手の出現率との関係（1959～2013）

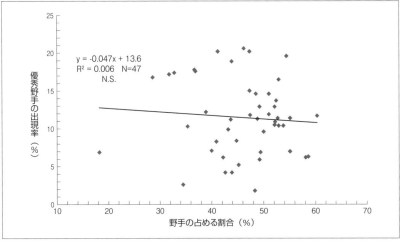

図4-22 野手の占める割合と優秀野手の出現率との関係（1959～2013）

手県のわずか3.10%であった。すなわち延べ129人の投手の中でわずか4人の優秀投手しか出現しなかったことになる。この出現率は鳥取県の約10分の1である。その次が富山県の3.13%で、さらに長野県、長崎県と続く。

鳥取県は、投手の占める割合も83.0%で最も高く、優秀投手の出現率も最も高かった県であった。そこで、都道府県別で投手の占める割合と優秀投手の出現率との関係を示したのが図4-21である。この関係では、有意な関係を認めることができなかった。

表4-12は、優秀野手の出現率の高い都道府県順に示したものである。最も優秀野手の出現率が高いのは千葉県の20.6%であった。すなわち延べ900人の野手の中で185人の優秀野手が出現したことになる。その次が京都府の20.2%で、さらに香川県が20%台で続く。最も優秀野手の出現率が低いのは新潟県のわずか1.8%であった。すなわち延べ55人の野手の中でわずか1人の優秀野手しか出現しなかったことになる。この出現率は千葉県の10分の1にも満たない。

その次が鳥取県の2.6%で、さらに島根県、三重県が4%台で続く。

投手と同様に、都道府県別で野手の占める割合と優秀野手の出現率との関係を示したのが図4-22である。この関係では、統計学的な有意な関係を認めることができなかった。

3）地域別の優秀投手、優秀野手の出現率の推移

表4-13、図4-23は、地域別の優秀投手の出現率の推移を示したものである。

地域別の優秀投手の出現率が最も高いのは、中国地方の17.8%で、次に東海地方の14.9%が続く。最も低いのは、北信越地方でわずか8.3%しかなく中国地方の半分にも満たない。次に低いのは九州地方の11.2%である。

全体的な推移を見てみると、現在に近づくにつれて優秀選手の出現率が低下している。これは、最近では投手の分業化が進み、規定投球回数に達する投手が少なくなったためと推測される。さらに調査期間の前半

表4-13 地域別の優秀投手出現率の推移（％）

	北海道東北	関東	北信越	東海	近畿	中国	四国	九州	計
第1期(1959-1972)	13.88	14.55	4.35	19.63	12.07	17.63	13.94	14.29	14.52
第2期(1973-1986)	14.63	15.39	17.09	17.69	13.24	25.73	17.70	10.48	15.79
第3期(1987-2000)	8.99	10.58	8.03	9.93	11.01	13.08	11.46	8.68	10.32
第4期(2001-2013)	11.63	10.88	5.93	14.04	10.96	9.72	9.97	11.10	10.93
全期　(1959-2013)	12.06	12.25	8.26	14.88	11.66	17.80	13.29	11.19	12.64

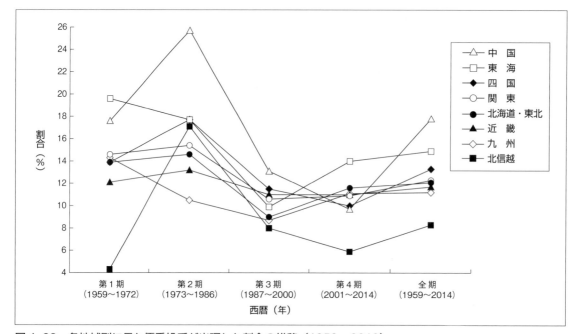

図4-23　各地域別に見た優秀投手が出現した割合の推移（1959～2013）

では「ばらつき」が非常に大きかったが、最近では「ばらつき」が小さくなり、地域が平均化され地域間の特徴がなくなりつつあるのかもしれない。

個々に見てみると、中国地方は第1期間と第5期間を除いて常に出現率が高く、平均でも出現率が一番高い。それと比較して北信越地方は、第3期間を除いて常に下位に位置し第5期間の落ち込みが著しく、平均で見ても出現率が最も低い。他の6地域は、調査の前半において多少の差が認められたが、後半にはほとんど差がなくなってきている。

表4-14、図4-24は、同様に地域別の優秀野手の出現率の推移を示したものである。

地域別の優秀野手の出現する割合が平均で最も高いのは、近畿地方の13.8％で、次に関東地方の13.4％が続く。最も低いのは、北信越地方でわずか8.1％で唯一の1桁である。次に低いのは北海道・東北地方の10.9％である。その他の地域は期間により多少の「ばらつき」を認めるがそれほどの差は認められない。

全体的には、近畿地方や関東地方などの大都市を有する地域が高くて、北信越地方や北海道・東北地方などの人口の少ない地域が優秀野手の出現率が低いようである。

4) 優秀投手・優秀野手の出現率と各要素との関係

図4-25は、各都道府県の優秀投手の出現率と平均気温との関係を示したものである。この関係では、統計学的な有意な関係を認めることができなかった。

図4-26は、同様に優秀野手の出現率と平均気温との関係を示したものである。この関係では、統計学的な有意な関係ではなかった。すなわち各都道府県の平均気温が高くても低くても優秀投手や優秀野手の出現する割合には変化がないということになる。

4. まとめ

1) プロ野球選手の優秀選手は何県生まれが多いかを投手と野手に分けて分析した。

表4-14 地域別の優秀野手出現率の推移（％）

	北海道東北	関東	北信越	東海	近畿	中国	四国	九州	計
第1期(1959-1972)	9.05	15.96	7.06	11.74	16.73	12.19	13.35	13.09	13.76
第2期(1973-1986)	14.63	14.63	2.19	13.94	13.61	9.45	18.23	9.90	12.67
第3期(1987-2000)	12.61	11.69	11.80	10.75	13.02	17.74	7.50	13.55	12.58
第4期(2001-2013)	7.35	12.46	10.90	13.08	12.45	17.45	7.59	13.33	12.42
全期 (1959-2013)	10.92	13.37	8.09	12.40	13.80	13.16	12.99	12.45	12.84

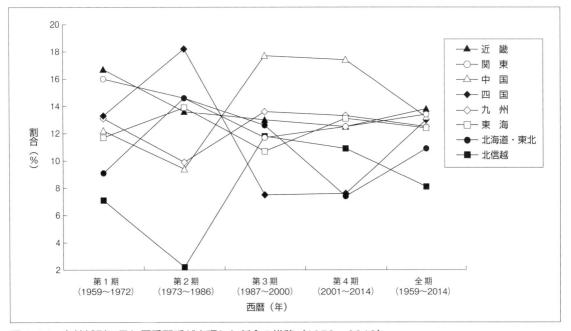

図4-24 各地域別に見た優秀野手が出現した割合の推移（1959～2013）

2）最も優秀投手の出現率が高いのは鳥取県の27.7％であり、最も低いのは長野県のわずか2.1％であった。全体的には、投手の占める割合の高い都道府県は、優秀投手の出現率も高くなることが明らかとなった。

3）最も優秀野手の出現率が高いのは千葉県の21.7％であり、最も出現率が低いのは新潟県のわずか2.1％であった。

4）地域別の優秀投手の出現率が最も高いのは中国地

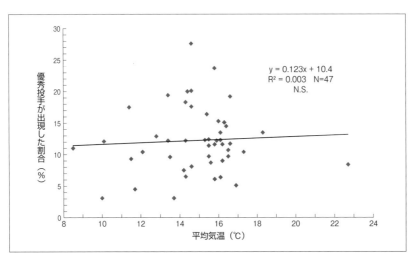

図4-25 優秀投手が出現する割合と平均気温との関係（1959～2013）

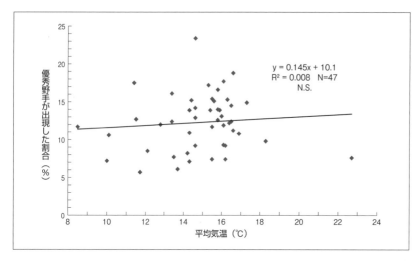

図4-26　優秀野手が出現する割合と平均気温との関係（1959〜2013）

方の18.2%で、最も低いのは北信越地方の8.2%であった。
5）地域別の優秀野手の出現率が最も高いのは近畿地方の13.9%で、最も低いのは北信越地方の7.6%であった。
6）各都道府県の平均気温が高くても低くても優秀投手や優秀野手の出現する割合には変化がなかった。

[参考文献]
1）厚生省大臣官房統計情報部　人口動態統計（明治32年〜平成9年）(CD - ROM)　財団法人厚生統計協会　東京　2003
2）http://www.japan-spors.or.jp/chutairen/
3）http://www.jhbf.or.jp/
4）文部科学省国立天文台編：理科年表　平成15年．丸善株式会社　東京　2002

第5章 プロ野球選手の学歴

1. 日本人選手と外国人選手の比較

1．緒言

日本人の進学率は、戦後日本の復興とともに急激に高まってきた。文部科学省の統計[1]によると、戦後まもない1950年の高校進学率は男女平均でわずか42.5％であったが、その後日本の高度成長とともに急速に高まり1961年には62.3％となり、1974年には初の90％台に達し、その後緩やかな上昇を続け、現在では高校の進学率は97％を超えていて今やほとんどの子どもたちが高校に進学する。

大学進学率については、1954年には男女平均でわずか10.1％であったが、その後高校の進学率と同様に急速に高まり1973年には初の30％台の32.7％となり、1993年には初の40％台に達し、2005年には50％台に達し、2007年では53.7％にまで上昇している。2013年では、進学率がやや低下しているものの18歳の若者の半分以上が大学に進学する時代となった。

日本では高校野球が非常に盛んなので、プロ野球を目指す多くの少年たちが高校に進学して高校野球を行う。そしてすぐにプロ野球に入団する選手もいれば、大学や社会人野球に進み、その後プロ野球に入ってくる選手もいる。プロ野球も2リーグ分裂して2014年で64年目を迎えた。この間にプロ野球に入団した選手たちが、日本の進学率の急激な変化にいかに影響を受けたか興味深い問題である。そこで本章では、プロ野球選手の学歴について論じる。

2．方法
1）対象者

対象者は、1950年から2014年までに日本プロ野球に在籍した外国人選手を含む延べ45,838人とした。その中で外国人選手は延べ2,176人であった。しかし学歴が不明な選手が27人存在したので、統計処理の対象となったのは延べ45,811人である。育成選手もプロ野球選手として取り扱った。

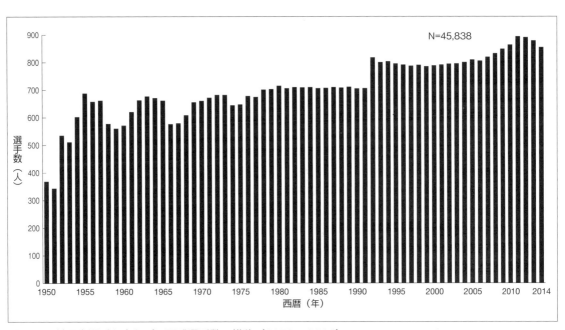

図5-1　外国人選手を含むプロ野球選手数の推移（1950～2014）

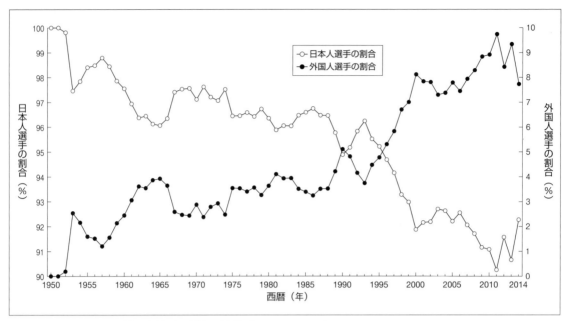

図5-2　日本人選手と外国人選手の割合の推移（1950～2014）

2）分析方法

プロ野球選手の学歴は、大学卒、高校卒、中学卒、師範学校卒、専門学校卒（高等専門学校を含む）の5つに分類した。短大卒の選手は大学卒としてカウントした。プロ野球選手の場合、大学には入学したものの正式に卒業せずプロ野球に入団してくる選手もみられるが、基礎資料に記載された内容を使用した。中学卒の選手は、旧制中学と新制中学を卒業した選手の両方が含まれる。

3．結果および考察
1）プロ野球選手数の推移

図5-1は、各年度にプロ野球に在籍した選手数の推移を示したものである。

2リーグ分裂直後の1950年、1951年には選手数も少なく300人台であったが、その後は選手数も急激に増加し、1954年には初の600人台となった。その後は多少の増減を繰り返しながら1978年には初の700人台となり、この選手数が1991年まで続いた。1992年からは、1球団の選手保有制限が60人から70人に変更になったので選手数が一気に800人台となり、最近では育成選手制度が採用されたので2011年の選手数は過去最大の893人となった。

2）日本人選手数と外国人選手数の推移

図5-2は、日本人選手数と外国人選手数の割合の推移を示したものである。2リーグ分裂後のプロ野球では、「ファン手帳」のメンバー表によると1950年、1951年の2年間は日本人のみで構成されていたが、1952年に最初の外国人選手として読売ジャイアンツに与那嶺要が登録されている。しかし、与那嶺要選手は1951年6月に来日し、この年規定打席不足ながら打率.354を記録している[2]。1951年は4月の開幕時にはメンバー表に登録されていなかったのである。その後、多くの外国人選手が来日している。1950年代は与那嶺要選手などの日系移民二世などが多かったが、1955年にキューバから来日し、阪急ブレーブスに入団するロベルト・バルボン選手などの異色選手もいた。その後は、野球の本場の米国からの選手が多くなり、最近では韓国、台湾などのアジア地区からの選手も多くなった。その選手数は、1953年に初の2桁台となり、1962年には20人を超えた。さらに1989年には30人に達し、1998年には50人を超え、2011年には87人（全選手の9.7%）となっている。このように外国人選手は、日本プロ野球の中でますます存在感を増し、各球団の戦力面でも重要な地位を占めるまでに影響力を増している。

3）日本人選手の学歴の推移

図5-3は、日本人選手の5つの学歴別の推移を表したものである。2リーグ分裂直後の1952年くらいまでは、選手数も急激に増加する混乱期であったろうと想像される。その頃は、大学卒選手と高校卒選手の割合がほとんど同じであった。当時の日本の大学進学

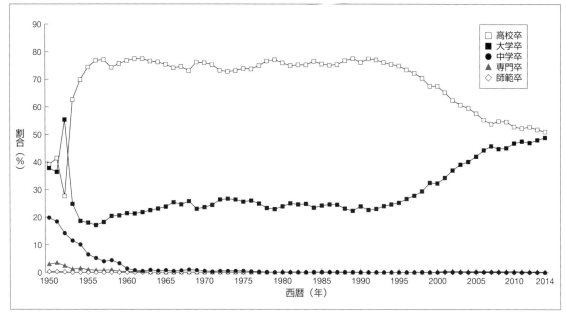

図5-3　日本人選手の学歴の推移（1950〜2014）

率は10％以下だったと思われるので、この頃の大学卒選手の多さは特筆すべきことである。大学卒選手の割合は、1954年に18.6％となりその後は18％前後を推移していたが、1958年には20.4％となりその後徐々に増加し、1999年には初の30％台に達した。それ以降の10年間は急激に増加し、2014年は48.9％にも達した。逆に高校卒の選手の割合は最近10年間で急激に低下し2014年には51.0％となり、大学卒選手と高校卒選手の選手数がほとんど同じくらいとなった。このことは、一般日本人の急激な大学進学率の増加に起因していると推測される。

さらに、1950年の中学卒の選手は全体の19.8％を占めている。この選手たちのほとんどが旧制中学の卒業生だったと推測され、その後は新制中学を卒業した選手たちも現れてきたと思われる。この中学卒の選手たちは、その後徐々に少なくなり、1961年には0.8％まで低下し、2014年には中学卒選手は0人である。教員養成の学校である師範学校出身の選手も延べ3人存在した。専門学校卒の選手は、1950年代の前半には10人前後存在したが、その後徐々に少なくなり、2014年ではわずか1人である。

4）外国人選手の学歴の推移

図5-4は、外国人選手の学歴の推移を示したものである。外国人選手の学歴は、ほとんどが大学卒か高校卒であり全体の98.4％を占める。外国人選手の中で中学卒と専門学校卒が初めて出現するのは1981年の台湾出身の選手たちである。中学卒の選手は、台湾の華興高中出身で1981年から5年間ロッテオリオンズや読売ジャイアンツに在籍した三宅宗源選手である。また同様に専門学校卒の選手は、台湾の台北体育専門学校卒で1981年から3年間南海フォークスに在籍した高英傑選手と李来発選手である。その後の中学卒の選手はほとんどが台湾や中国、韓国などのアジア地区の選手たちである。

大学卒選手と高校卒選手の割合は、1955年までは高校卒選手のほうがはるかに多かったが、その後は50％前後で推移している。ただし1982年から1992年くらいまでは大学卒選手の割合が非常に高い（平均67％）時期があったが、その後はまた50％前後の推移に戻っている。

5）日本人選手と外国人選手の大学卒選手の割合の比較

図5-5は、日本人選手と外国人選手の大学卒選手の割合の推移を比較したものである。外国人選手の大学卒選手の割合は、2リーグ分裂直後の混乱期を除いて常に50％前後を推移し、平均で50.3％である。これと比較して日本人選手の大学卒選手の割合は、1972年から1976年までは26％前後を維持し、その後は低下したが1996年に再び26％台に達し、その後は急激に割合が上昇している。2014年の大学卒選手の割合は48.9％に達しているが、過去60年を平均すると29.5％にすぎない。最近の大学卒選手の急激な増加

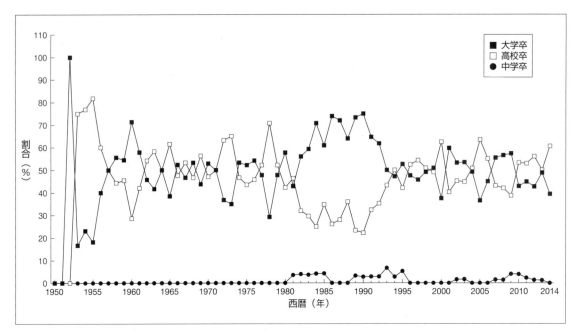

図5-4　外国人選手の学歴の推移（1950〜2014）

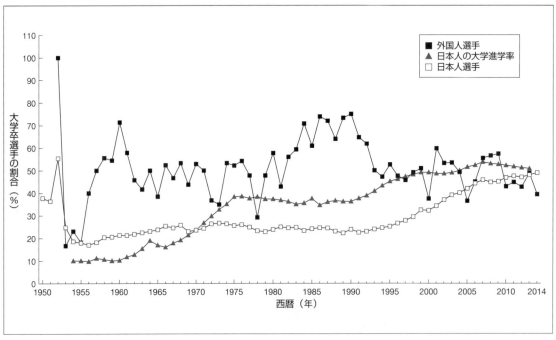

図5-5　日本人選手と外国人選手の大学卒選手の割合の比較（1950〜2014）

は、日本人の大学進学率の上昇に起因しているものと推測される。

4．まとめ

1) 日本プロ野球選手の学歴の推移を大学卒、高校卒、中学卒、師範学校卒、専門学校卒に分類し、日本人選手と外国人選手に分けて調査した。

2) 日本人選手は、高校卒選手の割合が最も高く、平均で68.9%であった。

3) 外国人選手の大学卒選手と高校卒選手の割合は、過去60年間でほとんど同じように推移しているが、大学卒選手がわずかに多く平均で50.3%であった。

4) 日本人選手の大学卒選手の割合は近年急激に増加しているが、この要因は一般日本人の大学進学率の上昇に起因していると推測される。

2. 投手と野手の比較（日本人選手のみで行う）

1. 緒言

前項においてプロ野球選手の学歴について日本人選手と外国人選手を比較したが、ここでは日本人選手の投手と野手の学歴の違いを論じる。

同じ野球選手といっても、投手と野手では競技特性が大きく異なる。とくにプロ野球選手になるとその違いはより顕著となる。投手は、その役割が投球することに集約され、打者をいかに抑えるかが重要となる。投手としての守備も必要ではあるが野手ほどの重要性はない。打撃や走塁などに関しては、パ・リーグの投手は打席に立つことがほとんどないのでその必要性はない。

これと比較して野手は、打撃や守備、走塁などの能力がすべて必要となる。高校野球では、チームの中で運動能力や野球能力が一番優れた選手が投手を務めることが多く、エースで4番という選手も多く見受けられる。さらに投手は先天的な能力に非常に影響されると考えられる。ここでは、同じ野球選手でも競技特性が異なる投手と野手に学歴の違いがあるかを明らかにする。

2. 方法

1）対象者

対象者は、1950年から2014年までに日本プロ野球に入団した日本人新人選手5,837人である。育成選手での入団も新人選手として取り扱った。

3. 結果および考察

1）日本人新人選手数の推移

図5-6は、各年度にプロ野球に入団した新人選手数の推移を示したものである。2リーグ分裂直後の1950年、1951年には新人選手数も少なく20人台であったが、その後は新人選手数も急激に増加し1953年には初の120人台となり、1955年には204人もの新人選手が入団することとなる。その後は多少の増減を繰り返しながら、毎年90人前後の新人選手がプロ野球界の門を叩く。

2）日本人新人選手の学歴の推移

図5-7は、新人選手の学歴の推移を示したものである。2リーグ分裂直後の1950年から1952年までの3年間は大学卒の選手が多く入団している。1952年などは、全新人選手の68.1％が大学卒の選手であった。その後は、大学卒の新人選手の割合は急激に低下し、1953年は12.6％、1954年は8.4％、1955年は12.3％となった。しかし、その後は16.3％から29.5％の範囲で推移していたが、1990年には初の40％台（40.0％）に達した。2002年になると、新

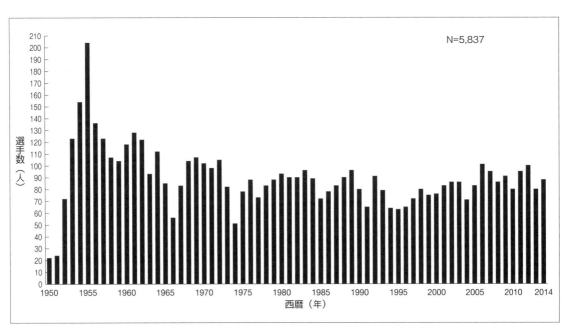

図5-6　日本人新人選手数の推移（1950～2014）

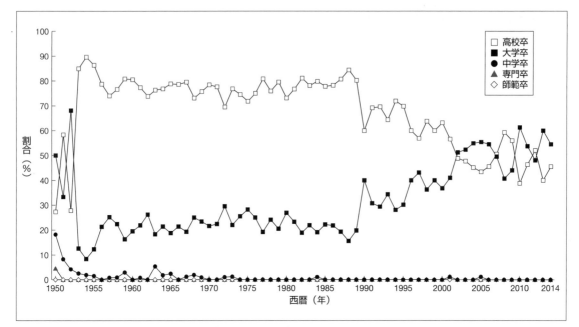

図5-7 日本人新人選手の学歴の推移（1950～2014）

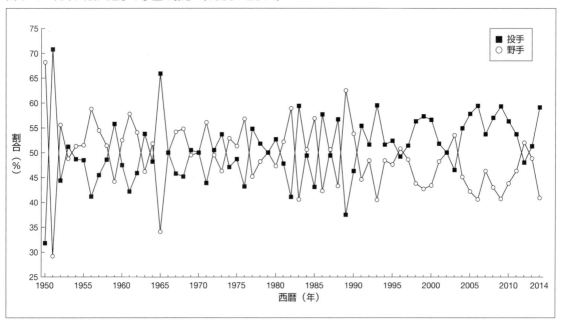

図5-8 新人選手の投手と野手の割合の推移（1950～2014）

人選手に占める大学卒選手の割合が51.2％となり、高校卒選手の割合を抜くことになる。この現象は2006年まで続くが、2007年からの3年間は高校卒新人選手の割合が上まっている。2013年には大学卒の割合が60％に達した。このように、大学卒新人選手の割合は、一般人の大学進学率の伸びとともに上昇していることが確認できた。

全体での大学卒選手の割合は29.1％であり、高校卒選手の割合は69.4％であった。

3）新人選手の投手と野手の割合の推移

図5-8は、年度ごとの新人選手の投手と野手の割合の推移を示したものである。2リーグ分裂直後は偏った入団傾向となり、1950年は野手の入団が多く（68.2％）、逆に1951年は投手の入団が70.8％と多かった。その後は、各年度によって多少のばらつきが認められたが、野手の新人選手の割合が若干多い傾向で推移している。しかし最近では2003年を除いて投手の割合が多くなり、2009年には投手の割合が59.3

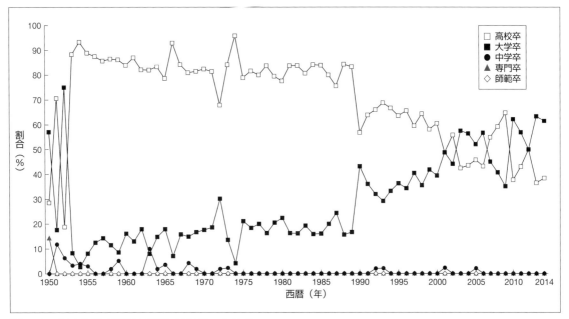

図 5-9　新人投手の学歴の推移（1950〜2014）

％にも達した。このように日本プロ野球では、最近チームの勝利に貢献する投手の役割の重要性が再認識されたり、投手の分業制が確立され、野手よりも多くの投手が入団してきている。

4）新人投手の学歴の推移

図 5-9 は、新人投手の学歴の推移を示したものである。2リーグ分裂直後の1950年から1952年までの3年間は大学卒の新人投手が多く入団している。1952年などは、全新人投手の75.0％が大学卒の投手であった。その後は、大学卒の新人投手の割合は急激に低下し、1953年は8.3％、1954年は2.7％、1955年は8.1％となった。しかし、その後は7.1％から18.6％の範囲で推移していたが、1972年には初の30％台（30.2％）に達した。その後は多少の増減を繰り返しながら、1990年には40％台（43.2％）となった。2003年には新人投手に占める大学卒投手の割合が57.5％となり、高校卒投手の割合を抜くことになる。この現象は2006年まで続くが、2007年からの3年間は高校卒新人投手の割合が上まっている。このように新人投手に占める大学卒投手の割合は、全新人選手を対象にしたときと同様に上昇していることが確認できた。

新人投手の大学卒の割合は全体で27.2％であり、高校卒の割合は71.7％であった。

5）新人野手の学歴の推移

図 5-10は、新人野手の学歴の推移を示したものである。2リーグ分裂直後の1950年から1952年までの3年間は、投手と同様に大学卒の新人野手が多く入団している。1951年などは、全新人野手の71.4％が大学卒の野手であった。その後は、大学卒の新人野手の割合は急激に低下し、1953年は16.9％、1954年は13.9％、1955年は16.2％となった。しかし、その後は20.7％から35.7％の範囲で推移していたが、1974年には初の40％台（44.4％）となった。その後は多少の増減を繰り返しながら、2002年には50％台（58.1％）となり、高校卒野手の割合を抜くことになる。2003年以降は40.5％から60.0％の範囲で推移している。

新人野手の大学卒の割合は全体で32.5％であり、新人投手の大学卒の割合27.2％を上回っている。

6）新人投手と新人野手の大学卒業選手の割合の推移

図 5-11は、新人投手と新人野手の大学卒業選手の割合の推移を日本人の大学進学率と比較したものである。2リーグ分裂直後の1950年から1952年までの混乱期は大学卒の選手が多く入団している。この時期はプロ野球の球団が12球団に増え選手が非常に不足していたので、即戦力の大学出の選手を多く入団させたものと思われる。1953年以降は日本人の大学進学率と同程度の割合で大学卒選手たちが入団してくる。

しかし投手と野手を比較すると、1953年から1971年までは常に野手の大学卒の割合が高い。その後も

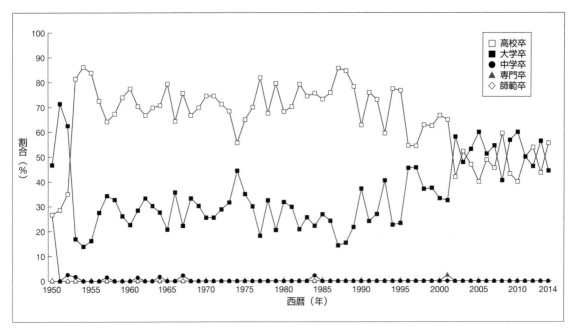

図5-10 日本人新人野手の学歴の推移（1950～2014）

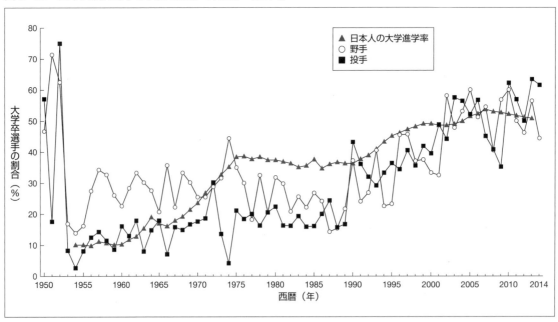

図5-11 新人投手と新人野手の大学卒の割合の推移（1950～2014）

1972年を除いてこの傾向が1986年まで続く。すなわち野手の大学卒の割合は、1953年から1971年まで13.9%から35.7%の範囲で推移し、日本人の大学進学率よりも常に高い。これと比較して投手の大学卒の割合は、1953年から1971年まで2.7%から18.6%の範囲で推移し、日本人の大学進学率とほぼ同程度である。しかし日本人の大学進学率は1969年に初めて20%台（21.4%）となり、その後急激に上昇し1975年に38.4%に達する。1975年から1992年までの日本人の大学進学率は、34.7%から38.9%で高止まりしている。この頃は野手の大学卒の割合は大学進学率とほぼ同程度であり、投手の大学卒の割合は大学進学率よりも低かった。

1987年以降は投手の大学卒の割合が増加し、投手と野手の大学卒の割合がほとんど同じになっている。また1993年からは日本人の大学進学率が40%を超え、再び上昇してきている。このために新人選手の大学卒の割合は、日本人の大学進学率よりも低くなって

いたが、最近10年間くらいは日本人の大学進学率とほぼ同程度である。

4．まとめ
1）日本プロ野球の新人選手の学歴を投手と野手に分けて調査した。
2）2リーグ分裂直後の1950年から1952年までの3年間は大学卒の新人選手が多く入団している。
3）日本プロ野球の新人選手の学歴は、日本人の大学進学率の上昇とともに大学卒の割合が増加している。
4）大学卒の割合は、投手より野手のほうが高かったが、最近ではこの傾向が薄れている。

3．優秀選手の学歴

1．緒言
　日本のプロ野球界では、800人以上の選手が各球団に在籍し日々練習・試合に励んでいる。そして、毎年100人前後の選手が退団し、100人前後の新人選手が入団してくる。このようなプロ野球の世界で、長年在籍しプレーを続けることは非常に困難であるが、そのためには一軍で活躍することが必要となる。
　そこで、ここでは一軍で活躍した選手を「優秀選手」と位置づけ、その他の選手と学歴に差が生じるかを明らかにする。

2．方法
1）対象者
　対象者は、1950年から2013年までに日本プロ野球に在籍した日本人選手延べ42,945人であり、優秀選手とその他の選手に分類し、分析を試みた。

3．結果および考察
1）優秀選手数の推移
　図5-12は、各年度の優秀選手の割合の推移を示したものである。2リーグ分裂直後の1950年、1951年には選手数も少なかったので全選手を対象にした優秀選手の割合は30%前後を示し、1952年でも20.4%を占めていた。しかしその後は、選手数も増えてきたので優秀選手数の割合も低下している。1953年以降、投手の場合は8.5%から19.4%の範囲で推移し、最近では投手の分業化が進み、その割合も低下している。64年間の割合の平均は13.2%であった。野手の場合は、10.1%から15.1%の範囲で推移している。64年間の割合の平均は13.7%であった。

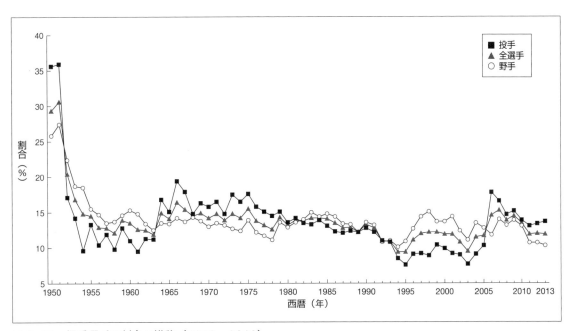

図5-12　優秀選手の割合の推移（1950〜2013）

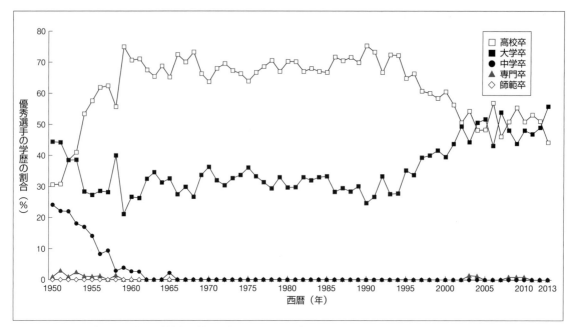

図5-13　全優秀選手の学歴別割合の推移（1950〜2013）

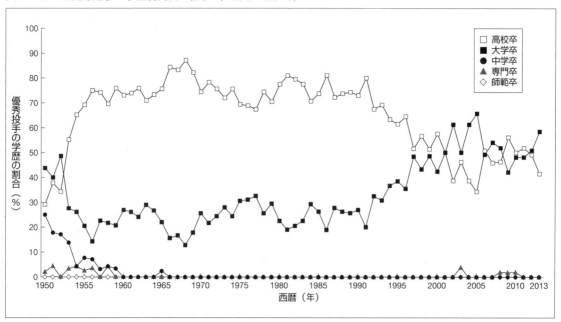

図5-14　日本人優秀投手の学歴別割合の推移（1950〜2013）

2）優秀選手の学歴の推移

図5-13は、優秀選手の学歴の推移を示したものである。2リーグ分裂直後の1950年と1951年は、優秀選手の割合が最も高いのは大学卒選手である。1952年には、大学卒と高校卒が38.5％で並んでいる。この頃に特徴的なのは、中学卒選手が優秀選手の中に多く含まれていることである。1950年には中学卒の選手が優秀選手の24.1％も占めている。この選手たちの多くは旧制中学校の卒業生たちであろうと推測さ

れる。この割合は徐々に低下し、1956年には1桁の8.3％となり、1962年にはついに0％となった。

1953年以降は、優秀選手の中で最も割合が高いのが高校卒の選手たちである。高校卒選手の割合は、1954年に初めて50％台（53.4％）になり、その後は50.6％から75.3％の範囲で推移し、常に最も高い割合を示していた。しかし2004年には48.2％まで低下し最近は50％前後で推移している。1950年からの64年間を平均すると、高校卒選手が61.1％で最も多く、大

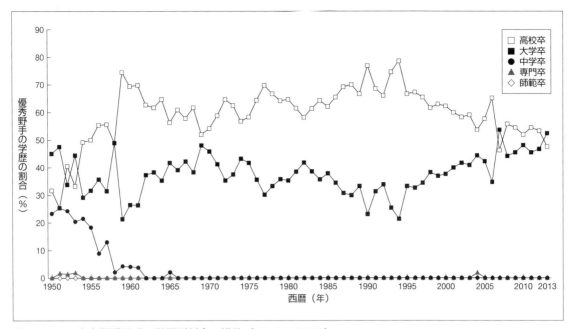

図5-15 日本人優秀野手の学歴別割合の推移（1950～2013）

学卒選手が36.0％で、中学卒が2.6％、専門学校卒が0.3％であった。

3）優秀投手の学歴の推移

図5-14は、優秀投手の学歴の推移を示したものである。2リーグ分裂直後の1950年から1952年までの3年間は大学卒の優秀投手が最も多く、それぞれ43.8％、40.0％、48.6％を占めていた。1953年になると、高校卒選手の割合が50％（55.2％）を超え、その後は、61.5％から87.2％の範囲で推移していたが、1997年に50％台（51.6％）に低下し、2001年以降は50％以下となり2006年、2009年～2011年を除いて大学卒の割合が多くなった。1950年からの64年間を平均すると、高校卒選手が64.2％で最も多く、大学卒選手が33.7％で、中学卒が1.7％、専門学校卒が0.5％であった。

4）優秀野手の学歴の推移

図5-15は、優秀野手の学歴の推移を示したものである。2リーグ分裂直後の1950年と1951年は、投手と同様に大学卒の優秀野手が最も多く、それぞれ45.0％、47.5％を占めている。この頃、特徴的なのは中学卒の優秀選手が多いことである。1950年から1955年まで20％前後の割合を保っている。最後の旧制中学卒の選手たちが活躍した時代である。

1952年以降大学卒選手の割合は21.3％から48.9％の範囲で推移し、2007年には初めて50％台（53.7％）を超えた。1950年からの64年間を平均すると、高校卒選手が58.8％で最も多く、大学卒選手が37.8％で、中学卒が3.2％、専門学校卒が0.1％であった。野手の場合は、投手に比較して大学卒優秀選手の割合が高いようである。

5）学歴別優秀選手の割合の比較

図5-16は、学歴別優秀選手の出現率を比較したものである。たとえば、1950年は139人の大学卒の選手が在籍し、そのうち48人（34.5％）が優秀選手となったことを示している。同様に、1950年の高校卒の選手は22.9％が優秀選手となっている。ここで注目すべきは、中学卒選手の優秀選手の割合の高さである。1950年では、中学卒の優秀選手の割合は35.6％で一番高い。この傾向は1957年くらいまで続くが、その後は中学卒選手の減少とともにその割合も減少する。しかし60年間を平均すると、この割合は大学卒や高校卒の選手の割合よりも高く25.5％を示している。

大学卒と高校卒を比較すると、1952年は大量の大学卒の新人選手が入団してくるので大学卒選手が優秀選手になる割合が低くなったが、それ以外は2006年、2009年、2011年を除いて、すべての年で大学卒選手が優秀選手になる割合が高くなっている。すなわち大学卒選手のほうが、チームの中心的な選手として活躍する確率が高いことになる。この理由としては、高校卒選手は甲子園などで活躍し即戦力の選手として嘱望

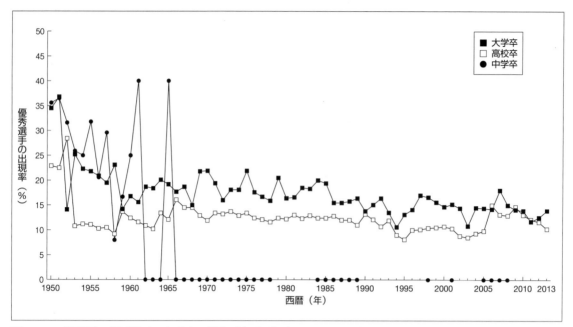

図5-16 学歴別の優秀選手の出現率の推移（全選手）（1950～2013）

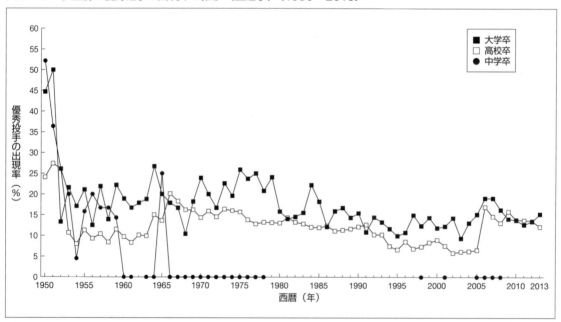

図5-17 学歴別の優秀投手の出現率の推移（1950～2013）

されて入団してくる選手もいれば、3、4年後の将来を期待されてプロ野球界に入ってくる選手もいる。しかし、将来を期待されて入団した選手たちが思うように実力をつけられず二軍選手に甘んじている現状もある。

これと比較して大学卒選手たちは、高校卒業後4年間大学野球界で淘汰され、選び抜かれてプロ野球界に入団してくる。この選手たちはある程度の実力を身につけているので優秀選手になる確率も高くなると考察できる。1950年からの64年間を平均すると、大学卒選手が16.1%、高校卒選手が11.5%で、専門学校卒選手が14.0%で中学卒選手が最も高くて25.5%であった。

次に学歴別優秀選手の割合を投手と野手に分けて分析することにする。

6）投手と野手の学歴別優秀選手の出現率の比較

図5-17は、学歴別優秀投手の出現率を比較したも

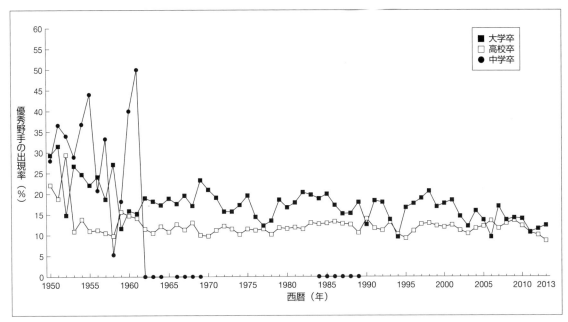

図5-18 学歴別の優秀野手の出現率の推移（1950～2013）

のである。たとえば1950年は、47人の大学卒投手が在籍し、そのうち21人（44.7％）が優秀投手となったことを示している。同様に、1950年の高校卒投手は24.1％が優秀投手となっている。投手の場合も、中学卒投手が優秀投手となる割合も高い。1950年では、中学卒投手の中で優秀投手になったのは52.2％で最も高かった。その後は、中学卒選手の減少とともにその割合も年々低下し、1960年には0％となる。しかし60年間を平均すると、この割合は大学卒や高校卒の選手の割合よりも高く18.7％を示している。

大学卒投手と高校卒投手を比較すると、1952年は大量の大学卒の新人投手が入団してきたので大学卒投手が優秀投手になる割合が低くなった。しかし、1966年～1968年、1981年、1986年、1991年、2009年～2012年以外はすべての年で大学卒投手が優秀投手になる割合が高くなっている。64年間を平均すると、大学卒投手が16.1％、高校卒投手が12.0％で、専門学校卒投手が21.8％で、中学卒投手が18.7％であった。

図5-18は、学歴別優秀野手の出現率を比較したものである。たとえば1950年は、92人の大学卒野手が在籍し、そのうち27人（29.3％）が優秀野手となっている。同様に、1950年の高校卒野手は22.1％が優秀野手となっている。野手の場合も、中学卒野手が優秀野手となる割合も高くなっている。1950年から1957年までは、その割合も20.8％から44.0％で推移し、常に高い割合を誇っていた。その後は、旧制中学卒選手の減少とともにその割合も年々低下した。しかし64年間では、大学卒野手や高校卒野手の選手の割合よりも高く平均29.8％を示している。

大学卒野手と高校卒野手を比較すると、1952年と1959年、1990年、1994年、2006年以外の年はすべて大学卒野手が優秀野手になる割合が高くなっている。64年間を平均すると、大学卒野手が16.9％、高校卒野手が12.0％で、専門学校卒野手が6.8％で、中学卒野手が最も高くて29.8％であった。

このように、優秀選手になる割合が一番高かったのは中学卒選手であったが、この傾向は投手よりも野手においてより顕著に現れた。大学卒選手と高校卒選手を比較すると、高校卒選手よりも大学卒選手が優秀選手になる割合は高かったが、この傾向は野手でより顕著であった。専門学校卒の選手は、投手において優秀投手になる確率が非常に高かった。

4．まとめ

1）一軍で活躍した選手を「優秀選手」と位置づけ、その他の選手と学歴に差が生じるかを明らかにした。
2）「優秀選手」の割合は投手13.2％、野手で13.7％であった。
3）「優秀選手」の実数は、2リーグ分裂直後には大学卒選手が多く、その後は高校卒選手が多かったが最近ではほとんど拮抗している。この傾向は、投手・野手ともに認められたが、投手により顕著であった。
4）「優秀選手」になる割合が最も高かったのは中学卒

選手であり、この傾向は投手よりも野手においてより顕著に現れた。しかしこの現象は1950年代に認められた現象である。

5)「優秀選手」になる割合を高校卒選手と大学卒選手で比較すると、大学卒選手が高く、この傾向は野手により顕著に現れた。

[参考文献]
1) 文部科学省統計要覧（平成20年版）
2) 森岡　浩編著「プロ野球人名事典」（1999）日外アソシエーツ株式会社

第6章 日本人・外国人選手の比較

1. 選手数・年齢・身長・体重・BMI

1. 緒言

　日本の夏はまさに野球一色である。梅雨明けと時を同じくして全国各地で高校球児たちの甲子園に向けての地方予選が開始される。全国の代表が熱戦を繰り返した全国高等学校野球選手権大会も8月の21日に終了すると、8月27日からは、社会人野球の最高峰の戦いである都市対抗野球が東京ドームで開催され、全国の大学野球の秋季リーグも間もなく開始される。そして、その野球界の頂点に位置するプロ野球も終盤戦を迎え、セ・パ両リーグとも混戦が続いていく。このプロ野球界のペナントを獲得するうえで重要な役割を果たしているのが外国人選手たちである。たとえば、2010年の阪神タイガースは、新たに入団したマット・マートン外野手、ランディ・メッセンジャー投手、ケーシー・フォッサム投手、ジェイソン・スタンリッチ投手、さらに2009年シーズンの途中で入団したクレイグ・ブラゼル内野手の活躍によって、2009年の4位の成績から2010年はセ・リーグの優勝争いを演じている。このように外国人選手は、日本プロ野球の中でますます存在感を増し、各球団の戦力面でも重要な地位を占めるまでに影響力を増している。

　2リーグ分裂後のプロ野球界に最初の外国人選手として登場したのは、1952年に読売ジャイアンツに在籍した与那嶺要選手である。しかし、与那嶺選手はすでに1951年6月に来日し、この年規定打席不足ながら打率.354を記録している。1951年は4月の開幕時にはメンバー表に登録されていなかったのである。その後、多くの外国人選手が来日している。1950年代は、日系移民二世などの選手が多かったが、1955年にはキューバから来日し阪急ブレーブスに入団するロベルト・バルボン選手などの異色の選手もいた。その後は、野球の本場の米国からの選手が多くなり、最近では韓国、台湾などのアジア地区からの選手も多くなった。そこで、本章では日本プロ野球に在籍した外国人選手たちを日本人選手たちと比較してみたいと思う。

2. 方法
1) 対象者

　対象者は、1950年から2014年までに日本プロ野球に在籍した外国人選手延べ2,177人であった。育成選手もプロ野球選手として取り扱った。

3. 結果および考察
1) 外国人選手数の推移

　図6-1は、各年度にプロ野球に在籍した外国人選手数の推移を投手、野手別に示したものである。外国人選手は、シーズンの途中で入団する選手も多いが、この統計では開幕時のメンバー表に登録された選手のみとした。1952年に最初の外国人選手（与那嶺要）が登場し、1953年からは2桁の選手数となったが、1957年、1958年にはまた1桁の選手数となり、1961年まで10人台の時代が続いた。1962年には初の20人台となり1966年まで続き、その後1974年までは15人から20人の間で推移した。1975年からは20人台で推移し、1989年からは30人台となり、その頃より外国人選手が急激に増加してくる。1996年には初の40人台に乗り、わずか2年後の1998年には50人台、さらに2年後の2000年には60人台に達した。その後は58人から69人の間で推移していたが、2009年にはついに70人台となり2011年には最大の88人の外国人選手が在籍したが、2014年は71人の外国人選手が日本プロ野球界に在籍している。全体的に見ると1990年頃より急激に外国人選手が増加していることが確認できた。投手と野手に分けて見てみると、投手は1994年頃までは、非常に少ない選手数であったが、その後、急激に増加し、1998年からは野手の選手数を上まわっている。

　一方、野手は1960年から10人～36人の範囲で推移しているが最近では外国人投手の方が多い。

　この外国人選手の中で投手の占める割合は、1952年から1996年までは0％から38.1％の間で推移した。投手が存在しない年も多くみられ、この45年間の投手の占める割合の平均はわずか18.5％であった。

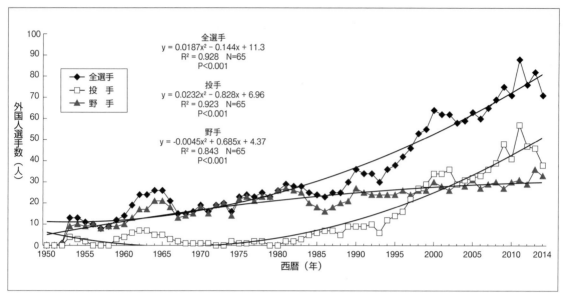

図6-1　外国人選手数の推移（1952〜2014）

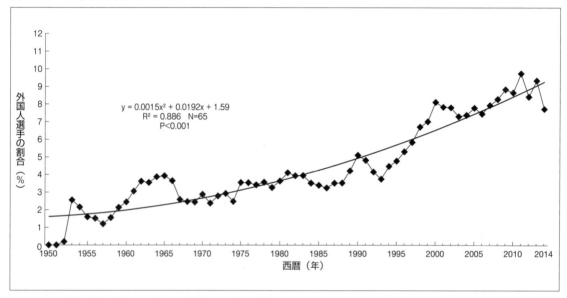

図6-2　全選手数に対する外国人選手数の割合の推移（1950〜2014）

しかし1997年頃からは外国人投手が急激に増加し、1998年からは外国人野手よりも外国人投手の割合が高くなった。最近ではこの傾向がより顕著となり、2011年には外国人投手の割合が64.8％にも達した。しかし1952年から2014年までの外国人投手の占める割合の平均は38.8％と低い。

図6-2は、日本のプロ野球選手数に占める外国人選手数の割合の推移を示した。1952年に最初に登場した外国人選手は、1960年まで1〜2％台で推移していたが、1961年に初の3％台となった。その後は2〜3％台で推移し、1981年に初の4％台に達した。1982年からは3〜4％台で推移していたが、1990年には5％台となり、さらに1998年には6％台となった。その後はその割合が急激に増加し、2010年は8.66％である。全体的に見ると、$y = 0.0015x^2 + 0.0192x + 1.59$の2次回帰式と$R^2 = 0.886$が得られ、0.1％の危険率で日本プロ野球に占める外国人選手の割合が有意に増加していることが統計学的にも証明された。

2) 年齢の推移

図6-3は、外国人選手の平均年齢の推移を投手、野手別に示したものである。外国人投手は、1991年までは1桁の選手数であり1人の投手も存在しない

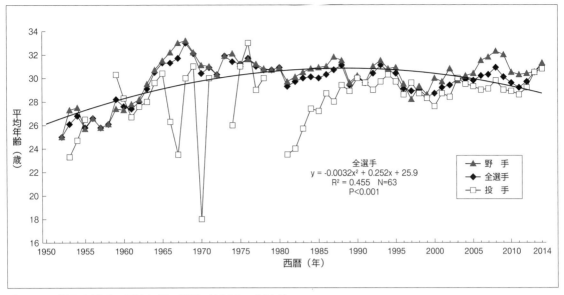

図6-3 外国人選手の平均年齢の推移（1952～2014）

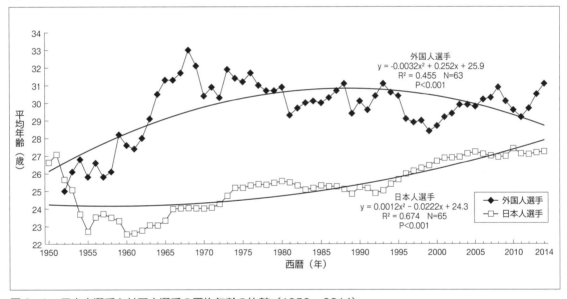

図6-4 日本人選手と外国人選手の平均年齢の比較（1950～2014）

年もあったので「ばらつき」が大きい。1970年の投手の平均年齢18歳というのは、その年の唯一の外国人投手でドミニカから近鉄バファローズに入団したラモン・サントス選手のことである。投手と野手を比較すると平均年齢は野手のほうが高く平均で30.1歳であり、投手は28.3歳であった。全選手の平均年齢の推移を見てみると、1970年代までは急激に上昇したが、その後は平均年齢が停滞し、最近は低下傾向にある。

次に外国人選手と日本人選手の年齢を比較したのが図6-4である。外国人選手が初めて登場した1952年以外はすべて外国人選手の年齢が高い。この理由と

しては、外国人選手は常にすぐにチームに貢献できる即戦力の選手が求められ、日本以外で活躍し経験を積んだ選手たちが入団してくるためである。外国人選手の平均年齢は、1960年頃より急激に上昇する。1950年代は比較的若い日系移民二世などの選手が多かったが、1960年頃からは、米大リーグなどで活躍し、選手生活の晩年を日本でプレーするために日本の球団に入団する選手たちが多くなったためと推測される。1968年に平均年齢33.0歳を示した後は、外国人選手の平均年齢は低下傾向にある。1968年以降の外国人選手の平均年齢の推移を見てみると1968年から2000年位までは急激に低下し、最近ではやや上昇傾

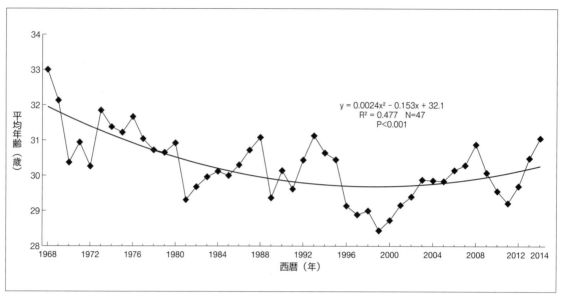

図6-5　1968年以降の外国人選手の平均年齢の推移（1968～2014）

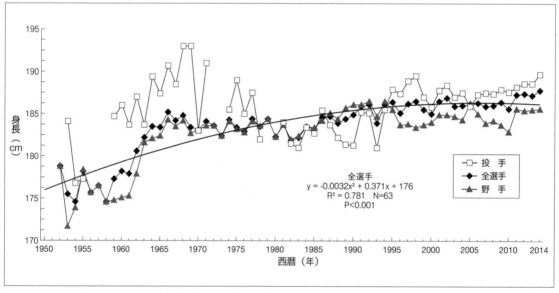

図6-6　外国人選手の平均身長の推移（1952～2014）

向にある事が確認された（図6-5）。すなわち1969年以降は、米大リーグで満足いく結果を残せなかった選手や、2A、3Aなどでプレーしていた比較的若い選手たちが日本での活躍の場を求めて多く来日するようになったためと推測される。ごく最近の低年齢化は、育成制度の採用によってアジア地区などの若い選手を日本で教育・育成しようとする思惑の現れであろうと思われる。

日本人選手の平均年齢は、1950年代の前半に大量の若い選手たちが入団することにより平均年齢の低下が認められたが、その後は順調に平均年齢が上昇している。全体的に見ると、全体的に見ると、$y = 0.0012x^2 - 0.0222x + 24.3$ の2次回帰と $R^2 = 0.674$ が得られ、最近では平均年齢が有意に高くなってきている。

3）身長の推移

図6-6は、外国人選手の平均身長の推移を投手、野手別に示したものである。外国人投手の平均身長は、1993年まではほとんど1桁の選手数であり1人の投手も存在しない年もあったので「ばらつき」が非常に大きい。1994年からは185.5cmから189.5cmの範囲で推移し、全投手の平均身長は185.7cmである。野手の平均身長は、投手の平均身長より低く183.2cm

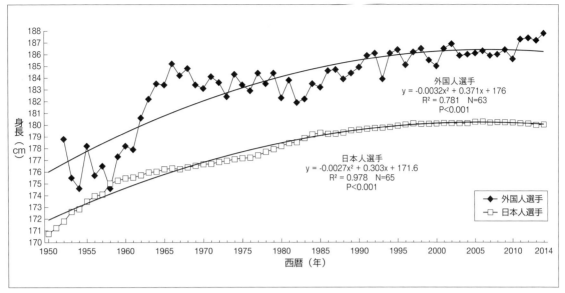

図6-7　日本人選手と外国人選手の平均身長の比較（1950～2014）

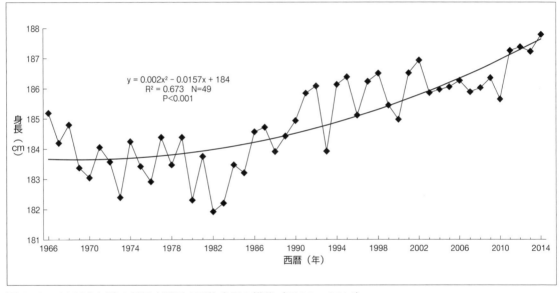

図6-8　1966年以降の外国人選手の平均身長の推移（1966～2014）

であった。全体的にみると1970年代まで急激に上昇したが、その後は停滞傾向にある。

図6-7は、日本人選手と外国人選手の身長の推移を比較したものである。

外国人選手の平均身長は、1961年までは170cm台で推移していた。この間の年間平均伸び率は－0.044％であり、ほとんど平均身長が伸びていない。この頃の外国人選手は与那嶺選手に代表されるような日系移民二世などの選手が多かったためと推測される。1962年に180cm台に達すると急激に大きくなり、平均身長が185cmに達した1966年までの年間平均伸び率は0.802％となり、日本人選手の1951年から1960年までの10年間の年間平均伸び率0.273％を超えるものであった。この頃になると米大リーグの3Aや2Aでプレーしていた選手たちや、峠を過ぎた米大リーグ選手たちが日本にきてプレーするようになる。すなわち黒人選手や白人選手が多く来日するようになるのである。この頃の出来事として、パ・リーグの西鉄ライオンズの例が象徴的である。西鉄ライオンズは、1956年から1958年の間に読売ジャイアンツを破り日本シリーズ三連覇を果たし、野武士軍団と称された球団である。しかしその後は主力選手が衰え戦力も落ちてきたが、1963年にパ・リーグを制覇して再び読売ジャイアンツと日本シリーズを戦うことにな

第6章　日本人・外国人選手の比較　79

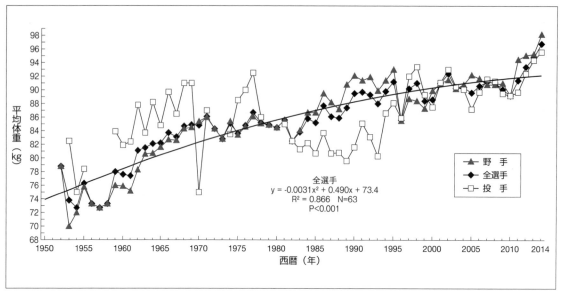

図6-9　外国人選手の平均体重の推移（1952〜2014）

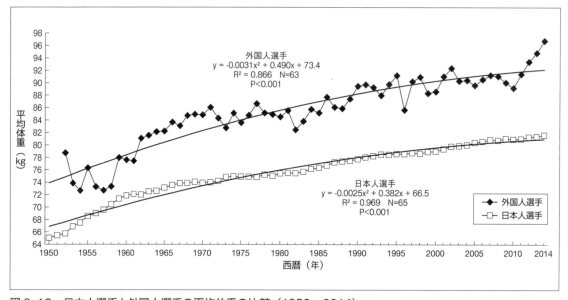

図6-10　日本人選手と外国人選手の平均体重の比較（1950〜2014）

るのである。当時はトニー・ロイ、ジム・バーマ、ジョージ・ウイルソンの外国人選手でクリーンアップを組み、パ・リーグのペナントを勝ち取ることになったのである。

　1966年以降の平均身長は181.9cmから186.9cmの範囲で推移しながら現在に至っている。この間の年間平均伸び率は、わずか0.007%であり、ほとんど平均身長が伸びていないことになる。しかし、全体的に見ると $y = -0.0032x^2 + 0.371x + 176$ の2次回帰と $R^2 = 0.781$ の相関係数が得られ、0.1%の危険率で外国人選手の平均身長も有意に高くなっているといえる。さらに1966年以降の外国人選手の平均身長の推移を見てみると（図6-8）、$y = 0.002x^2 - 0.0157x + 184$ の2次回帰と $R^2 = 0.673$ の相関係数が得られ、0.1%の危険率で有意に大きくなっていた。

　日本人選手の身長は、1950年には170.7cmしかなかったが、その後10年間は急激に伸び、1960年には175.5cmに達した。この間の年間平均伸び率は0.273%であった。1961年以降は、伸び率はやや低下したものの徐々に大きくなり1996年には180cm台に達した。この間の年間平均伸び率は0.071%であった。平均身長が180cm台に達した後は、伸び率がマイナスを示すこともあり、身長の伸びが停滞している。1997年以降の年間平均伸び率はわずか0.007%

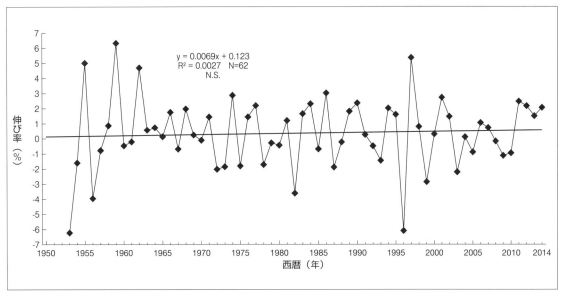

図6-11 外国人選手の体重の伸び率（1953〜2014）

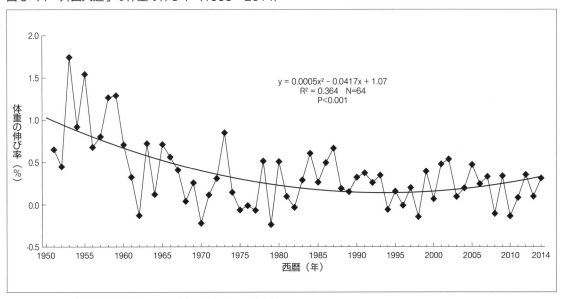

図6-12 日本人選手の体重の伸び率（1951〜2014）

であった。しかし、全体的に見ると1990年位までは上昇が認められたが、最近では身長の伸びが停滞している。

4）体重の推移

図6-9は、外国人選手の平均体重の推移を投手、野手別に示したものである。外国人投手は、1993年までは非常に少なく、ほとんど1桁の選手数であり1人の投手も存在しない年もあったので「ばらつき」が非常に大きかったが、野手の平均体重よりも重い傾向にあった。1994年からは85.9kgから95.6kgの範囲で推移し、外国人投手の平均体重は86.4kgであ

る。野手の平均体重は、1981年以降投手の平均体重より重い傾向にあったが、外国人野手の平均体重は85.6kgで投手より軽かった。

図6-10は、日本人選手と外国人選手の体重の推移を比較したものである。外国人選手の平均体重は、1961年までは70kg台で推移していた。

図6-11は外国人選手の体重の伸び率を示したものである。この間の年間平均伸び率は－0.117%であり、ほとんど平均体重は伸びず低下傾向にある。この要因としては、身長の項でも述べたように当時の外国人選手は日系移民二世などの選手が多かったためと推測される。1962年に80kg台に達すると急激に重くなり、

第6章 日本人・外国人選手の比較 **81**

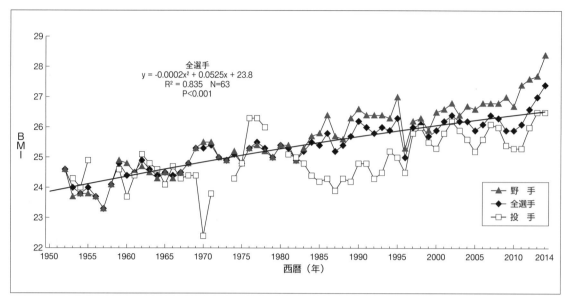

図6-13 外国人選手の平均BMIの推移（1952～2014）

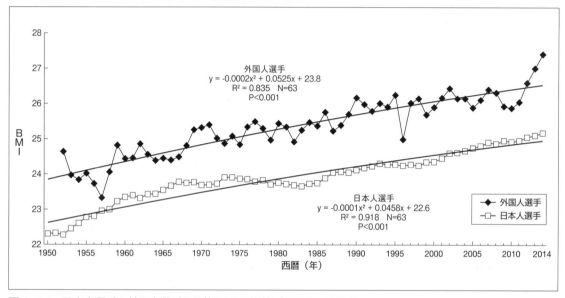

図6-14 日本人選手と外国人選手の平均BMIの比較（1950～2014）

1971年には一時的にしろ85kgを超えた。この1962年から1971年までの年間平均伸び率は1.071％と非常に高い伸び率を示した。この体重の急激な伸びは、身長の伸びと同様に米国から黒人選手や白人選手が多く来日するようになったためと考えられる。1995年には90kg台（91.2kg）に達し、この間の年間平均伸び率は0.259％であった。その後は85.6kgから92.4kgの範囲で推移し、この間の年間平均伸び率は0.201％であった。63年間の外国人選手の体重の伸び率は、$y = 0.0069x^2 + 0.123$の回帰直線と$R^2 = 0.0027$の相関係数が得られ、有意な変化はしていないことが確認できた。しかし、63年間の平均体重は、$y = -0.0031x^2 + 0.490x + 73.4$の2次回帰と$R^2 = 0.66$の相関係数が得られ、0.1％の危険率で、外国人選手の平均体重もこの63年間の間に有意に重くなってきたことが確認できた。

図6-12は日本人選手の体重の伸び率を示したものである。日本人選手の体重は、1950年には65.0kgしかなかったが、その後9年間は急激に伸び1959年には71.4kg達し、この間の年間平均伸び率は1.039％であった。1960年以降は、伸び率はやや低下したものの徐々に重くなり、1974年には75kg台（75.0kg）に達し、この間の年間平均伸び率は0.328％であった。

平均体重が80kg台に達するのには30年の年月を

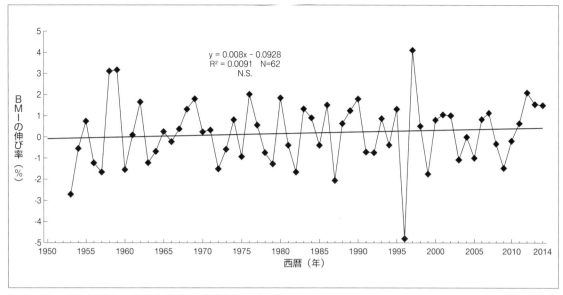

図6-15 外国人選手のBMIの伸び率（1953〜2014）

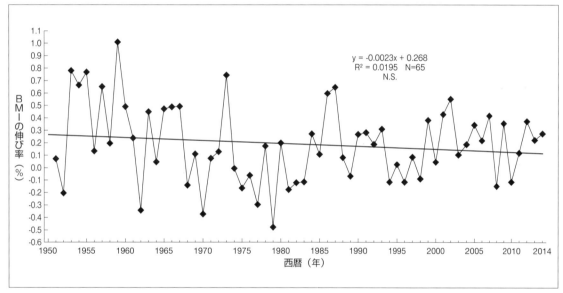

図6-16 日本人選手のBMIの伸び率（1951〜2014）

要し、2004年初めて80kg台（80.0kg）に達し、この間の年間平均伸び率は0.219%であった。その後は、伸び率がマイナスを示すこともあり、体重の伸びが停滞し、2014年の平均体重は81.6kgである。

65年間の日本人選手の体重の伸び率は、$y = 0.0005x^2 - 0.0417x + 1.07$の2次回帰と$R^2 = 0.364$の相関係数が得られ、0.1%の危険率で伸び率が有意に低下していることが確認できた。しかし平均体重の変化を見ると、$y = -0.0025x^2 + 0.382x + 66.5$の2次回帰と$R^2 = 0.969$の相関係数が得られ、0.1%の危険率で日本人プロ野球選手の平均体重が有意に重くなってきたことが確認できた。

5）BMIの推移

BMI（Body Mass Index）とは、体重（kg）／身長（m）^{2}で表される体格指数のことである。一般的には肥満の判定などに使用されるが、スポーツ選手の場合は身体の充実度、すなわち身長に対して体重（筋肉）がどのくらいついているかの指標としても用いることができる。

図6-13は、外国人選手の平均BMIの推移を投手、野手別に示したものである。1982年くらいまでは、投手と野手はほとんど同じような値であったが、その後は野手のBMIが大きくなり現在まで推移している。63年間の外国人投手の平均BMIは24.98であり、野

手の平均BMIは25.62であり、野手のほうが大きい。

図6-14は、日本人選手と外国人選手のBMIの推移を比較したものである。外国人選手の平均BMIは、1968年までは23.3〜24.9の範囲で推移していたが、1969年に初めて25台（25.3）に達した。

図6-15は外国人選手のBMIの伸び率を示したものである。この間の年間平均伸び率は0.159%であった。その後も徐々にBMIは大きくなり、1990年には26台（26.2）に達し、この間の年間平均伸び率は0.176%であった。

しかし、BMIが26に達した後はほとんど変化がなく、2014年のBMIは27.4であり、この間の年間平均伸び率は0.208%あった。62年間の外国人選手のBMIの伸び率は、$y=0.008x+0.0928$の回帰直線と$R^2=0.0091$の相関係数が得られ、伸び率は変化していないことが確認できた。しかし、62年間の平均BMIは、$y=-0.0002x^2+0.00525x+23.8$の2次回帰と$R^2=0.835$の相関係数が得られ、0.1%の危険率で外国人選手の平均BMIもこの62年間の間に有意に大きくなってきたことが確認できた。

図6-16は日本人選手のBMIの伸び率を示したものである。1950年には22.3しかなかったが、1957年には23台（23.0）に達し、この間の年間平均伸び率は0.409%と非常に高くなっていた。1958年以降は、BMIも徐々に大きくなり23台で推移していたが、1987年には24台（24.0）に達し、この間の年間平均伸び率は0.155%と低いものであった。その後も日本人選手のBMIは、さらに大きくなり2009年には初の25台に達した。この値は1967年から1976年の10年間の外国人選手の平均BMI値（25.04）に匹敵するものであった。1988年から2014年までの年間平均伸び率は0.321%とやや低くなってきている。

64年間の伸び率を見てみると、$y=-0.0023x+0.268$の回帰直線と$R^2=0.0195$の相関係数が得られ、伸び率の低下傾向を示したが統計学的な有意性は認められなかった。しかし65年間の日本人選手の平均BMIは、$y=-0.0001x^2+0.0458x+22.6$の2次回帰と$R^2=0.0918$の相関係数が得られ、0.1%の危険率で有意に大きくなってきたことが確認できた。しかし、外国人選手との比較においては外国人選手のBMIも年々大きくなっており、その差はあまり縮まっていないようである。この理由としては、日本の球団は、守備・走塁には多少の難があっても大柄で長打が打てる外国人選手を求めているからと推測される。

3. まとめ

1) 日本でプレーした外国人選手と日本人選手を比較した。

2) 外国人選手は、1952年に初めて1人だけ登場したが、その後急激に増加し、2011年には過去最高の88人となり、全選手の9.7%を占めている。

3) 外国人選手の中で投手の占める割合は、1996年までは非常に少なかったが、最近ではその割合が多くなり、2011年には投手の割合が過去最高の64.8%にも達した。

4) 外国人選手の平均年齢は、全体的に見ると年々高くなっているが、1968年以降は低下している。

5) 外国人選手の平均年齢は、投手（28.3歳）よりも野手（30.1歳）が高く、日本人の平均値（25.3歳）よりも高い。

6) 外国人選手の平均身長は、年々高くなっているが、最近では身長の伸びが停滞している。

7) 外国人選手の平均身長は、野手（182.6cm）よりも投手（186.0cm）が高く、日本人の平均値（177.8cm）よりも高い。

8) 外国人選手の平均体重は、年々重くなっているが、最近では体重の伸びが停滞している。

9) 外国人選手の平均体重は、投手（86.44kg）よりも野手（85.61kg）が軽く、日本人の平均値（75.91kg）よりも重い。

10) 外国人選手の平均BMIは、年々大きくなっているが、投手（24.98）よりも野手（25.62）が大きく、日本人の平均値（23.90）より大きい。

2. 投打様式

1. 緒言

日本人プロ野球選手は、右投げ左打ちの選手が多くなっていることはすでに述べた。野球という競技は、左投げだと守備位置に制約があり、一塁手以外の内野手は左投げ選手に不利である。打撃においても左打ちは一塁ベースに近く、ヒットになる確率も高くなる。

前回の調査は日本人プロ野球選手のみを対象としたので、今回は日本で活躍した外国人選手の投打様式を調査し、日本人選手と比較してみたいと思う。

2. 方法
1）対象者

対象者は、1952年から2014年までに日本プロ野球に在籍した外国人選手延べ2,177人である。その結果を日本人選手と比較検討した。育成選手もプロ野球選手として取り扱った。

3. 結果および考察
1）投球側・送球側の推移

図6-17は、各年度に日本プロ野球に在籍した外国人選手の右投げ選手の割合の推移を投手、野手別に示したものである。外国人投手は、1991年まで1桁の選手数であったのでバラツキも非常に大きい。投手の数が2桁になった1994年以降は、60.6％から91.7％の範囲で推移し、延べ844人の外国人選手の中で右投げ投手は640人（75.8％）であった。外国人野手の右投げ選手の割合は、各年度で57.7％から95.0％で推移したが、延べ1,333人の右投げ野手は1,040人（78.3％）で投手よりやや高い。全選手を対象にすると延べ2,177人の右投げ選手は1,684人（77.4％）となる。

図6-18は、同様に外国人の左投げ選手の割合の推移を投手、野手別に示したものである。外国人の左投げ投手の割合は24.2％となり、外国人の左投げ野手の割合は21.7％となり投手よりやや低い。全選手を対象にすると左投げ選手の割合は22.6％となる。

2）投球側・送球側の日本人選手との比較

図6-19は、全選手を対象とした右投げ選手の割合の推移を日本人選手と外国人選手で比較したものである。日本人の右投げ選手の割合は、各年度78.2％から85.3％の範囲で推移し、全選手の平均は81.6％であった。同様に外国人選手の右投げ選手の割合は、各年度57.1％から94.7％の範囲で推移し、全選手の平均は78.9％であり、日本人選手より低かった。

日本人選手の右投げ選手の割合の推移を見てみると、$y = -0.0009x^2 + 0.0049x + 82.7$の2次回帰と$R^2 = 0.526$の相関係数が得られ、0.1％水準で統計学的に有意に低下していることが証明された。同様に外国人選手の右投げ選手の割合の推移を見てみると、$y =$

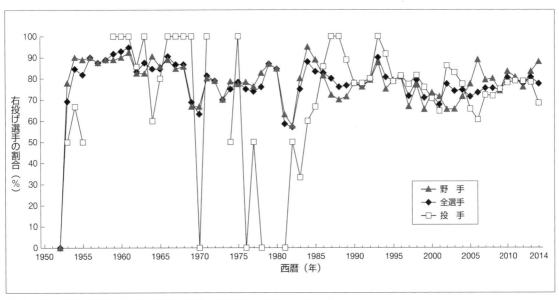

図6-17　外国人選手の右投げ選手の割合の推移（1952～2014）

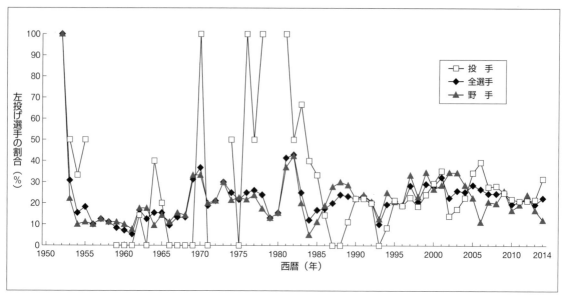

図6-18　外国人選手の左投げ選手の割合の推移（1952～2014）

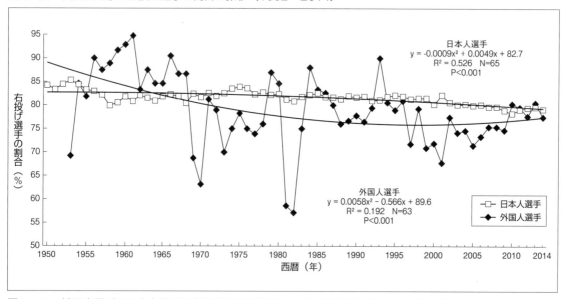

図6-19　外国人選手と日本人選手の右投げ選手の割合の比較（全選手）（1950～2014）

$0.0058x^2 - 0.566x + 89.6$ の2次回帰と $R^2 = 0.192$ の相関係数が得られ、0.1％水準で統計学的に有意に低下していることが確認された。すなわち2リーグ分裂後の日本プロ野球界は、日本人選手も外国人選手も右投げ選手の割合が少なくなっていることになる。

図6-20は、投手を対象とした右投げ選手の割合の推移を日本人選手と外国人選手で比較したものである。日本人の右投げ投手の割合は、各年度65.3％から80.4％の範囲で推移し、全投手の平均は74.0％であった。同様に外国人の右投げ投手の割合は、各年度33.3％から91.7％の範囲で推移し全投手の平均は71.3％であり、日本人投手よりわずかに低かった。

日本人の右投げ投手の割合の推移を見てみると、$y = -0.0065x^2 + 0.256x + 75.0$ の2次回帰と $R^2 = 0.824$ の相関係数が得られ、0.1％水準で統計学的に有意に低下していることが証明された。しかし外国人の右投げ投手の割合の推移を見てみると、$y = -0.0045x^2 - 0.206x + 88.2$ の2次回帰と $R^2 = 0.171$ の相関係数が得られ、5％水準で統計学的に有意に上昇していることが確認された。すなわち過去約65年の間に、日本人投手の右投げ投手は少なくなり、逆に右投げの外国人投手の割合が増加していることになる。

図6-21は、野手を対象とした右投げ選手の割合の推移を日本人選手と外国人選手で比較したものである。

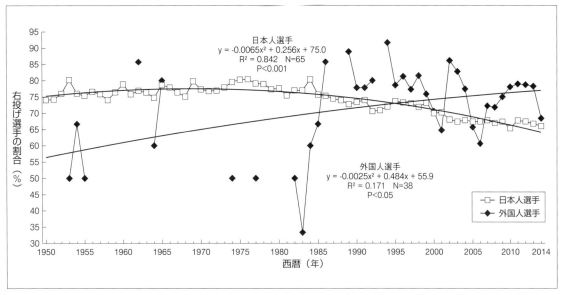

図 6-20　外国人選手と日本人選手の右投げ投手の割合の比較（投手）（1950〜2014）

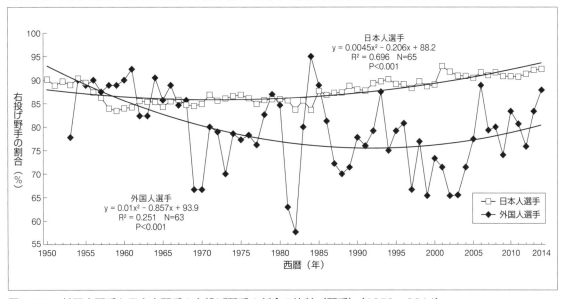

図 6-21　外国人野手と日本人野手の右投げ野手の割合の比較（野手）（1950〜2014）

日本人の右投げ野手の割合は、各年度83.4％から93.0％の範囲で推移し全野手の平均は87.8％であった。同様に外国人の右投げ野手の割合は、各年度57.7％から95.0％の範囲で推移し全野手の平均は77.4％であり、日本人選手より低かった。

日本人の右投げ野手の割合の推移を見てみると$y = 0.0045x^2 - 0.206x + 88.2$の2次回帰と$R^2 = 0.696$の相関係数が得られ、0.1％水準で統計学的に有意に増加していることが証明された。しかし外国人の右投げ野手の割合の推移は、$y = 0.01x^2 - 0.857x + 93.9$の2次回帰と$R^2 = 0.251$の相関係数が得られ、0.1％水準で統計学的に有意に低下している。すなわち過

去約65年の間に、日本人の右投げ野手は増加し、逆に右投げの外国人野手の割合は、19990年頃までは低下傾向にあったが、最近はやや上昇していることが確認できた。

3）打撃様式の推移

図 6-22は、各年度に日本プロ野球に在籍した外国人の右打ち選手の割合の推移を投手、野手別に示したものである。外国人投手は、1991年までは非常に少なかったのでバラツキも大きかったが。投手の2桁となる1994年以降は57.6％から91.7％の範囲で推移し、延べ844人の外国人投手の中で右打ち投手の

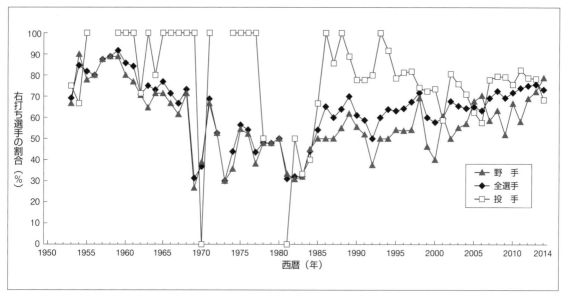

図6-22　外国人選手の右打ち選手の割合の推移（1952〜2014）

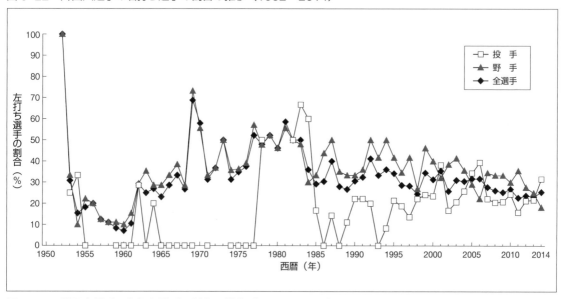

図6-23　外国人選手の左打ち選手の割合の推移（1952〜2014）

割合は76.2％であった。外国人の右打ち野手の割合は、各年度で26.7％から90.0％で推移したが、延べ1,333人の外国人野手の中での右打ち野手の割合は55.0％で投手よりも低かった。全選手を対象にすると延べ1,860人の右打ち選手の割合は64.1％であった。

図6-23は、同様に外国人の左打ち選手の割合の推移を投手、野手別に示したものである。外国人投手の左打ちの割合は22.4％となり、外国人野手の左打ちの割合は36.5％となり投手より高い。全選手を対象にすると左打ち選手の割合は31.1％となる。

さらに図6-24は、外国人の両打ち選手の割合の推移を投手、野手別に示したものである。外国人投手の両打ち投手は延べ12人存在し、その割合は1.42％となっている。外国人野手の両打ち野手は延べ94人存在し、その割合は7.05％となり投手よりかなり高い。全選手を対象にすると両打ち選手の割合は4.87％となる。

図6-25は、外国人投手の打撃様式を右打ち、左打ち、両打ちに分けて比較したものである。外国人投手は右打ちが多く全体の平均で76.2％を占める。左打ちは全体の平均で22.4％である。両打ちの投手も1985年に1人だけ出現しその後は1996年まで存在しなかったが、1997年から1人ずつ在籍し全体の平

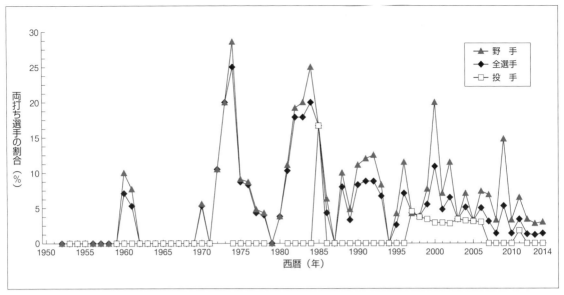

図 6-24 外国人選手の両打ち選手の割合の推移（1952〜2014）

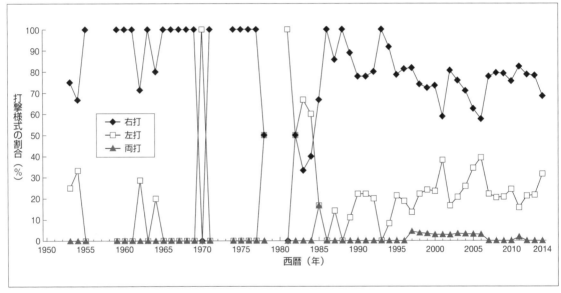

図 6-25 外国人投手の打撃様式の推移（1953〜2014）

均で1.42％である。

図6-26は、外国人野手の打撃様式の推移を比較したものである。右打ちの野手は、1968年までは比較的高い割合であったがその後は左打ちとほとんど同じ割合となった。しかし最近では、右打ち野手の割合が上昇している。右打ち野手の全体の平均は56.4％であった。

左打ちの野手は、1960年くらいから増加傾向にあったが、その後は1990年頃より低下傾向にある。左打ち野手の全体の平均は36.5％であった。

両打ちの野手もわずかに存在し、63年間の両打ち選手の割合は1980年代までは増加傾向にあったがその後は低下している。両打ち野手の全体の平均は7.1％で投手よりも多かった。

さらに、外国人選手全員の打撃様式の推移を比較したのが図6-27である。右打ちの選手は1980年代まで低下傾向にあったが、その後上昇している。左打ちと両打ちの選手は1980年代までやや増加傾向にあったがその後は低下している。右打ちと左打ち、両打ちの割合はそれぞれ62.3％、32.3％、5.4％であった。

4）投打様式の推移

図6-28は、外国人投手の投打様式の推移を6様式に分けて比較したものである。6様式とは、①右投

第6章 日本人・外国人選手の比較 **89**

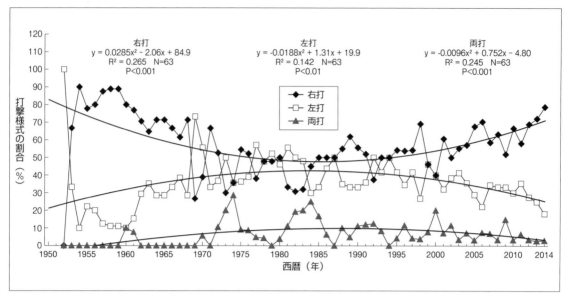

図6-26 外国人野手の打撃様式の推移（1952～2014）

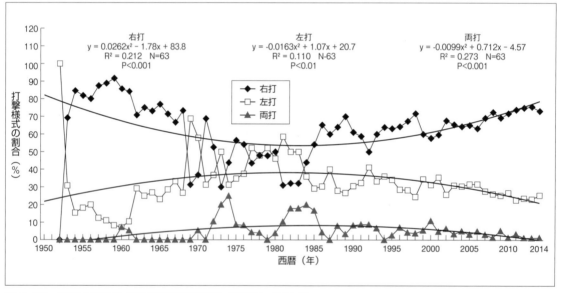

図6-27 外国人選手全員の打撃様式の推移（1952～2014）

げ右打ち、②右投げ左打ち、③右投げ両打ち、④左投げ右打ち、⑤左投げ左打ち、⑥左投げ両打ちである。外国人投手は右投げ右打ちが最も多く、延べ609人が存在し全体の72.2％を占める。しかし最近の15年間は、1990年代よりもその割合が低下しているようである。

次に選手数が多いのが左投げ左打ちの投手である。左投げ左打ちの投手は延べ167人が存在し、全体の19.8％を占める。最近はこの割合が増加傾向にある。さらに、左投げ右打ちの投手が続き、全体の4.0％を占める。野手に多い右投げ左打ちの投手は意外に少なく延べ22人の選手で全体のわずか2.6％にすぎない。

投手では、両打ちの選手が最も少なく、右投げ両打ちの投手は延べ9人で全体のわずか1.1％であり、左投げ両打ちの投手はわずか3人だけ存在し全体の0.4％であった。

図6-29は、外国人野手の投打様式の推移を6様式に分けて比較したものである。最も多い打撃様式は右投げ右打ちであり、延べ741人存在し、全体の55.6％を占めるが、投手よりは低い割合であった。右投げ右打ちの野手の割合は、1953年から1968年までは61.5％から90.0％の範囲で推移し比較的高い値を示していた。しかしその後は、1969年から1987年までは1971年の66.7％を除いて26.8％から54.5％で

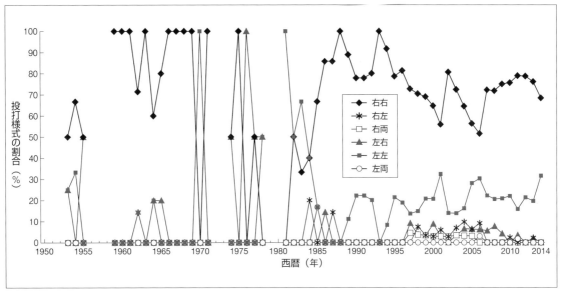

図6-28 外国人投手の投打様式の推移（1953～2014）

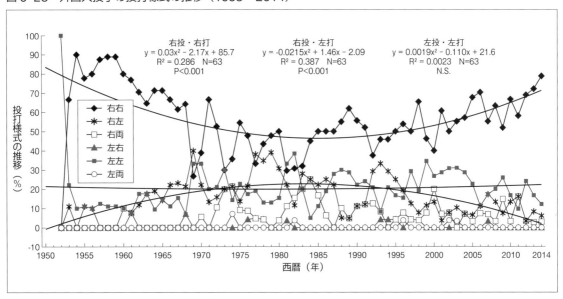

図6-29 外国人野手の投打様式の推移（1952～2014）

推移し、やや低い割合となった。1988年以降はやや高い割合で推移している。63年間の割合の推移を見てみると$y = 0.03x^2 - 2.17x + 85.7$の2次回帰式と$R^2 = 0.286$が得られ、前半は高い割合であったが、1970年代、1980年代は低下し、その後は又増加していることが統計学的にも証明できた。

次に割合が高かったのは、左投げ左打ちの野手である。延べ270人が存在し、全体の20.3％を占める。63年間の割合の推移を見てみるとほとんど変化は認められない。

3番目に割合が高かった投打様式は右投げ左打ちである。この打撃様式の野手は延べ214人存在し、全体の16.1％を占める。投手ではわずかに2.6％しか存在しなかった投打様式であるので、野手に多い投打様式と言える。この打撃様式は野球選手で最も有利とされ、日本人野球選手の中でも急激に増加している打撃様式である。外国人野手の63年間の右投げ左打ち選手の割合の推移を見てみると、$y = -0.00215x^2 + 1.46x - 2.09$の2次回帰式と$R^2 = 0.387$が得られ、右投げ右打ちとは逆に1970年代、1980年代に非常に多くなったが、その後は低下している事が証明された。

右投げ両打ちの野手も延べ92人存在し、全体の6.9％を占める。左投げ右打ちと左投げ両打ちの野手

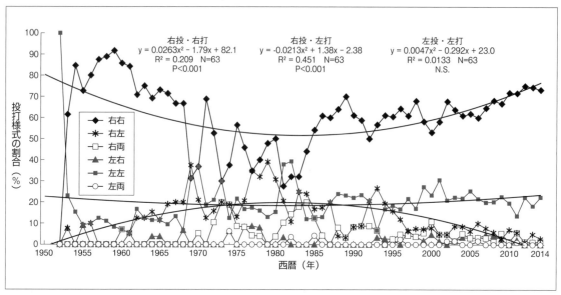

図6-30　全外国人選手の投打様式の推移（1952～2014）

もわずかに存在するが、各々全体の0.8％と0.4％と非常に少数であった。

図6-30は、外国人全選手を対象にしたときの6種類の打撃様式の推移を比較したものである。右投げ右打ちの選手が最も多く、延べ1,350人を数え、全体の62.0％である。1953年から1968年までは61.5％から91.7％の範囲で推移し、この期間の平均値が76.9％であった。その後の1969年から1985年までは右投げ右打ちの選手が少なくなり、27.6％から68.8％の範囲で推移し、この期間の平均値は42.5％であった。しかし1986年から現在までは再び右投げ右打ち選手の割合が増加し、50.0％から71.8％の範囲で推移し、この期間の平均値は63.6％であった。63年間の割合の推移を見てみると$y = 0.00263x^2 - 1.79x + 82.1$の2次回帰式と$R^2 = 0.209$が得られ、1950年代は高い値を示していたが、1960年代、1970年代と低下したが1990年頃より再び上昇している事が証明された。

次に多い投打様式は左投げ左打ちであり、延べ437人で全体の20.1％であった。1953年から1968年までは6.7％から23.1％の範囲で推移し、この期間の平均値は11.5％であった。しかしその後はこの割合が高くなり、1969年から1985年までの平均値は22.2％に上昇した。同様に1986年から2014年までの平均値も20.6％と依然として高い。63年間の割合の推移を見てみるとほとんど変化が認められなかった。

3番目に多いのは右投げ左打ちであり、延べ236人の選手がいて全体の10.8％であった。1953年から1968年までの平均値は8.9％であったが、その後はこの割合が高くなり、1969年から1985年までの平均値は23.1％と急激に上昇した。しかし1986年から2014年までの平均値は9.2％と急激に低下した。63年間の割合の推移を見てみると野手を対象とした時と同様に1950年代に低い割合であったが、その後上昇を認め、最近では低下傾向にある事が統計学的にも証明された。

右投げ両打ちの選手も延べ101人存在し、全体の4.6％を占める。左投げ右打ちの選手は延べ45人で全体の2.1％であった。左投げ両打ちの選手は非常に少なく、延べ8人で全体の0.4％であった。

5）投打様式の日米比較

2リーグ分裂後の日本人プロ野球の投打様式を論ずる場合に特徴的なのは、野球選手として最も有利な右投げ左打ちの選手が急激に増加したことである。全選手を対象に右投げ左打ち選手の推移を日米の選手で比較したのが図6-31である。日本人選手の右投げ左打ち選手は、1950年にはわずか1.36％だけしか存在しなかったが、1966年には初めて3％台（3.63％）に乗り、1976年には5％台（5.31％）に達した。その後も日本人選手の右投げ左打ち選手の割合は急激に増加し、1991年には初の10％台（10.48％）となり、2004年には15％（15.39％）を超え、2014年には今まで最高の18.74％を記録した。この65年間の右投げ左打ち選手の増加の推移を見てみると$y = 0.0036x^2 + 0.0524x + 1.20$の2次回帰式と$R^2 =$

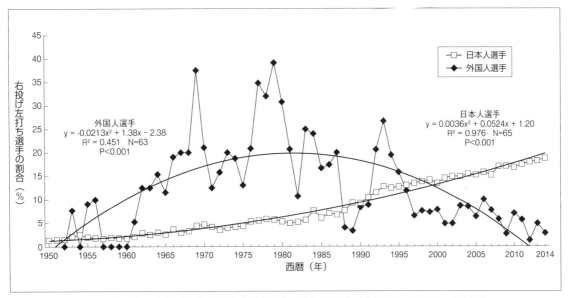

図6-31 日本人選手と外国人選手の右投げ左打ち選手の割合の比較（全選手）（1950〜2014）

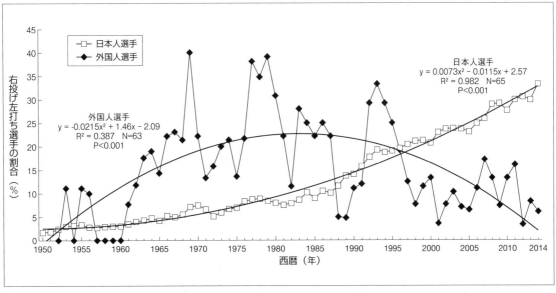

図6-32 日本人野手と外国人野手の右投げ左打ち選手の割合の比較（野手）（1950〜2014）

0.976が得られ、現代に近づくにつれて、右投げ左打ちの選手が急激に増加している事が統計学的にも証明された。全体の日本人選手の右投げ左打ち選手の割合は7.44％であった。

それと比較して、外国人選手の右投げ左打ち選手の割合の推移は日本人選手とは異なる。すなわち外国選手の場合には、右投げ左打ち選手の割合は1961年までは、10％以下で非常に低い値であったが、その後は多少の増減を繰り返しながら、全体的には高い割合を示し、1969年には37.5％、1979年には30.1％と非常に高い割合を記録していた。ところが1988年に急激に4％に低下した後は、1992年から1996年まででは2桁台に達したものの1997年以降はすべて10％以下である。全体の外国人選手の右投げ左打ち選手の割合は12.15％であり、日本人選手よりも高かった。このように、野球選手に最も有利と思われる右投げ左打ち選手の割合は、過去60年間で日本人選手と外国人選手で異なった推移を示してきた。

この傾向をより顕著に表したのが、野手を対象にして右投げ左打ち選手の割合の推移を日本野手と外国人野手で比較した図6-32である。日本人野手の右投げ左打ちの割合は1950年には僅か1.72％であったが、1953年には3％台（3.01％）となり、1966年には5％台（5.25％）に乗り、1984年には10％台（10.18

%）に達した。その後も急激にその割合が増加し、1991年には15％台（15.75％）となり、1997年には20％台に乗り、2007年には25％台（25.89％）に達した。そして2014年には過去最高の33.25％を記録したのである。野手における65年間の右投げ左打ち選手の増加の推移を見てみると、$y = 0.0073x^2 - 0.0115x + 2.57$ の2次回帰式と $R^2 = 0.982$ が得られ、現代に近づくにつれて右投げ左打ちの野手が急激に増加している事が証明された。全体の日本人野手の右投げ左打ちの割合は11.57％であった。

しかし、外国人野手の場合は、1965年まで20％に届かない割合で推移していたが、その後はその割合が急増し1969年には40.0％に達し、日本人野手の右投げ左打ちの割合よりも高い値を維持していたが、1996年頃からは日本人選手の割合を下回るようになってきた。外国人野手の推移を見てみると、$y = 0.0215x^2 + 1.46x - 2.09$ の2次回帰式と $R^2 = 0.387$ が得られ、1950年代は低い値であったが、1980年代に最高に達し、その後は低下している事が証明された。全体の外国人野手の右投げ左打ち選手の割合は16.9％であり、日本人選手よりも高かった。

すなわち日本人野手の右投げ左打ちの割合は、過去65年間に徐々に上昇しているが、外国人野手の場合は1960年までは日本人野手よりも低い傾向にあり、その後急激にその割合が上昇したが、1996年以降は低下し日本人野手よりも低い割合となった。この理由としては、日本選手よりも外国人選手たちが先に左打ちの有利性に気づき、1960年代から右投げ左打ちの選手が多くなったと考えられるが、最近ではこの傾向が薄れてきている。

4．まとめ

1) 日本人選手の右投げ選手の割合は81.6％であり、外国人選手は77.4％であり日本人選手より低かった。
2) 2リーグ分裂後の日本のプロ野球選手は、日本人選手も外国人選手も右投げ選手の割合が少なくなっている。
3) 過去約65年の間に、日本人の右投げ投手は少なくなり、逆に右投げの外国人投手の割合が増加している。
4) 過去約65年の間に、日本人の右投げ野手は増加し、逆に右投げの外国人野手の割合が低下している。
5) 外国人の右打ちの野手は、1968年までは比較的高い割合であったがその後は左打ちとほとんど同じ割合となり、最近では、右打ち野手の割合が上昇している。
6) 外国人の野手では右投げ右打ちが最も多く全体の55.6％を占め、次に多いのは左投げ左打ちの20.3％であり、さらに右投げ左打ちが16.1％で続く。
7) 野球選手に最も有利と言われる右投げ左打ちの野手は、日本人野手の場合は徐々にその割合が大きくなってきたが、外国人野手の場合は1960年までは日本人野手よりも低い傾向にあり、その後急激にその割合が上昇したが、1996年以降は低下し、日本人野手よりも低い割合となった。

第2部

第7章　フィジカルサポート
第8章　形態
第9章　形態と生涯成績の関係
第10章　体重、体脂肪率の変化
第11章　体力
第12章　体力測定値と生涯成績の関係
第13章　スポーツ外傷・障害
第14章　バットスイング速度

第2部は、著者が「阪神タイガース」に在籍中に、各選手の競技力向上のための基礎資料を得るために行った「体力測定・形態測定」からの資料をまとめたものである。この測定には多くの方々のご協力があった。「体力測定・形態測定」をシーズンオフの公式行事と位置付け、多額の予算を計上して頂いた阪神タイガース、さらにタイガースのフイジカルスタッフの皆様、毎年測定者としてご協力頂いた故黛誠先生、故下志万千鶴子先生、鈴木邦雄先生、宮崎正巳先生、新宅幸憲先生、入川松博先生、久米秀作先生、積山敬経先生、佐川和則先生、児玉公正先生、小松敏彦先生、斉藤好史先生、河端隆志先生、礒繁雄先生、伊坂忠夫先生、熊本和正先生、河鰭一彦先生、松尾知之先生にこの場を借りて御礼申し上げます。

第7章 フィジカルサポート

1. 緒言

　プロ野球界では、選手をフィジカル面でサポートする役割の人たちがいる。例えば選手の体力面の指導にあたるトレーニングコーチや、選手の身体のケアを担当するトレーナーと呼ばれる人たちである。これらの人たちは、互いに連携しながら選手たちのフィジカル面のサポートを行う。彼らの経歴は、選手を管理、指導する監督やスキル面を担当する各コーチとはやや異なり、プロ野球の選手経験のない人たちがその任に就くことが多い。本章ではトレーニングコーチやトレーナーの変遷とサポート体制について述べる。

2. トレーニングコーチの変遷

　最初に野球経験を持たずにプロ野球のトレーニングコーチに就任したのは、読売ジャイアンツに1965年から1979年まで在籍した鈴木章介氏である。鈴木氏は東京オリンピックの陸上の十種競技の選手としても知られ、東京オリンピックが終了した翌年の1965年からプロ野球界に身を投じたのである。鈴木氏の1965年から1972年までのコーチ名は「ランニングコーチ」であり、当時の野球界がトレーニングコーチに何を求めていたかがよくわかる。すなわち、当時の野球のトレーニングはランニングを行うことが非常に重要であり、トレーニングの大半がランニングに費やされたことが想像される。

　その後、1973年から鈴木氏のコーチ名がトレーニングコーチに変更され1979年まで読売ジャイアンツに在籍する[1]。この頃よりランニング以外の種目がトレーニングに導入され始めたと思われる。鈴木氏がプロ野球界のコーチに就任した後、多くの陸上競技界出身のコーチが誕生している。すなわちこの期間は、陸上競技界の出身者がトレーニングコーチを務めた時期と言えるかもしれない。

　その後は、陸上競技界出身だけではなく多種の前歴を持つ人たちがプロ野球のトレーニングコーチに就任する。ちなみに、鈴木氏の後任として1980年から読売ジャイアンツのトレーニングコーチに就任するのはウェイトリフティング出身の長谷川徹氏である。今日ではプロ野球選手のトレーニングとして常識化しつつあるウェイトトレーニングの指導ができる人材をプロ野球界に導入しようとした球団の意図が見受けられる。

　同時期にプロ野球界に新たな人材が採用された。『月刊トレーニング・ジャーナル』の創刊第2号で紹介された大学院出のトレーニングコーチ（著者）である。野球をスポーツ科学の観点から分析し直し、野球に必要なトレーニングを開発していこうという球団の意図により決断された人事であった（詳細は『月刊トレーニング・ジャーナル』1979年11月号を参照のこと）。その後、体育系の大学院でスポーツ科学を専攻した人たちが数多くプロ野球界に入団してくることとなる。そのような流れの中で、トレーニングコーチの名称も変更され、1988年から阪神球団においてプロ野球界初のコンディショニングコーチが誕生した。その後、1991年からはユニフォームを脱ぎ、球団本部のコンディショニング担当として、フロントの立場で選手のコンディショニングの指導にあたった。**資料7-1**は当時、球団に提出したコンディショニング担当者としての仕事内容を示したものである。

　その後、プロ野球界では多種の経歴を積んだ人たちがトレーニングコーチ、コンディショニングコーチとして活躍している。もちろんプロ野球界に選手として入団し、その後トレーニングコーチやコンディショニングコーチとして活躍している人たちも多い。

3. トレーナーの変遷

　プロ野球界で最初にトレーナーとして専属契約したのは、1950年に読売ジャイアンツの専属トレーナーとなった小守良勝氏である。1950年は日本プロ野球が現在の2リーグ制を敷いた最初の年である。小守氏は1947年に日本鍼灸マッサージ師会連盟を結成し初代会長に就任している。

　小守スポーツマッサージ療院のホームページ[2]によると、小守氏について以下のように述べられている。「故小守良勝はスポーツトレーナーという職種を実質

資料7-1
コンディショニング担当の仕事について

コンディショニング担当
中山悌一

1. 全選手に対する総括的なトレーニング指導および健康管理
2. 一、二軍に帯同できない故障者に対するリハビリトレーニングとカウンセリング
3. 新しい専門知識の習得と、トレーナー、トレーニングコーチへの提言と指導（各種の勉強会、研究会に参加）
4. 栄養指導
   - 寮、遠征時のホテル、キャンプ地での栄養調査および指導
   - 栄養補助食品の購入と選手への配布（今春のキャンプでは、ビタミンCの摂取を徹底し、風邪による日本人選手の休みは皆無であった）
5. トレーニング器具、測定器具の購入と管理
   （例、ノーチラス-S55、カムⅡ-S60、サイベックス-H2）
6. サイベックスでの筋力測定、リハビリトレーニングの指導
7. 新しいトレーニング法、測定器具の開発
8. 専門図書、雑誌の購入とトレーナー、コーチ、選手への貸出しと管理
9. 体力測定、健康診断の立案と実施、データーの処理および選手へのフィードバック
10. 故障者カードの作成と統計的処理
11. 日本生命健康管理証明書の作成
12. スポーツ医科学に関する外国文献および日本文献の収集
13. スポーツ医科学に関する学会活動
    （日本体育学会、日本体力医学会、日本バイオメカニクス学会、臨床スポーツ医学会）

平成4年3月20日

資料7-2
「健康診断・体力測定」実施願

チーム担当部長
○山○○助殿

下記の要綱により恒例の「健康診断・体力測定」を実施致したいと思いますので、御許可下さるようお願いいたします。

1. 期日…昭和62年9月23日
2. 場所…甲子園球場（トレーニングルーム、トレーナー室、その他）
   対象者…二軍選手
3. 測定項目
4. 1）整形外科的検査
   2）体力測定、形態測定
   3）栄養実態調査
   4）その他
   予算…¥800,000-
5. （人件費、測定器具借用料および運搬費用を含む）
   測定者
6. 1）大阪大学整形外科医師　理学療法士…5名
   2）近畿大学、大阪市立大学、大阪工業大学、武庫川女子大、大谷女子大、大阪成蹊女子大の大学教員…15名
   3）補助学生…若干名

以上

チーフトレーナー　○○○男
トレーニングコーチ　中山悌一

昭和62年9月16日

的に立ち上げ、鍼灸按マッサージを一つの治療メソッドとして確立し、トレーナーの必要性をスポーツ界に認識させたと言っても過言ではない」。このように日本プロ野球界のトレーナーは、最初に「鍼灸マッサージ師」の資格を有する小守氏が就任することにより、その後の日本プロ野球界は、「鍼灸マッサージ師」の資格を有する人たちがトレーナーとして各球団に数多く入団することとなる。そのため、準医療資格として「鍼灸マッサージ師」と類似した国家資格である「柔道整復師」の資格を有する人たちがプロ野球界のトレーナーとして入団することはほとんどなかった。

その後は、プロ野球選手が肘や肩の手術を行うことが多くなり、それに対応するために、医師の監視下で手術後のリハビリテーションを担当することを業務とする「理学療法士」の資格を有する人たちがプロ野球の球団に入団してくる。あるセ・リーグの球団では、医療機関との連携を深めるために「理学療法士」の資格を有する人たちが多数入団したことがあった。

さらに最近では、トレーニングコーチと同様にアメリカに留学してスポーツ科学を学んだり、NATA（National Athletic Trainers' Association）のATCの資格を取得した人たちがプロ野球の世界でトレーナーとしても活躍している。また、プロ野球界に選手として入団し、その後球団を退団した後に、「鍼灸マッサージ師」の資格を取得してプロ野球のトレーナーとして活躍している人もいる。

4．サポート体制

トレーニングコーチやトレーナーは、プロ野球選手に対してさまざまなフィジカル面でのサポートを行っている。ここではT球団で実施されていた「健康診断・体力測定」の様子を報告する。

T球団での最初の本格的な体力測定は、1977年のオフに大阪体育大学に出向き金子公宥教授のもとで24選手が参加して実施された。その後は個々に、選手の体力や形態、故障歴を正確に把握することを行っていた。球団全体としての「健康診断・体力測定」は、1987年の9月23日に二軍選手を対象に、11月15日には一軍選手を対象に実施された。

資料7-2は、「健康診断・体力測定」の実施にあたり球団に提出した書類である。当時のT球団では、チームドクターを大阪大学の医学部整形外科のO先生にお願いしていて、「健康診断・体力測定」も大阪大学の絶大なる協力のもとに実施された。さらに関西地方の大学の先生方にもご協力いただき「体力測定」の各項目の担当者として測定に参加していただいた。

資料7-3は、「健康診断・体力測定」の測定項目および順序を示している。1987年当時T球団にはサ

資料7-3
「健康診断・体力測定」の項目および順序
（1987.11.15）

＊各測定項目は各10分で実施すること

		選手	担当者
1.	サイベックス（肘）（トレーニングルーム）	（福家）	（小柳）
2.	エリエール（膝）（トレーニングルーム）	（服部裕）	（斎藤）（アポロ）
3.	サイベックス（肩）（トレーニングルーム）	（島田弟）	（入川）
4.	形態 （トレーニングルーム）	（猪俣）	（新宅）
5.	体前屈、上体反らし（測定室）握力、背筋、肺活量	（平田、木戸）	（積山）
6.	皮下脂肪厚、垂直跳び（測定室）（上腕部、背部、腹部）	（渡真利）	（熊本）
7.	パワーマックス （トレーニングルーム）	（島田兄）	（椙棟）
8.	栄養調査 （二軍コーチ室）	（中田）	（下志万）
9.	野球に関する意識調査（二軍選手ロッカー）	（引間）	（児玉）
10.	整形外科的問診 （ビデオ室）	（服部浩、仲田）	（脇谷、越智）
11.	関節可動域 （トレーナー室）	（北村、藤原）	PT（阪大）
12.	歯科検診 （役員室）		医師（阪大）
13.	採血、検尿 （広報室）		医師（阪大）

＊12、13は11:30より開始する、時間のあるときに受診すること

資料7-4
平成11年度 健康診断・体力測定実施要項
1. 日時　平成11年9月26日（二軍）　午前の部　9:00～12:00
　　　　　　　　　　　　　　　　　　　午後の部　13:00～16:00
2. 場所　甲子園球場
3. 参加者（午前中は寮生以外、午後は寮生を基本とする）
　（午前）：弓長、山村、杉山、中ノ瀬、村上、伊藤、片瀬、清原、山岡、寺前（21名）星山、安達、矢野、中谷、和田、風岡、樋口、城、佐々木、曽我部、松井
　※再検査…山村、杉山、中ノ瀬、村上、清原、山岡、安達、中谷、定詰、和田、樋口、関本、佐々木、曽我部（14名）
　（午後）：金沢、井川、藤川、竹内、井上、橋本、奥村（13名）定詰、片山、平尾、関本、寺田、中里
　※メンバーは変更の可能性がある。
　当日の予定
4. （午前）　8:30に集合→ウォーミングアップ（8:40）→
　　　　　　9:00測定開始→12:00終了予定
　※再検査の人は8:00に集合し採血、検尿を行い軽食をとってウォーミングアップに参加する事
　（午後）　12:30に集合→ウォーミングアップ（12:40）→
　　　　　　13:00測定開始→16:00終了予定
　※11:00～14:00まで昼食を用意する
　注意事項
5. ＊前日は睡眠を十分に取り、万全の体調で参加する事。
　＊採血、検尿は9月13日に実施し、当日（26日）は検査結果に基づき内科医の診察を受ける。

担当　中山悌一

イベックスがなく（1990年に購入）、サイベックスでの肘、肩の筋力の測定は、サイベックスを大阪大学や近畿大学から借用し、トラックにて甲子園球場に運び筋力測定に使用した。エリエールでの膝の筋力測定は、アポロ社の御協力を得て実施した。栄養調査は、選手に食事内容を事前に用紙に記入してもらい、栄養士がそれをもとにカロリー計算などを行い、当日選手と面談し、指導を行った。その後は、測定項目が多少変更され、腹筋の筋力評価、エアロバイクによる呼吸循環系の体力評価、視力検査（静止・動体視力、利き目）、運動時の心電図検査などが新たに導入された。

資料7-4は、平成11年度（1999）の「健康診断・体力測定実施要項」である。「健康診断・体力測定」はシーズンが早く終了する二軍選手とシーズン終了が遅い一軍選手に分けてほぼ1日をかけて実施され、さらに午前と午後の部に分けられた。採血、検尿に関しては事前に実施し、当日は検査結果に基づき内科医の診察を受けた。再検査の必要な選手は、当日の早朝に採血、検尿を行い軽食を摂ってウォーミングアップに参加した。

［参考文献］
1) 報・巨人スポーツ報知
 (http://hochi.yomiuri.co.jp/index.htm)
2) 小森スポーツマッサージ療院
 (http://www.jta-komori.com/info/03.html)

第8章 形態

1. 緒言

プロ野球選手は、野球というスポーツを職業として行い、プロ野球に入団する以前にもリトルリーグ、中学校、高校、大学と野球を長年続けてきた選手が多い。野球の動作は、短距離のランナーのように左右対称の動きではなく、投球、送球などでは利き腕が存在し、同じ側の腕で投動作を行う。さらに打撃動作では、少数のスイッチヒッターを除いて、同一方向の捻転運動のみで打撃を行う。

そのような理由で、野球選手は長年の野球生活の中で野球選手としての特徴的な形態が形成されていると考えられる。本章では、プロ野球選手の形態的特性を明らかにし、今後の野球選手へのトレーニング指導の基礎資料を得ようとした。

2. 方法

対象者は、某プロ野球球団に1980年から1993年まで在籍した平均年齢25.9歳の投手79人、野手84人の計163人と、同時期に在籍した外国人選手21人である。形態の測定は、主にシーズン終了後に行われる恒例の体力測定時に実施したが、新人選手や外国人選手に対しては随時測定を行った。測定の項目は身長、体重、体脂肪率、頭囲、頸囲、胸囲、腹囲、腰囲、上腕囲、前腕囲、上肢長、手首囲、手首-中指、親指-小指、大腿囲、下腿囲、足首囲、中指長、皮下脂肪厚（上腕部、背部、腹部）である。測定は、『日本人の体力標準値第四版』[1]の測定方法に基づいて実施した。体脂肪率は、皮下脂肪厚の三点法にて算出した。

測定されたデータは、その競技特性も練習方法も異なる投手と野手に分けて比較し、次に投球・送球動作による形態の変化を明らかにするために、投球側と非投球側に分けて比較した。さらに打撃動作による形態の変化を明らかにするために、打撃時の軸脚側と踏み出し脚側に分けて比較した。最後に民族的に異なる外国人選手との比較も行った。結果はすべて平均値と標準偏差で示し、平均値の差の検定は分散分析のt検定で行った。

3. 結果および考察

1) 投手と野手の比較

表8-1には、プロ野球選手の形態測定値の平均値、標準偏差（SD）、最大値、最小値を投手と野手に分けて表示し比較したものである。各測定項目の中で、投手が有意に大きかったのは、身長、上肢長（右、左）、手首-中指（右、左）、中指の長さ（右、左）の長育に関する項目であり、投手は野手よりも背が高く、身長との相関が高い上肢長も長く、手も大きいことが確認できた。次に野手が有意に大きかったのは、頸囲、上腕囲（右、左）、前腕囲（右、左）、手首囲（左）、大腿囲（右）であった。これらの要因としては、1kgあまりのバットを振り回す打撃動作に起因し、これにより頸部や上肢の筋肉が発達したと推測される。

2) 投球側と非投球側の比較

表8-2には、プロ野球選手の形態測定値を投球側と非投球側で比較したものである。上腕囲は、すべての群で投球側が大きく、とくに投手において顕著であった。次に前腕囲もこの特徴が著しく、とくに投手のt検定の値が非常に高く、投球動作において前腕囲が大きく発達したものと推測できる。

上肢長では、投球側が短い傾向にあったが、全選手を対象としたときのみ有意な差を認めた。この傾向は、測定時に肘が十分に伸展せず、肘が曲がった状態で測定した選手が多少認められた結果だと推測できる。

手首囲は、投手のみ投球側が大きいという結果を示した。この結果は、投手は投球時に投球側のみを使用するが、野手は打撃時にも両手首を使用するためと推測される。とくに打撃において、右投げ右打ちの場合には引き手である左手首の返しが非常に重要であると言われている。これらの影響で、投手のみ投球側が大きくなったと推測される。

手首から中指の長さは、手の大きさを推測するために測定されたものであったが、すべての群で有意な差は認められなかった。さらに指の長さの測定でも同様の結果を得た。親指-小指の測定は、同様に手の大き

表 8-1 プロ野球選手の形態測定値（投手と野手の比較）

測定項目		単位	全選手 (n=163)				投手 (n=79)				野手 (n=84)				投手と野手の比較		
			平均値	SD	最大値	最小値	平均値	SD	最大値	最小値	平均値	SD	最大値	最小値	t値	有意差	投手=100
身　長		(cm)	178.9	4.7	193.0	163.0	180.5	3.9	190.0	173.0	177.5	4.9	193.0	163.0	4.288	P<0.001	98.3
体　重		(kg)	77.5	6.6	99.0	63.5	77.2	6.3	96.0	63.5	77.8	6.9	99.0	65.0	-0.591	N.S	100.8
体脂肪率		(%)	14.8	4.3	34.0	8.1	14.5	3.7	26.7	8.9	15.1	4.9	34.0	8.1	-0.813	N.S	103.8
頭　囲		(cm)	57.0	1.4	60.4	52.0	56.9	1.5	60.4	52.0	57.0	1.4	60.0	54.0	-0.554	N.S	100.2
頸　囲		(cm)	37.5	1.5	40.8	34.5	37.3	1.4	40.6	34.5	37.8	1.4	40.8	35.0	-2.418	P<0.05	101.5
胸　囲	普通時	(cm)	96.3	4.1	108.0	87.8	95.8	4.2	107.7	87.8	96.7	4.0	108.0	89.0	-1.412	N.S	100.9
	吸気時	(cm)	99.1	4.2	113.0	89.5	98.8	4.3	113.0	89.5	99.4	4.0	110.0	91.5	-0.880	N.S	100.6
	呼気時	(cm)	94.1	4.1	106.0	86.0	93.6	4.2	103.0	86.0	94.5	3.9	106.0	87.3	-1.387	N.S	100.9
腹　囲		(cm)	82.5	4.7	96.0	73.5	82.3	4.1	96.0	73.5	82.6	5.1	96.0	74.8	-0.300	N.S	100.3
腰　囲		(cm)	97.6	3.8	109.0	87.0	97.2	3.9	107.5	87.0	97.9	3.8	109.0	89.0	-1.150	N.S	100.7
上腕囲 (右)	普通時	(cm)	29.8	2.1	34.8	25.0	29.1	2.1	33.6	25.0	30.4	1.9	34.8	26.1	-4.476	P<0.001	104.8
	屈曲時	(cm)	32.3	2.1	37.0	25.3	31.6	1.9	36.4	26.5	33.1	2.0	37.0	25.3	-4.817	P<0.001	104.7
上腕囲 (左)	普通時	(cm)	29.4	1.9	35.2	25.4	28.7	1.8	32.6	25.4	30.1	1.8	35.2	26.0	-5.148	P<0.001	105.1
	屈曲時	(cm)	32.0	1.9	37.8	27.5	31.1	1.8	35.9	27.5	32.9	1.7	37.8	29.2	-6.450	P<0.001	105.6
前腕囲	右	(cm)	27.8	1.3	31.9	23.5	27.3	1.4	31.9	23.5	28.2	1.1	31.2	25.7	-4.574	P<0.001	103.3
	左	(cm)	27.3	1.3	31.3	23.6	26.8	1.2	30.3	23.6	27.9	1.2	31.3	24.6	-5.485	P<0.001	103.9
上肢長	右	(cm)	78.5	2.9	85.8	68.0	79.3	2.5	85.8	73.0	77.7	3.0	84.2	68.0	3.680	P<0.001	98.0
	左	(cm)	78.6	2.8	84.7	67.5	79.5	2.3	84.7	74.6	77.8	3.0	84.6	67.5	3.950	P<0.001	97.9
手首囲	右	(cm)	17.0	0.7	20.0	15.3	16.9	0.8	20.0	15.3	17.1	0.6	18.5	15.6	-1.658	N.S	101.1
	左	(cm)	17.0	0.7	19.4	15.4	16.8	0.8	19.4	15.4	17.1	0.6	19.0	15.6	-2.133	P<0.05	101.4
手首-中指	右	(cm)	19.5	0.7	21.6	17.5	19.6	0.7	21.6	18.0	19.4	0.7	21.3	17.5	2.624	P<0.001	98.5
	左	(cm)	19.5	0.7	21.5	17.2	19.7	0.6	21.2	18.2	19.4	0.8	21.5	17.2	2.425	P<0.05	98.6
親指-小指	右	(cm)	22.0	1.2	25.3	19.0	22.0	1.3	24.6	19.5	22.0	1.2	25.3	19.0	0.224	N.S	99.8
	左	(cm)	22.3	1.3	25.0	18.8	22.2	1.3	25.0	19.8	22.3	1.2	24.6	18.8	-0.310	N.S	100.3
中指の長さ	右	(cm)	8.4	0.4	9.5	7.5	8.5	0.4	9.5	7.6	8.4	0.4	9.5	7.5	3.203	P<0.001	97.9
	左	(cm)	8.5	0.4	9.6	7.4	8.6	0.3	9.5	7.9	8.4	0.4	9.6	7.4	2.904	P<0.001	98.0
大腿囲	右	(cm)	58.8	3.1	69.0	50.8	58.2	3.2	66.0	50.8	59.3	3.0	69.0	53.3	-2.082	P<0.05	101.7
	左	(cm)	58.9	3.1	69.0	51.0	58.5	3.1	66.7	51.0	59.2	3.0	69.0	52.8	-1.305	N.S	101.1
下腿囲	右	(cm)	38.9	1.8	43.5	35.5	38.8	1.9	43.5	35.5	38.9	1.7	43.0	35.8	-0.487	N.S	100.3
	左	(cm)	38.8	1.8	44.0	35.0	38.7	1.8	44.0	35.0	38.8	1.7	44.0	35.5	-0.314	N.S	100.2
足首囲	右	(cm)	22.5	1.0	25.5	20.1	22.5	0.9	25.5	20.1	22.6	1.0	25.1	20.2	-0.664	N.S	100.4
	左	(cm)	22.5	1.0	25.5	20.2	22.4	1.0	25.1	20.5	22.6	1.0	25.5	20.2	-1.071	N.S	100.7
皮下脂肪厚	上腕部	(mm)	9.1	3.5	25.0	3.5	9.0	2.9	17.0	4.5	9.2	4.0	25.0	3.5	-0.303	N.S	101.8
	背部	(mm)	15.1	6.6	47.0	5.6	14.5	5.7	38.0	6.5	15.6	7.2	47.0	5.6	-1.090	N.S	107.7
	腹部	(mm)	13.9	8.0	40.0	4.0	13.3	7.1	35.0	4.0	14.5	8.7	40.0	4.5	-0.892	N.S	108.4

さを推測するために測定されたものであったが、手を全力で大きく広げさせて測定したので意外な結果が出た。すなわち、すべての群において投球側が有意に小さかったのである。この結果は、投球側は手を大きく広げることができないことを意味し、使用頻度の高い関節の柔軟性が低下するということかもしれない。

大腿囲は、非投球側が大きい傾向を示し、投手群と全選手群で有意な差を認めた。下腿囲では、逆に投球側が大きい傾向を示し、同様に投手群と全選手群で有意な差を認めた。さらに足首囲では、投手群のみに投球側が有意に大きいという結果を得た。下肢のこれらの結果は、投球動作に起因するものと推測できる。すなわち、投手が投球する場合、最初に投球側のつま先で体重を支え、プレートを蹴り、体重を移動しながら最後に非投球側の膝を曲げ、体重を非投球側に移す動作が行われる。これは、まさに投球側の下腿と足首、さらに非投球側の大腿部を使用する動作である。

3) 打撃時の軸脚側と踏み出し側との比較

野手が日頃行う練習の中で、最も時間を割いて行うのが打撃練習である。キャンプ中などでは、1日に何時間も打撃練習にあてる。さらに、打球を直接打たなくても「素振り」を毎日何百回と繰り返す選手も多い。このような打撃練習でも野球選手特有の形態がつくり上げられるだろうと推測される。

今回の対象選手の中で、右投げの投手は56人、左投げの投手は23人であり、右投げの選手はすべて右打ちであり、左投げの選手はすべて左打ちであった。

表 8-2 プロ野球選手の投球側、非投球側別比較

測定項目		単位	全選手 (n=163)				投手 (n=79)				野手 (n=84)			
			平均値	SD	t値	有意差	平均値	SD	t値	有意差	平均値	SD	t値	有意差
上腕囲	(投球側)	(cm)	29.82	2.03	6.42	P<0.001	29.18	2.03	6.29	P<0.001	30.42	1.86	2.91	P<0.01
	(非投球側)	(cm)	29.37	1.97			28.54	1.83			30.15	1.77		
前腕囲	(投球側)	(cm)	27.97	1.26	14.30	P<0.001	27.63	1.25	17.08	P<0.001	28.28	1.18	6.57	P<0.001
	(非投球側)	(cm)	27.18	1.34			26.50	1.20			27.82	1.14		
上肢長	(投球側)	(cm)	78.46	2.81	-2.44	P<0.05	79.30	2.31	-1.70	N.S	77.67	3.00	-1.75	N.S
	(非投球側)	(cm)	78.64	2.89			79.50	2.45			77.84	3.04		
手首囲	(投球側)	(cm)	17.01	0.74	1.85	N.S	16.92	0.83	3.58	P<0.001	17.08	0.63	-0.53	N.S
	(非投球側)	(cm)	16.97	0.71			16.83	0.76			17.10	0.63		
手首-中指	(投球側)	(cm)	19.50	0.72	-1.70	N.S	19.66	0.67	-0.66	N.S	19.36	0.75	-1.85	N.S
	(非投球側)	(cm)	19.54	0.71			19.68	0.62			19.41	0.77		
親指-小指	(投球側)	(cm)	22.00	1.23	-5.96	P<0.001	22.01	1.30	-3.76	P<0.001	22.00	1.16	-4.63	P<0.001
	(非投球側)	(cm)	22.27	1.26			22.26	1.32			22.29	1.20		
中指の長さ	(投球側)	(cm)	8.45	0.37	-2.20	P<0.05	8.55	0.36	-1.00	N.S	8.36	0.36	-1.98	N.S
	(非投球側)	(cm)	8.48	0.38			8.56	0.34			8.40	0.39		
大腿囲	(投球側)	(cm)	58.73	3.13	-2.16	P<0.05	58.22	3.19	-2.95	P<0.01	59.20	3.00	-0.06	N.S
	(非投球側)	(cm)	58.89	3.08			58.55	3.12			59.21	3.00		
下腿囲	(投球側)	(cm)	38.93	1.73	4.72	P<0.001	38.93	1.77	5.78	P<0.001	38.94	1.70	1.72	N.S
	(非投球側)	(cm)	38.70	1.82			38.58	1.92			38.80	1.71		
足首囲	(投球側)	(cm)	22.56	0.97	1.64	N.S	22.54	0.96	3.40	P<0.01	22.58	0.98	-0.86	N.S
	(非投球側)	(cm)	22.50	0.97			22.39	0.94			22.61	0.98		

表 8-3 プロ野球選手の打撃時の軸脚側と踏み出し脚側との比較

測定項目		単位	全選手 (n=158)				投手 (n=79)				野手 (n=79)			
			平均値	SD	t値	有意差	平均値	SD	t値	有意差	平均値	SD	t値	有意差
上腕囲	(軸脚)	(cm)	29.83	2.04	6.41	P<0.001	29.18	2.03	6.29	P<0.001	30.48	1.84	2.82	P<0.01
	(踏出脚)	(cm)	29.38	1.99			28.54	1.83			30.21	1.79		
前腕囲	(軸脚)	(cm)	27.88	1.27	9.50	P<0.001	27.63	1.25	17.08	P<0.001	28.14	1.23	1.62	N.S
	(踏出脚)	(cm)	27.25	1.38			26.50	1.20			28.00	1.13		
上肢長	(軸脚)	(cm)	78.52	2.83	-1.68	N.S	79.30	2.31	-1.70	N.S	77.74	3.07	-0.61	N.S
	(踏出脚)	(cm)	78.65	2.94			79.50	2.45			77.81	3.14		
手首囲	(軸脚)	(cm)	17.00	0.74	1.38	N.S	16.92	0.83	3.58	P<0.001	17.07	0.64	-1.25	N.S
	(踏出脚)	(cm)	16.97	0.72			16.83	0.76			17.11	0.65		
手首-中指	(軸脚)	(cm)	19.50	0.74	-1.89	N.S	19.66	0.67	-0.66	N.S	19.35	0.78	-2.19	P<0.05
	(踏出脚)	(cm)	19.54	0.71			19.68	0.62			19.41	0.76		
親指-小指	(軸脚)	(cm)	22.01	1.26	-4.55	P<0.001	22.01	1.30	-3.76	P<0.001	22.01	1.22	-2.69	P<0.01
	(踏出脚)	(cm)	22.23	1.25			22.26	1.32			22.19	1.18		
中指の長さ	(軸脚)	(cm)	8.45	0.39	-2.43	P<0.05	8.55	0.36	-1.00	N.S	8.36	0.39	-2.28	P<0.05
	(踏出脚)	(cm)	8.48	0.37			8.56	0.34			8.40	0.38		
大腿囲	(軸脚)	(cm)	58.76	3.13	-3.15	P<0.01	58.22	3.19	-2.95	P<0.01	59.29	2.96	-1.42	N.S
	(踏出脚)	(cm)	58.99	3.08			58.55	3.12			59.44	2.98		
下腿囲	(軸脚)	(cm)	38.97	1.76	4.55	P<0.001	38.93	1.77	5.78	P<0.001	39.01	1.75	1.45	N.S
	(踏出脚)	(cm)	38.74	1.81			38.58	1.92			38.90	1.67		
足首囲	(軸脚)	(cm)	22.54	0.98	0.10	N.S	22.54	0.96	3.40	P<0.01	22.55	1.00	-3.33	P<0.01
	(踏出脚)	(cm)	22.54	0.98			22.39	0.94			22.69	1.00		

野手は右投げの選手75人の中で、右打ち選手が52人で、左打ちの選手が18人であり、両打ちの選手も5人程存在したが、両打ち選手5人は統計処理から除外した。左投げの選手9人は全員左打ちであった。

表8-3には、プロ野球選手の打撃時の軸脚側と踏み出し脚側との比較を示した。軸脚側の上腕囲は、すべての群で有意に大きかったが、前腕囲は野手群に有意な差が認められなかった。これは、右投げの野手の中で左打ちが18人存在することや、打撃時に引き手の前腕囲も使用されるためと推測される。上肢長や「手首-中指」「中指の長さ」などの長育にはほとんど変化がなかった。ただし「親指-小指」の項目では、軸脚側が有意に短かった。このことは、投球時の影響が大きく残っていると推察できる。下肢においては、

表 8-4 日本人選手と外国人選手の形態の比較

測定項目		単位	日本人選手 (n=163)				外国人選手 (n=21)				日本人選手と外国人選手の比較		
			平均値	SD	最大値	最少値	平均値	SD	最大値	最少値	t値	有意差	日本人=100
身　長		(cm)	178.9	4.7	193.0	163.0	186.0	6.04	204.0	175.0	-8.229	P<0.001	103.9
体　重		(kg)	77.5	6.6	99.0	63.5	94.1	7.15	107.0	77.8	-15.338	P<0.001	121.5
体脂肪率		(%)	14.8	4.3	34.0	8.1	20.9	3.77	28.7	9.5	-9.507	P<0.001	141.2
頭　囲		(cm)	57.0	1.4	60.4	52.0	57.8	1.25	61.6	55.0	-3.669	P<0.001	101.4
頸　囲		(cm)	37.5	1.5	40.8	34.5	40.1	1.22	45.0	37.0	-12.040	P<0.001	106.8
胸　囲		(cm)	96.3	4.1	108.0	87.8	106.5	4.07	116.8	97.0	-15.836	P<0.001	110.6
腹　囲		(cm)	82.5	4.7	96.0	73.5	91.7	4.37	100.6	81.8	-12.928	P<0.001	111.2
腰　囲		(cm)	97.6	3.8	109.0	87.0	105.8	4.34	113.4	96.3	-12.681	P<0.001	108.4
上腕囲	右	(cm)	29.8	2.1	34.8	25.0	34.4	2.23	39.0	29.2	-13.589	P<0.001	115.5
	左	(cm)	29.4	1.9	35.2	25.4	34.5	1.92	39.6	29.5	-16.711	P<0.001	117.3
前腕囲	右	(cm)	27.8	1.3	31.9	23.5	30.6	1.41	33.4	27.3	-12.749	P<0.001	110.0
	左	(cm)	27.3	1.3	31.3	23.6	30.5	1.31	33.1	28.0	-14.959	P<0.001	111.4
上肢長	右	(cm)	78.5	2.9	85.8	68.0	83.8	2.11	91.4	80.5	-13.436	P<0.001	106.8
	左	(cm)	78.6	2.8	84.7	67.5	83.9	2.54	91.4	78.4	-12.499	P<0.001	106.7
手首囲	右	(cm)	17.0	0.7	20.0	15.3	17.7	0.40	18.4	16.5	-6.951	P<0.001	103.8
	左	(cm)	17.0	0.7	19.4	15.4	17.5	0.37	18.3	16.3	-6.446	P<0.001	103.4
手首－中指	右	(cm)	19.5	0.7	21.6	17.5	20.4	0.68	22.8	19.0	-8.275	P<0.001	104.7
	左	(cm)	19.5	0.7	21.5	17.2	20.4	0.65	22.8	19.3	-8.230	P<0.001	104.5
親指－小指	右	(cm)	22.0	1.2	25.3	19.0	23.1	0.77	24.5	21.5	-6.718	P<0.001	104.9
	左	(cm)	22.3	1.3	25.0	18.8	23.4	1.14	29.8	21.4	-5.825	P<0.001	104.9
中指の長さ	右	(cm)	8.4	0.4	9.5	7.5	8.7	0.31	9.7	8.2	-4.580	P<0.001	102.9
	左	(cm)	8.5	0.4	9.6	7.4	8.7	0.33	9.9	8.1	-4.355	P<0.001	102.9
大腿囲	右	(cm)	58.8	3.1	69.0	50.8	63.3	2.91	69.5	57.4	-9.504	P<0.001	107.7
	左	(cm)	58.9	3.1	69.0	51.0	62.7	2.85	68.2	57.3	-8.111	P<0.001	106.5
下腿囲	右	(cm)	38.9	1.8	43.5	35.5	39.8	2.08	44.0	34.7	-2.930	P<0.01	102.3
	左	(cm)	38.8	1.8	44.0	35.0	39.6	1.91	43.7	35.5	-2.958	P<0.01	102.2
足首囲	右	(cm)	22.5	1.0	25.5	20.1	23.4	1.01	25.0	21.0	-5.621	P<0.001	103.9
	左	(cm)	22.5	1.0	25.5	20.2	23.4	1.10	25.1	21.2	-5.119	P<0.001	103.7

表 8-2 と同様に投手群と全選手群で軸脚の下腿囲が大きく、踏み出し脚側の大腿囲が大きいという結果であったが、野手群では有意な差は認められなかった。これは、野手の打撃動作では両脚が均等に使用されるためと推則する。

4) 外国人選手との比較

日本のプロ野球界では、以前から多くの外国人選手がプレーしてきた。その選手たちは「助っ人」と呼ばれ、チームの勝敗に大きく関与し、外国人選手の活躍で優勝したチームも少なくない。このように、外国人選手は日本プロ野球界で大きな役割を果たしている。

表 8-4 には日本人選手と外国人選手の形態の比較を示した。この結果、すべての項目で外国人選手が有意に大きいことが確認できた。身長は、外国人選手がわずか 3.9% 大きいだけであったが、体重は 21.5% 大きく、体脂肪率は 41.2% も多い。外国人選手の身長と体重を 2000 年度の『大リーグ名鑑』[2] の平均値と比較すると、身長はほとんど同じであったが、体重は約 3kg ほど重かった。外国人選手の形態測定は、入団直後に実施することが多く、体重などを含めたコンディショニングが十分に行われていなかったものと推察できる。

頭囲は、測定項目の中で一番差が小さく、わずか 1.4% 大きいだけであった。これと比較して、頸囲から体幹部は 6.8% から 11.2% も大きい。さらに、上腕囲と前腕囲は、10.0% から 17.3% も大きく「腕」が太いことが特徴的である。上肢長は 6.8% も長く、身長（3.9%）と比較しても大きく腕が長いことが認められた。手の大きさを表す「手首－中指」「親指－小指」「中指の長さ」の大きさは、身長の差とほとんど変わらず、「手」はとくに大きいことはないと思われる。

下肢では、大腿囲が約 8〜9% 大きく、足首囲は約 5% 程度大きい。しかし下腿囲はわずか 3% だけである。このように下肢は、体幹や上肢ほど大きくないことが確認できた。この結果は、外国人選手は下半身よりも上半身を有効に使ってプレーするというイメ

ージに合致するものであった。

4．まとめ

　プロ野球選手の形態は、長年野球生活を継続する中で、打撃やランニングよりもとくに投球・送球動作において、特徴的なスポーツ形態が形成されていることが明らかとなった。さらに外国人選手と比較すると、すべての項目で外国人選手が大きかった。以下にプロ野球選手の形態的特徴を箇条書きで示す。

1）投手は、上肢長、手長、中指の長さなどの長育項目が長い。野手は、上腕囲、前腕囲などの上肢の周径囲が太い。これらの差異は、同じ野球選手とはいえ、異なる競技特性から生じるものである。
2）プロ野球選手の投球側と非投球側の周径囲を比較すると、上肢の周径囲は投球側が大きく、この傾向は投手により顕著である。下肢の周径囲は、投球側の下腿囲が大きく、非投球側の大腿囲が大きく、この傾向は、野手には認められなかった。
3）手を全力で広げたときの、親指と小指の距離はすべての群の選手で投球側が短かった。これは、使用頻度の高い関節の柔軟性が低下するということかもしれない。
4）プロ野球選手の打撃時の軸脚側と踏み出し脚側とを比較すると、野手の前腕囲には有意な差が認められなかった。これは、右投げの野手の中で左打ちが18人存在することや、打撃時に引き手の前腕囲も使用されるためと推測される。
5）外国人選手は下半身よりも上半身が大きく、上半身を有効に使ってプレーするというイメージに合致するものであった。

[参考文献]
1）「日本人の体力標準値第四版」東京都立大学体力標準値研究会、不味堂出版
2）「メジャーリーグ選手名鑑2000」伊藤一夫著、ベースボールマガジン社

第9章 形態と生涯成績の関係

1. 緒言

日本人プロ野球選手の体格が大きくなった事は、全体的な野球の競技力の向上をもたらした。そこで日本のプロ野球の中で、生涯成績のよい選手はどのような体格をしているかは興味深い問題である。

プロ野球に入団してくる選手は、一般人よりも身長も高く体重も重い選手が多い。その中で一軍選手として活躍し、レギュラーをつかむ選手はごくわずかである。一般的に投手は、身長が高く、腕が長く、指が長いほうが有利だと言われている。野手は、足が速く短打で出塁する確率が高い一番、二番タイプの打者と、身体が大きく長打力があるクリーンアップタイプの選手に大別できる。ここではプロ野球選手の形態と生涯成績との関係について論じる。

2. 方法

対象者は、某プロ野球球団に在籍し1980年から2000年までの間に退団し、現在現役生活を終了した日本人プロ野球選手214人である。そのうち、投手は測定時の平均年齢が27.6歳の108人であり、野手は同様に平均年齢が28.9歳の106人である。

形態の測定は、主にシーズン終了後に行われる恒例の体力測定時に実施したが、複数回の測定を行った選手は最も新しい（退団に最も近い）データを採用した。

測定されたデータは、その競技特性も練習方法も異なる投手と野手に分けて比較した。次に1勝もあげられなかった投手を「無勝利投手群」、1勝以上あげた投手を「有勝利投手群」、また1本のヒットも打てなかった野手を「無安打野手群」、1本以上のヒットを打った野手を「有安打野手群」と分類し分析した。さらに投手を勝ち星の数によって5群（1群：勝ち星なし、2群：1～9勝、3群：10～49勝、4群：50～99勝、5群：100勝以上）に分けて分類し、さらに野手もヒットの数によって5群（1群：ヒットなし、2群：1～49本、3群：50～99本、4群：100～999本、5群：1000本以上）に分けて分析した。結果はすべて平均値と標準偏差で示し、平均値の差の検定は分散分析のt検定で行った。対象者の生涯成績は、『プロ野球人名辞典2001』[1]から引用した。

3. 結果および考察

1）投手の成績

図9-1は、今回の調査の対象となった投手108人の生涯成績を示したものである。

最近の投手は分業化が進み、先発投手だけでなく勝ち星をあげにくい「抑え投手」や「中継ぎ投手」として優秀な成績（セーブ、ホールド）を収めている投手も多いが、今回は勝ち数のみを投手の「成績」として評価した。その中で対象投手の約45％におよぶ49人は、一軍で1勝もすることができなかった。これらの選手は、球団から投手としての能力がないと判断され、入団後3～4年で現役生活を引退し球界を去ることとなる。

その次の勝ち星が1桁（1～9勝）の投手は、一軍での活躍が非常に短かったであろうと想像できる。10勝から49勝までの投手たちは、先発投手や中継ぎ投手または抑え投手として一軍に長く在籍した投手であろう。50勝から99勝までの投手は、先発のローテーション投手として活躍したであろうと思われる。このレベル以上の成績を残した投手たちは、球界に残ってコーチなどの指導者として活躍していることが多そうである。さらにチームのエースといわれるような100勝以上の実績を残した投手は、全体のわずか4.6％の5人だけである。名球会入会資格となる200勝以上の投手はいなかった。

2）野手の成績

図9-2は、野手（106人）の生涯成績を示したものである。野手の中では、ヒットの数だけでなくホームランを多く打つことや、守備や走塁でチームに貢献している選手も多く存在するが、今回はヒット数のみを野手の「成績」として評価した。この中でプロ野球に入団しながら一軍で1本のヒットも打つことができなかった野手が全体の約20％の21人も存在する。

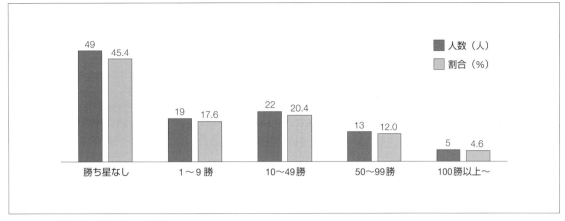

図9-1　投手の成績（108人）

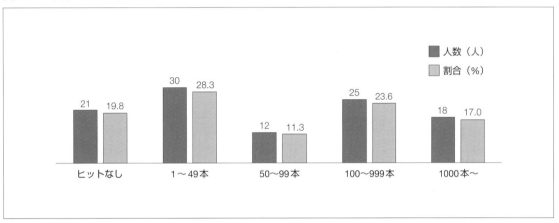

図9-2　野手の成績（106人）

この中には一軍の試合にすら1回も出場できなかった野手も含まれていると思われる。これらの野手も投手と同様に、入団後3～4年で現役生活を引退し球界を去ることとなる。一軍で1本から49本のヒットを打った野手は一番多く約28%の30人であった。さらに50本から99本打った選手は全体の約11%の12人であった。これらの選手たちは一軍に定着することなく、一軍と二軍を行ったり来たりするいわゆる「エレベーター選手」か、守備固め、代走要因などの打撃に立つことの少ない選手たちであろう。

100本から999本打った選手は、全体の約24%の25人であった。これらの選手は、ほとんど一軍に定着しスターティングメンバーで試合に出たり、控えに回ったりしている選手であろう。最後の1,000本以上打っている選手は、全体の17%の18人であり、長年レギュラーと呼ばれ常に試合に出続けている選手である。この中には、1,500本以上打った選手も11人含まれ、名球会入会資格となる2,000本以上打った選手も1人存在した。

3）投手の生涯成績による形態の比較

表9-1は、1勝もあげられなかった投手（以後無勝利投手群とする）と一軍で1勝以上の勝ち星をあげた投手（以後有勝利投手群とする）とに分類し、各測定項目の平均値、標準偏差（SD）、最大値、最小値を比較したものである。測定時の年齢は、無勝利投手群は若いときに退団する可能性が高いので平均年齢も低く、平均23.9歳であった。ただし、32歳まで在籍し1勝もあげられなかった投手もいた。それに比較して有勝利投手群の平均は30.7歳であり、無勝利投手群との間に有意な差を認めた。

身長に関しては、無勝利投手群のほうが高く、逆に体重は有勝利投手群が重く両項目に有意な差を認めた。体脂肪率も有勝利投手群のほうが大きく、とくに腹部の皮下脂肪厚に有意な差を認めた。除脂肪体重に関しては、有勝利投手群のほうが大きい傾向を示したが、有意な差は認められなかった。この結果により、プロ野球には将来を嘱望されて身体の大きな投手も入団してくるが、必ずしも身体の大きな投手が大成するわけ

表 9-1 プロ野球選手の形態測定値（勝利投手になれなかった投手と勝利をあげた投手の比較）

測定項目		単位	投手全員 (n=108)				0勝 (n=49)				1勝以上 (n=59)				無勝利と有勝利投手の比較	
			平均値	SD	最大値	最小値	平均値	SD	最大値	最小値	平均値	SD	最大値	最小値	t値	有意差
勝利数		(勝)	18.5	22.7	176.0	0.0	0.0	0.0	0.0	0.0	33.9	28.4	176.0	1.0	-8.274	P<0.001
測定時年齢		(歳)	27.6	4.3	38.3	18.5	23.9	2.5	32.2	18.5	30.7	3.4	38.3	20.6	-11.658	P<0.001
身長		(cm)	180.8	3.6	191.0	172.0	182.0	3.5	190.0	173.0	179.9	3.4	191.0	172.0	3.136	P<0.01
体重		(kg)	79.7	5.8	108.6	63.0	78.1	4.8	96.0	67.0	81.1	6.6	108.6	63.0	-2.670	P<0.01
体脂肪率		(%)	15.7	3.2	26.7	8.9	14.8	3.2	24.3	8.9	16.6	3.0	26.7	9.2	-3.021	P<0.01
皮下脂肪厚	上腕部	(mm)	9.6	2.6	19.5	4.0	9.7	3.0	19.5	4.0	9.6	2.3	18.5	4.5	0.119	N.S
	背部	(mm)	15.1	4.2	38.0	6.0	14.4	3.9	27.5	6.5	15.7	4.5	38.0	6.0	-1.657	N.S
	腹部	(mm)	16.7	7.0	45.0	4.5	13.8	6.1	32.0	4.5	19.2	7.1	45.0	6.5	-4.181	P<0.001
除脂肪体重		(kg)	67.0	4.1	80.9	57.2	66.4	3.4	77.7	58.3	67.5	4.7	80.9	57.2	-1.351	N.S
頭囲		(cm)	57.0	1.1	60.4	52.0	57.1	1.0	60.4	52.0	56.9	1.2	60.0	54.4	0.799	N.S
頸囲		(cm)	37.5	1.2	40.4	34.2	37.2	1.2	40.2	34.5	37.8	1.2	40.4	34.2	-2.799	P<0.01
胸囲	普通時	(cm)	96.8	4.0	109.0	85.4	95.4	3.3	105.0	87.8	98.0	4.3	109.0	85.4	-3.381	P<0.01
	吸気時	(cm)	99.8	4.2	113.0	89.5	98.6	3.5	110.0	89.5	100.7	4.5	113.0	90.0	-2.632	P<0.01
	呼気時	(cm)	94.8	4.1	108.0	85.9	93.4	3.4	101.5	86.0	96.0	4.4	108.0	85.9	-3.281	P<0.01
腹囲		(cm)	83.9	3.9	104.0	73.5	82.0	3.3	91.4	73.5	85.6	4.2	104.0	76.5	-4.787	P<0.001
腰囲		(cm)	98.2	3.5	115.5	87.0	97.7	3.2	104.8	87.0	98.6	3.7	115.5	88.9	-1.462	N.S
上腕囲（投側）	普通時	(cm)	29.5	1.7	36.0	25.0	28.9	1.4	33.2	25.0	30.0	1.9	36.0	25.5	-3.404	P<0.001
	屈曲時	(cm)	32.1	1.6	38.8	27.8	31.6	1.3	36.0	28.0	32.5	1.8	38.8	27.8	-2.714	P<0.01
上腕囲（非投）	普通時	(cm)	29.0	1.6	34.5	25.0	28.5	1.2	32.4	25.4	29.4	1.8	34.5	25.0	-2.943	P<0.01
	屈曲時	(cm)	31.4	1.6	38.0	26.5	31.0	1.3	34.4	26.5	31.8	1.8	38.0	26.9	-2.690	P<0.01
前腕囲	投側	(cm)	27.7	1.0	32.0	24.9	27.2	0.8	30.0	24.9	28.1	1.0	32.0	25.0	-4.923	P<0.001
	非投	(cm)	26.6	1.0	30.5	23.5	26.3	0.8	28.7	23.5	27.0	1.0	30.5	23.6	-3.972	P<0.001
上肢長	投側	(cm)	79.7	2.1	87.0	74.6	79.8	2.1	87.0	75.2	79.5	2.1	84.7	74.6	0.886	N.S
	非投	(cm)	79.9	2.1	87.0	73.0	80.2	2.1	87.0	75.2	79.6	2.1	85.8	73.0	1.400	N.S
手首囲	投側	(cm)	17.0	0.6	20.0	15.2	16.9	0.6	19.1	15.5	17.1	0.7	20.0	15.2	-1.496	N.S
	非投	(cm)	17.0	0.5	19.4	15.4	16.8	0.5	18.5	15.5	17.0	0.6	19.4	15.4	-1.718	N.S
手首-中指	投側	(cm)	19.7	0.6	21.6	18.3	19.8	0.6	21.6	18.6	19.6	0.5	21.2	18.3	1.458	N.S
	非投	(cm)	19.7	0.5	21.7	18.5	19.8	0.5	21.7	18.5	19.7	0.5	21.2	18.5	1.367	N.S
親指-小指	投側	(cm)	22.2	1.0	24.6	19.5	22.5	0.9	24.6	20.0	21.9	1.0	24.6	19.5	3.135	P<0.01
	非投	(cm)	22.4	1.0	25.0	19.8	22.8	0.9	25.0	20.4	22.1	1.0	24.8	19.8	3.666	P<0.001
中指の長さ	投側	(cm)	8.6	0.3	9.8	7.6	8.6	0.3	9.5	7.6	8.6	0.3	9.8	7.9	1.150	N.S
	非投	(cm)	8.6	0.3	9.9	7.5	8.6	0.3	9.5	7.5	8.6	0.3	9.9	7.6	1.036	N.S
大腿囲	投側	(cm)	58.9	2.6	70.0	50.9	58.4	2.2	63.7	53.0	59.3	2.8	70.0	50.9	-1.838	N.S
	非投	(cm)	59.2	2.6	68.8	51.0	58.9	2.3	64.0	52.0	59.4	2.8	68.8	51.0	-0.898	N.S
下腿囲	投側	(cm)	39.4	1.6	50.1	34.8	38.9	1.2	41.6	35.5	39.8	1.9	50.1	34.8	-2.915	P<0.01
	非投	(cm)	39.0	1.5	44.2	35.0	38.6	1.2	41.3	35.0	39.4	1.7	44.2	35.2	-2.873	P<0.01
足首囲	投側	(cm)	22.7	0.8	26.0	20.5	22.7	0.7	25.0	21.5	22.7	0.9	26.0	20.5	-0.094	N.S
	非投	(cm)	22.6	0.8	26.0	20.1	22.6	0.7	25.5	21.2	22.6	0.8	26.0	20.1	-0.227	N.S

でもなく、むしろ投球術に長けた投手が長く生き残り、加齢とともに体重と体脂肪率（とくに腹部の皮下脂肪厚）がやや上昇したものと推測できる。

体幹の周径囲は、腰囲のみに有意な差を認めなかったが、その他の項目では有勝利投手群のほうが大きい。これは体幹の皮下脂肪厚が大きいことも影響しているとも思われるが、有勝利投手群はがっちりした体幹を有していると推測できる。

上肢周径囲の上腕囲、前腕囲は、すべての項目で有勝利投手群が有意に大きい。身長と相関が高いとされる長育項目は、「親指-小指」で身長と同程度の有意差を認めたが、上肢長や「手首-中指」、中指の長さでは無勝利投手群が長い傾向にあったが有意な差は認められなかった。このことは、有勝利投手群の上肢長や「手首-中指」、中指は身長の割に長いということが言えるかもしれない。

下肢の周径囲は、すべての項目で有勝利投手群が大きい傾向にあったが、下腿囲のみに有意差を認めた。

4）野手の生涯成績による形態の比較

表9-2は、対象者の野手を一軍で1本のヒットも打てなかった野手（以後無安打野手群とする）と1本以上ヒットを打った野手（以後有安打野手群とする）とに分類し、各測定項目の平均値、標準偏差、最大値、最小値を比較したものである。測定時の年齢は、投手の場合と同様に、無安打野手群は若いときに退団する可能性が高いので、平均年齢も低く平均22.0歳であった。それに比較して有安打野手群の平均は30.7歳であり、無安打野手群との間に有意な差を認めた。

表9-2 プロ野球選手の形態測定値（野手でヒットを打っていない選手とヒットを打った選手の比較）

測定項目		単位	野手全員 (n=106)				無安打 (n=21)				1安打以上 (n=85)				無安打と有安打の比較	
			平均値	SD	最大値	最小値	平均値	SD	最大値	最小値	平均値	SD	最大値	最小値	t値	有意差
安打数		(本)	374	456	2064	0	0	0	0	0	466	501	2064	1	-4.222	P<0.001
測定時年齢		(歳)	28.9	4.3	38.5	18.7	22.0	1.7	25.6	18.7	30.7	3.4	38.5	21.4	-11.196	P<0.001
身長		(cm)	177.7	3.7	193.0	163.0	180.2	3.4	186.0	172.0	177.0	3.6	193.0	163.0	3.611	P<0.001
体重		(kg)	79.6	6.0	103.8	65.0	80.0	6.1	99.0	67.0	79.5	6.0	103.8	65.0	0.362	N.S
体脂肪率		(%)	15.6	3.3	34.0	8.1	16.2	3.4	34.0	10.7	15.5	3.3	28.5	8.1	0.931	N.S
皮下脂肪厚	上腕部	(mm)	9.0	2.8	25.0	3.5	10.9	3.5	25.0	6.0	8.5	2.6	22.0	3.5	3.461	P<0.001
	背部	(mm)	15.5	4.4	47.0	5.6	16.3	4.4	47.0	9.5	15.3	4.5	36.0	5.6	0.968	N.S
	腹部	(mm)	16.7	6.7	40.0	4.5	15.9	6.3	40.0	5.5	16.9	6.8	39.0	4.5	-0.615	N.S
除脂肪体重		(kg)	67.0	4.3	85.6	56.7	66.9	4.4	77.6	57.4	67.0	4.3	85.6	56.7	-0.165	N.S
頭囲		(cm)	57.2	1.1	60.3	54.0	57.5	1.1	60.0	55.0	57.1	1.1	60.3	54.0	1.448	N.S
頸囲		(cm)	38.1	1.3	42.8	35.0	37.6	1.3	40.5	35.0	38.2	1.3	42.8	35.2	-2.109	P<0.05
胸囲	普通時	(cm)	97.3	3.3	111.0	88.0	96.3	3.8	108.0	89.5	97.5	3.2	111.0	88.0	-1.434	N.S
	吸気時	(cm)	100.0	3.2	113.5	90.7	99.4	3.6	110.0	92.5	100.1	3.2	113.5	90.7	-0.936	N.S
	呼気時	(cm)	95.4	3.3	108.0	86.9	94.6	3.7	106.0	87.3	95.6	3.3	108.0	86.9	-1.180	N.S
腹囲		(cm)	83.8	4.5	99.2	74.6	82.6	4.6	96.5	74.8	84.1	4.4	99.2	74.6	-1.381	N.S
腰囲		(cm)	98.4	3.4	109.0	89.0	99.2	3.1	109.0	93.3	98.1	3.4	109.0	89.0	1.267	N.S
上腕囲（投側）	普通時	(cm)	30.7	1.6	35.4	26.0	30.3	1.9	34.2	26.0	30.7	1.5	35.4	27.0	-1.102	N.S
	屈曲時	(cm)	33.3	1.6	37.8	25.3	33.0	1.7	37.0	29.2	33.4	1.6	37.8	25.3	-0.847	N.S
上腕囲（非投）	普通時	(cm)	30.5	1.6	36.3	26.1	30.1	1.8	34.5	26.1	30.6	1.5	36.3	26.2	-1.295	N.S
	屈曲時	(cm)	33.2	1.6	38.4	29.2	32.8	1.4	37.8	30.0	33.3	1.6	38.4	29.2	-1.297	N.S
前腕囲	投側	(cm)	28.5	1.0	32.8	25.7	28.1	1.1	30.2	25.7	28.6	0.9	32.8	26.0	-1.882	N.S
	非投	(cm)	28.1	1.0	33.0	24.6	27.8	1.1	30.5	25.5	28.1	1.0	33.0	24.6	-1.176	N.S
上肢長	投側	(cm)	77.8	2.1	84.2	68.0	78.6	2.5	84.0	74.3	77.5	2.0	84.2	68.0	2.090	P<0.05
	非投	(cm)	78.0	2.2	84.6	67.5	78.8	2.6	83.8	74.4	77.8	2.0	84.6	67.5	1.878	N.S
手首囲	投側	(cm)	17.2	0.6	19.0	15.6	17.3	0.5	18.3	15.8	17.2	0.6	19.0	15.6	0.659	N.S
	非投	(cm)	17.2	0.6	19.2	15.4	17.4	0.6	19.0	16.0	17.2	0.6	19.2	15.4	1.524	N.S
手首–中指	投側	(cm)	19.4	0.6	21.3	17.5	19.7	0.6	21.1	18.0	19.3	0.6	21.3	17.5	2.405	P<0.05
	非投	(cm)	19.4	0.6	21.5	17.2	19.7	0.6	21.1	18.5	19.4	0.6	21.5	17.2	2.348	P<0.05
親指–小指	投側	(cm)	22.1	1.0	24.8	19.0	22.2	0.9	24.0	20.5	22.0	1.0	24.8	19.0	0.553	N.S
	非投	(cm)	22.4	1.0	25.3	18.8	22.6	0.9	25.0	20.5	22.3	0.9	25.3	18.8	1.361	N.S
中指の長さ	投側	(cm)	8.4	0.3	9.5	7.5	8.4	0.3	9.0	7.5	8.3	0.3	9.5	7.5	1.267	N.S
	非投	(cm)	8.4	0.3	9.6	7.4	8.5	0.2	9.0	8.2	8.4	0.3	9.6	7.4	2.057	P<0.05
大腿囲	投側	(cm)	59.5	2.5	69.0	53.3	60.5	2.5	69.0	56.0	59.3	2.5	67.0	53.3	1.846	N.S
	非投	(cm)	59.3	2.8	69.0	32.1	60.6	2.2	69.0	57.0	59.0	2.9	67.5	32.1	2.233	P<0.05
下腿囲	投側	(cm)	39.3	1.5	47.8	35.8	39.1	1.5	42.6	35.8	39.3	1.4	47.8	36.5	-0.521	N.S
	非投	(cm)	39.2	1.6	51.9	35.3	39.0	1.6	43.0	35.9	39.2	1.6	51.9	35.3	-0.576	N.S
足首囲	投側	(cm)	22.6	0.7	25.6	20.0	22.9	0.5	24.3	21.2	22.5	0.8	25.6	20.0	2.125	P<0.05
	非投	(cm)	22.7	0.8	25.6	20.2	23.0	0.5	24.3	21.2	22.6	0.8	25.6	20.2	2.524	P<0.05

　身長は無安打野手群が有意に高かったが、体重には有意差が認められず、有安打野手群はBMIが大きくがっちりした体格であることがわかる。体脂肪率に関しては有意な差は認められなかったが、無安打野手群の上腕部の皮脂厚が有意に大きかった。このことは、優秀な打者になるためには上腕部に脂肪がついてはいけないということになるが、明確な理由は不明である。

　体幹の項目では有安打野手群が大きい傾向にあったが、頸囲のみ有意な差を認めた。上肢周径囲の上腕囲、前腕囲も、体幹の項目と同じように有安打野手群が大きい傾向にあったが有意な差は認められなかった。

　身長と相関が高いとされる長育項目は、無安打野手群が長い傾向を示したが、上肢長の投球側、「手首－中指」、中指の長さの非投球側で有意差を認めた。下肢の大腿囲と足首囲は、無安打野手群が有意に大きかったが、下腿囲のみ有安打野手群が大きい傾向を示した。

5）生涯成績と形態測定値との相関関係

　表9-3は、プロ野球選手の生涯成績と形態の測定値との相関関係を示したものである。投手の相関関係は、0勝に終わった投手を含めた場合と、1勝以上をあげた投手のみを対象にした場合に分けて算出した。野手の場合も同様に無安打に終わった野手を含めた場合と、1安打以上を打った野手のみを対象にした場合に分けて算出した。

　選手の形態測定は、複数回の測定を行った場合には最も新しい（年齢が高い）測定値を採用したので、測定時の年齢は生涯成績がよい選手がすべての群で高かった。身長は、野手の無安打に終わった野手を含めた

表 9-3　生涯成績と形態測定値との相関関係

		投　　手				野　　手			
		（0勝を含む）		（1勝から）		（無安打を含む）		（1安打から）	
		(n=108)		(n=59)		(n=106)		(n=85)	
	P<0.001	0.310		0.406		0.312		0.347	
	P<0.01	0.246		0.324		0.248		0.275	
	P<0.05	0.187		0.249		0.189		0.211	
測定項目		相関係数	有意差	相関係数	有意差	相関係数	有意差	相関係数	有意差
測定時年齢		0.607	P<0.001	0.477	P<0.001	0.662	P<0.001	0.655	P<0.001
身　長		-0.037	N.S	0.154	N.S	-0.235	P<0.05	-0.178	N.S
体　重		0.151	N.S	0.063	N.S	0.073	N.S	0.097	N.S
体脂肪率		0.004	N.S	-0.186	N.S	0.080	N.S	0.125	N.S
皮下脂肪厚	上腕部	-0.161	N.S	-0.278	P<0.05	-0.073	N.S	0.015	N.S
	背部	-0.075	N.S	-0.205	N.S	0.098	N.S	0.152	N.S
	腹部	0.145	N.S	-0.037	N.S	0.158	N.S	0.168	N.S
除脂肪体重		0.185	N.S	0.181	N.S	0.031	N.S	0.031	N.S
頭　囲		-0.009	N.S	0.039	N.S	-0.017	N.S	0.021	N.S
頚　囲		0.092	N.S	-0.035	N.S	0.202	P<0.05	0.178	N.S
胸　囲	普通	0.175	N.S	0.054	N.S	0.270	P<0.01	0.285	P<0.01
	吸気時	0.198	P<0.05	0.133	N.S	0.187	N.S	0.197	N.S
	呼気時	0.170	N.S	0.045	N.S	0.234	P<0.05	0.248	P<0.05
腹　囲		0.277	P<0.01	0.136	N.S	0.230	P<0.05	0.236	P<0.05
腰　囲		0.002	N.S	-0.085	N.S	-0.054	N.S	-0.026	N.S
上腕囲（投側）	普通時	0.163	N.S	0.042	N.S	0.218	P<0.05	0.238	P<0.05
	屈曲時	0.070	N.S	-0.055	N.S	0.134	N.S	0.134	N.S
上腕囲（非投）	普通時	0.086	N.S	-0.045	N.S	0.185	N.S	0.185	N.S
	屈曲時	0.077	N.S	-0.045	N.S	0.094	N.S	0.071	N.S
前　腕　囲	投側	0.204	P<0.05	0.041	N.S	0.126	N.S	0.095	N.S
	非投	0.138	N.S	-0.016	N.S	0.121	N.S	0.108	N.S
上　肢　長	投側	0.116	N.S	0.255	P<0.05	-0.150	N.S	-0.122	N.S
	非投	0.092	N.S	0.245	N.S	-0.162	N.S	-0.142	N.S
手首囲	投側	0.033	N.S	-0.040	N.S	0.007	N.S	0.028	N.S
	非投	0.056	N.S	-0.018	N.S	0.000	N.S	0.046	N.S
手首-中指	投側	0.022	N.S	0.142	N.S	-0.129	N.S	-0.083	N.S
	非投	0.029	N.S	0.141	N.S	-0.187	N.S	-0.151	N.S
親指-小指	投側	-0.053	N.S	0.130	N.S	0.009	N.S	0.026	N.S
	非投	-0.089	N.S	0.103	N.S	0.013	N.S	0.051	N.S
中指の長さ	投側	-0.009	N.S	0.063	N.S	-0.061	N.S	-0.035	N.S
	非投	0.027	N.S	0.111	N.S	-0.150	N.S	-0.113	N.S
大　腿　囲	投側	0.008	N.S	-0.098	N.S	-0.010	N.S	0.044	N.S
	非投	-0.031	N.S	-0.100	N.S	0.001	N.S	0.055	N.S
下　腿　囲	投側	0.171	N.S	0.079	N.S	0.009	N.S	-0.004	N.S
	非投	0.146	N.S	0.044	N.S	0.029	N.S	0.019	N.S
足　首　囲	投側	0.109	N.S	0.149	N.S	0.020	N.S	0.080	N.S
	非投	0.081	N.S	0.107	N.S	-0.067	N.S	-0.009	N.S

群のみに負の相関関係を認め、身長の低い選手が生涯成績において多くの安打を打つという結果になった。このことは、プロ野球界には長打力を期待され大柄な野手も数多く入団してくるが、試合に出場するためには守備力や走力も重要な要素となり、大柄な野手の場合は守備力や走力にやや欠ける場合が多い。そのため小柄で守備力や走力にも長けた野手が試合に出続け、多くの安打を打つ結果となると推測できる。

体脂肪率は、生涯成績との間に有意な関係を認めることができなかったが、投手の有勝利投手群において、皮下脂肪厚の上腕部が生涯成績と負の相関を認め、上腕部の皮下脂肪厚が小さいほど多くの勝ち星をあげる

ことができるという結果となった。次に生涯成績がよい野手は頚囲が大きいという傾向を示したが、無安打野手を含めた群においてのみ有意な相関関係を認めた。この傾向は、体幹部の周径囲にも認められ、胸囲や腹囲も生涯成績がよい野手が有意に大きかった。これらを総合すると、頚から体幹部の発達がよく周径囲が大きい野手ほど、多くの安打を量産すると言える。しかし、腰囲にはこの傾向は認められなかった。投手の無勝利投手を含む群において、腹囲との相関が高かったのは年齢を重ねるとともに腹部の脂肪が蓄積したためと推測できる。

上腕囲は、投手ではほとんど無関係であったが、野

手は周径囲が大きいと多くの安打を打つという傾向を示したが、投球側の上腕囲の普通時のみに有意な関係を認めた。前腕囲は、無勝利投手を含む群においてのみ生涯成績と正の相関が得られた。これは長年の投球の継続によって前腕部が肥大化したためと推測できる。

　投手の長育項目において、身長や「手首－中指」「親指－小指」、中指の長さには有意な関係は認められなかったが、有勝利投手群の上肢長（投球側）のみに生涯成績との有意な正の相関を認めた。これは、身長や手の大きさや指の長さは、優秀な投手の条件にはなり得ないが、腕の長さは重要な要素となることを証明している。その他の下肢の項目には有意な関係は認められなかった。

[参考文献]
1)「プロ野球人名辞典2001」森岡浩編著、日外アソシエーツ

第10章 体重、体脂肪率の変化

1. 年間の体重と体脂肪率の変化

1. 緒言

日本のプロ野球は、1月の自主トレーニングに始まり、練習時間が毎日6～8時間におよぶ2月のキャンプ、さらに3月には地方でのゲームが多くなるオープン戦、そして4月から約6カ月間に144試合を行うペナントレースが開幕する。4月のナイターはまだ肌寒く、6月には日本独特の梅雨の季節となり、ペナントレースの山場となる8月には酷暑となり、9月、10月の終盤戦を迎えるわけである。このようにプロ野球選手は、長期間にわたってコンディションを整え、体調を維持しなければならない。

ここでは、このコンディショニングの1つの指標となるのは体重と体脂肪率の変化ではないかと考え、年間を通じて月に一度の割合で体重と体脂肪率の測定を行い、選手に対するコンディショニング指導の指標を得ようとした。

2. 方法

対象者は、プロ野球T球団の外国人選手と長期離脱者を除き、2年間にわたりゲームに出場し体重と体脂肪測定に参加できた、投手21人、野手15人の計36人である。選手の平均身長は179.1cm、開幕時の平均体重は79.1kgで、年齢は24.7歳であった。一軍と二軍の区別は、一軍の試合に投手、野手とも年間20試合以上出場した選手を一軍選手とした。なお一軍選手の平均年齢は25.9歳、二軍選手の平均年齢は23.6歳であった。体脂肪率の測定は、栄研式キャリパーによる皮脂厚法（上腕背部、肩甲骨下部、腹部）を用い、測定は経験豊富な検者が1人で担当した。測定の時期はキャンプ開始時、キャンプ終了時、公式戦開幕前であり、その後は約1カ月に1回の割合で測定を実施した。翌年も同様の測定を行った。測定は、練習終了後のシャワーを浴びる前の午後3～5時の間に実施した。

3. 結果および考察

1）体重の変化

図10-1には、2年間にわたる体重の変化を示した。

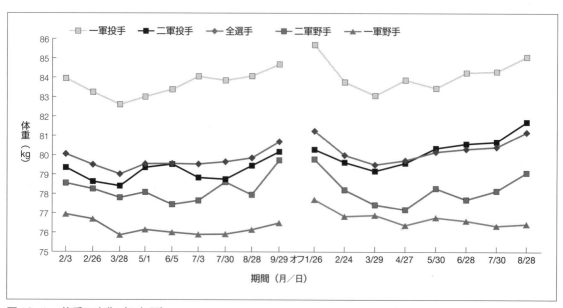

図10-1　体重の変化（2年間）

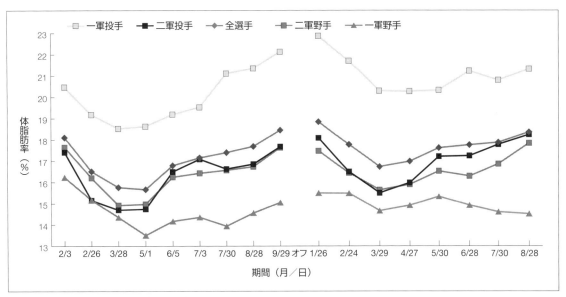

図10-2 体脂肪率の変化（2年間）

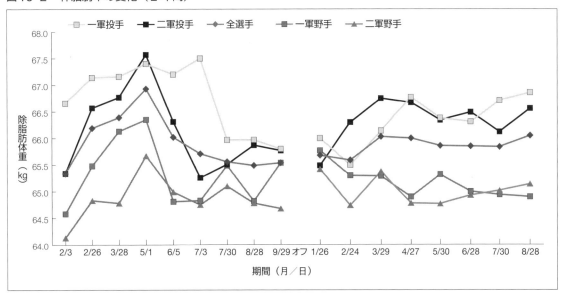

図10-3 除脂肪体重の変化（2年間）

前年度のキャンプ初日の全選手の体重の平均は80.1 kgであったが、キャンプ終了時には79.5 kgまで低下し、開幕時にはキャンプ初日より約1 kg軽い79.0 kgまで低下した。しかしシーズンに入ると徐々に体重が増加し、シーズンの最後の測定時（9月29日）にはキャンプ初日の体重を上回った。このような傾向は、4つの群に分けた場合でも同様に見受けられた。しかし、一軍の野手ではこの傾向が薄れ、シーズン中の体重がキャンプ前の体重を上回ることはなかった。

次のシーズンのキャンプには、一軍選手は前年度の最後のシーズンの測定時より重い体重で参加した。しかし、年末遅くまで練習を続ける二軍選手はほとんど同じ体重でキャンプに参加した。次のシーズンも前年度と同様な体重の推移を示した。一軍の野手はキャンプ初日から体重が減り続け、シーズン中の体重が開幕時の体重を上回ることはなかった。これは、シーズンに入ると一軍の野手が最も運動量が多いためと思われる。

2）体脂肪率の変化

図10-2には、2年間にわたる体脂肪率の変化を示した。前年度のキャンプ初日の全選手の体脂肪率の平均は18.1％であったが、キャンプ終了時には16.5％まで低下し、開幕時にはキャンプ初日より約2.3％ほ

ど少ない15.8%まで低下した。そして、5月1日の測定では測定期間中最低の15.7%を示した。その後は、体重の変化と同様にシーズン中、上昇を続け、シーズン中の最後の測定（9月29日）ではキャンプに入ったときの値を上回った。この傾向は、4つの群に分けた場合でも同様に見受けられた。しかし、体重と同様に一軍の野手ではこの傾向が薄れ、シーズン中の体脂肪率がキャンプ前の体脂肪率を上回ることはなかった。

次のシーズンのキャンプには、一軍選手は前年度の最後のシーズンの測定時より多い体脂肪率で参加した。しかし、体重の変化と同様に年末遅くまで練習を続ける二軍選手はほとんど同じ体脂肪率でキャンプに参加した。次のシーズンも前年度と同様な体脂肪率の推移を示した。一軍の野手はキャンプ初日から体脂肪率が減り続け、シーズン中の最後の測定で最も少ない体脂肪率14.5%を示した。

3）除脂肪体重の変化

このように、体重と体脂肪率は同じような推移を示したが、競技成績に最も関係が深いと思われる除脂肪体重の変化がどのようになっているか興味深い。

図10-3には、2年間にわたる除脂肪体重の変化を示した。前年度のキャンプ初日の全選手の除脂肪体重の平均は65.3kgであったが、キャンプ終了時には66.2kgまで増加し、開幕時にはキャンプ初日より約1.0kgほど重い66.4kgまで増加した。そして、5月1日の測定では測定期間中最高の66.9kgを記録した。その後は、シーズン中下降を続けシーズン中の最後の測定（9月29日）ではキャンプに入ったときの値をわずかに上回っただけであった。この傾向は、4つの群に分けた場合でも同様に見受けられた。次年度は前年度の反省をもとに、シーズン中のトレーニング指導を充実させた結果、シーズン中の除脂肪体重の急激な低下は認められなった。

4）考察

プロ野球選手は、シーズンの準備期間となるキャンプ開始時には、体重80.1kg、体脂肪率18.1%、除脂肪体重65.3kgであったが、1日の練習時間が6～8時間にも及ぶトレーニングの結果、体重と体脂肪率が低下し除脂肪体重が増加してくる。さらにこの傾向はオープン戦期間中も続き、開幕時には非常によくコンディショニングされた状態で臨んでいる。この状態は開幕1カ月間くらいは維持できるが、その後は徐々に体重と体脂肪率が増加し除脂肪体重が低下する。この要因としては、ゲーム中心の生活となり練習時間が短くなることによる消費カロリーの低下と、ナイターの試合が増え食事時間が深夜となることや、遠征時などにアルコール摂取が増大することなどによる摂取カロリーの増加に起因していると考察できる。

日本のプロ野球界では、「開幕にピークを持ってくる」傾向が強いので、開幕時のコンディショニングとしては非常によい状態だと評価できる。しかし、シーズンの後半のチームの優勝争いに貢献し、よい成績を残すためには、開幕時の状態をできるだけ長く維持することが必要となる。そのためには、シーズン中も定期的にトレーニングを実施し、暴飲暴食に注意して体脂肪率の増加を防がなくてはならない。さらにシーズンが終了したオフの時期には、チームとしての練習がなくなるので、筋力トレーニングをしっかりと行い除脂肪体重を増加させることが重要である。最近のプロ野球選手は、以前と異なり阪神タイガースの金本知憲選手に代表されるようにオフの間にもしっかりとトレーニングを積み、除脂肪体重の増加に努めているようである。

このように、シーズン制を敷くプロ野球では、自主トレからシーズン終了までの間に選手の体重や体脂肪率も変化している。さらに、プロ野球に新たに入団してくる新人選手たちは、今までのアマチュアとは異なりプロ野球選手となり生活のために野球をするようになるので、生活や練習環境も大きく変わりストレスやプレッシャーも増大するものと思われる。そこで後半は新人選手に注目し、新人選手の体重と体脂肪率の変化について述べる。

2．新人選手の体重変化

1．緒言

日本のプロ野球界には、毎年80人前後の新人選手が明日のスターを夢見て各球団に入団してくる。しかし過去の例でも、入団1年目に故障を起こし優れた素質を開花させることなく、ファームで低迷している選手も多く見受けられる。これらの優れた能力を秘め、年齢的にも成長過程にある若い選手たちを新しい環境に馴染ませ、トレーニングを課し育成することは、チ

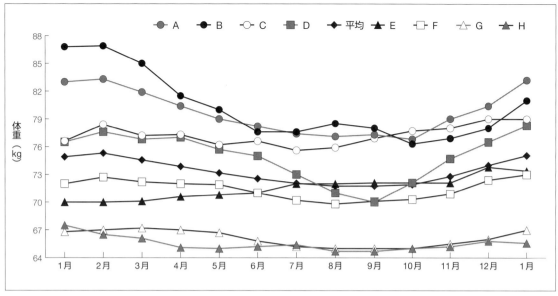

図10-4　新人選手の体重の変化（約30年前）

ーム運営上各球団の重要な課題となる。そこで今回は、約30年前と最近の新人選手の1年間の体重の変化を比較し、新人選手の育成方法を紹介する。

2．方法

対象となった選手は約30年前にT球団に入団した新人選手8人である。彼らは、高校卒5人、大学卒1人、社会人出身2人で開幕時の平均年齢19.4歳の若者たちであった。体重の測定は球場内の浴室において各選手が測定し、記録帳に記入した。この当時は、新人選手に対する特別な育成方法は確立していなかった。その後、新人選手に対する育成システムが構築されていく。

最近に入団した新人選手は、高校卒4人、大学卒1人、社会人出身3人の計8人であった。この頃には、新人選手の育成システムも進歩してきていた。

3．結果および考察

図10-4には、約30年前に入団した新人選手8人の体重の変化を示している。最も体重減少が大きかったB選手は、入団時86.8kgあった体重がシーズン終盤の10月の測定時には76.3kgまで低下し、実に10.5kgもの体重減少であった。次に体重減少が大きかったD選手は7.6kgの減少、さらにA選手は6.5kgの減少であり、新人選手の平均体重の減少は5.1kgであった。体重減少が大きかった3人はいずれも高校卒の新人である。大学卒、社会人出身の選手は、プロ野球に入団することの意味合いをよく理解し、比較的よくコンディショニングされた状態で入団してくる。しかし高校卒で入団してくる選手は、大学や社会人を経て入団してくる選手に比較して危機感に乏しいきらいがある。さらに高校卒の選手は、一部の国体出場の選手を除いて夏の甲子園が最後の公式戦となり、非常に長いオフの期間を過ごすこととなる。さらに地方大会で敗戦した選手はなおさらである。この長いオフの間にプロ入りに向けてしっかり準備することが非常に重要となる。

そこでT球団では、**資料10-1**のような文章を新人選手に配布し、新人選手がオフの間に十分に練習を行い、よくコンディショニングされた状態で球団の練習に合流できるように教育していた。その後、新人選手がチームに合流すると、すぐに**資料10-2-1**、**10-2-2**などの形態測定と体力測定を実施し、新人選手の現状を把握する（なお**資料10-2-1**、**10-2-2**は別の年度の測定結果である）。

さらに、**資料10-3**のような「新人選手の形態、体力に関する意見書」を作成し、新人選手の現状を監督やコーチなどに知ってもらうように努めていた。このような新人選手への教育の結果、**図10-5**に示したように新人選手の体重の変化は、最大で5.5kgしかなく、平均して3.9kgの減少である。約30年前のデータと比較すると非常によくコンディショニングされた状態でチームに合流していると判断できる。

資料10-1

入団予定の皆さんへ

中山悌一

　プロ野球に入団して、プロ野球人として成功するためには入団1年目が非常に重要となります。入団1年目に大きなケガや故障を起こした選手は、過去の例から言ってもプロ野球界で活躍することはできません。とくに大学、社会人出身の選手は、球団としても1年目から即戦力として期待しています。入団1年目から自分の能力を十分に発揮するためにも、自主トレ、キャンプとケガなく練習を行うことが必要です。T球団では、入団予定の選手と早期に連絡をとり、万全の状態で来年の自主トレに参加していただくために、書面とビデオテープなどを利用してトレーニングなどの指導を行いたいと思います。

　以下の点に留意され、よくコンディショニングされた身体で、自主トレに参加されることを期待します。

1. 練習の継続

　大学生は秋季リーグ戦の後、社会人は公式戦終了の後も練習を継続して下さい。アスリートの身体は一度休んでしまうと元の状態に戻すのに時間と労力が必要となります。プロ野球入団が内定した以上、初心を忘れず練習に励んで下さい。今シーズンの体重を3kg以上増加させないように注意すること。

2. 肩、肘、手首の強化

　投手にとって肩、肘のトレーニングはとくに重要です。当球団で実施している肩、肘、手首のトレーニング（ビデオ参照）を行って下さい。肩は1〜2kg、肘は5〜7kg、手首は5〜10kgの鉄アレイを使用して、各10〜20回を毎日行って下さい（負荷は各自の筋力によって異なるので、無理をせず最初は軽めで行い徐々に負荷と回数を増加させること）。

3. 筋力トレーニング

　筋力トレーニングは、身体をよくコンディショニングさせるためには非常に重要です。筋力トレーニングの内容は、フリーウェイトやマシーンの設備により、実施できる内容が異なってくると思いますが、現在使用されている施設を利用して十分に行って下さい。とくに故障を未然に防ぐためには体幹のトレーニングが重要となりますので、腹筋、背筋などを含めて必ず行って下さい。トレーニング器具や施設が十分にない場合には、ビデオテープを参考にされ腹筋、背筋、上肢、下肢28種のトレーニングを毎日実施して下さい。

4. ランニング

　ランニングは目的に応じてその形が異なります（ビデオテープ参照）。シーズン中は、ダッシュなどのスピードの速いランニングが中心になると思いますが、シーズンオフには基本メニューとして快調走100m×20本を毎日行って下さい。天候がよく気温が高いときにはダッシュ、加速走も行い、気温が低かったり、体重の増加が心配で運動量を獲得したいときには、インターバル走や持久走を実施して下さい。自主トレ参加時には、最低80％のダッシュができるように仕上げること。

5. キャッチボール

　肩、肘に不安のない限り、シーズンオフもキャッチボールは継続して下さい。寒冷地やとくに寒い場合などは無理をしないで、自主トレ参加時には最低80％の力で遠投できるようにすること。

6. トレーニングの具体例
1) ウォーミングアップ（ビデオテープ参照）（30分）
　　ウォーミングアップは、軽いジョギングから始めてストレッチングを十分に行い、快調走からダッシュまで行って下さい。
2) キャッチボール（20分）
　　肩を十分に温めて、無理をしないで80％での遠投まで行って下さい。
3) ランニング（80分）
　　快調走（100m×30本）を基本にして、暖かい日にはダッシュ、寒いときには持久走を行って下さい。
4) プライオメトリックトレーニング（資料参照）（30分）
　　下半身の瞬発力養成のために1週間に2回程度実施して下さい。
5) 肩・肘・手首のトレーニング（ビデオテープ参照）（40分）
　　ビデオテープその他を参考にして毎日実施して下さい。
6) 筋力トレーニング（ビデオテープ参照）（50分）
　　各自のトレーニング施設に応じたメニューで、上肢、下肢に分けて毎日実施して下さい。トレーニング施設での筋トレが実施できない場合は腹筋、背筋、上肢、下肢28種目を2セット必ず行って下さい。
7) クーリングダウン（20分）
　　翌日に疲労を残さないためにも、軽いジョギングとストレッチで十分にクーリングダウンを行って下さい。

7. 1週間の練習計画（例）
1) 月曜日（4時間）
　①ウォーミングアップ…30分
　②キャッチボール…80m×20分
　③ランニング…30mダッシュ×30本、100m快調走×10本（計80分）
　④ウェイトトレーニング…ショルダーEX、下肢、腹背筋（90分）
　⑤クーリングダウン（20分）
2) 火曜日（4時間）
　①ウォーミングアップ…30分
　②キャッチボール…20分（距離は自由）
　③ランニング…100m快調走×10本、プライオメトリック8種（計80分）

④ウェイトトレーニング…ショルダーEX、上肢、腹背筋（90分）
⑤クーリングダウン（20分）

3）水曜日（4時間）
①ウォーミングアップ…30分
②キャッチボール…80m×20分
③ランニング…50m加速走×30本（80分）
④ウェイトトレーニング…ショルダーEX、下肢、腹背筋（90分）
⑤クーリングダウン（20分）

4）木曜日（4時間）
①ウォーミングアップ…30分
②キャッチボール…20分（距離は自由）
③ランニング…50mインターバル×10本×3セット、ジョギング10分（計80分）
④ウェイトトレーニング…ショルダーEX、上肢、腹背筋（90分）
⑤クーリングダウン（20分）

5）金曜日（4時間）
①ウォーミングアップ…30分
②ピッチング…80m×20分
③ランニング…100m快調走×10本、プライオメトリック8種（計80分）
④ウェイトトレーニング…ショルダーEX、下肢、腹背筋（90分）
⑤クーリングダウン（20分）

6）土曜日（4時間）
①ウォーミングアップ…30分
②キャッチボール…20分（距離は自由）
③ランニング…ポール間インターバル20往復（80分）
④ウェイトトレーニング…ショルダーEX、上肢、腹背筋（90分）
⑤クーリングダウン（20分）

7）日曜日
休日

以上のような具体的なメニューを提示しましたが、曜日に関しては各自で都合のよい日を休日にあてて下さい。このメニューは11月までのメニューです。12月、1月は気温も低下してトレーニング環境も悪くなってくると思いますが、できる限りこのメニューを消化して下さい。

資料10-2-1　新人選手形態測定結果（平成X年1月X日）

項目		単位	選手A	選手B	選手C	選手D	選手E	選手F	選手G	チーム平均
投　打			(右・右)	(左・左)	(右・右)	(右・右)	(右・右)	(右・左)	(右・右)	
身　長		cm	178.3	180.5	184.6	173.2	176.7	184.2	182.1	179.7
体　重		kg	72.6	80.8	94.6	74.2	81.8	75.0	84.6	81.7
ベスト体重		kg	(74.0)	(76.0)	(90.0)	(72.0)	(78.0)	(75.0)	(88.0)	
除脂肪体重		kg	65.2	68.0	75.5	66.4	64.0	67.0	72.5	67.7
体脂肪率		%	10.1	15.0	20.2	10.5	21.7	10.6	14.3	17.2
頭　囲		cm	56.0	57.4	58.7	55.4	57.4	58.6	57.0	56.9
頚　囲		cm	36.0	38.0	40.3	38.0	36.8	36.6	37.0	38.1
胸　囲		cm	92.5	96.0	98.0	95.0	95.5	92.2	100.0	97.8
腹　囲		cm	80.0	86.4	90.0	81.4	86.0	80.4	83.1	84.7
腰　囲		cm	94.2	101.4	104.2	98.3	103.7	94.6	100.2	99.2
上腕囲	右	cm	28.2	28.0	35.0	30.5	31.5	26.4	31.7	30.7
	左	cm	27.6	29.0	34.0	29.0	30.4	27.1	31.6	30.6
前腕囲	右	cm	27.1	25.9	31.5	28.1	27.1	27.0	30.0	27.9
	左	cm	27.0	27.0	31.2	27.8	25.8	26.7	29.8	27.5
上肢長	右	cm	79.0	78.0	81.7	75.4	79.2	81.0	80.1	78.9
	左	cm	79.3	78.1	81.6	75.4	79.5	81.4	80.1	79.0
手首囲	右	cm	15.8	15.9	17.2	16.4	16.1	15.1	16.8	17.2
	左	cm	15.9	15.9	17.5	16.4	15.7	15.8	15.9	17.4
手首－中指	右	cm	20.1	19.0	20.0	19.2	19.2	19.9	19.9	19.6
	左	cm	20.1	19.0	20.0	19.3	19.1	19.9	19.8	19.6
親指－小指	右	cm	20.0	22.2	22.1	22.4	21.4	20.0	23.4	22.1
	左	cm	20.8	20.9	23.0	22.3	21.4	21.3	23.8	22.3
中指の長さ	右	cm	8.6	8.1	9.0	8.2	8.0	8.6	9.0	8.6
	左	cm	8.6	8.0	8.8	8.3	8.0	8.5	9.0	8.6
大腿囲	右	cm	57.0	61.1	65.0	59.9	61.7	55.6	63.0	60.6
	左	cm	56.4	61.8	65.7	58.8	62.0	55.3	61.4	60.7
下腿囲	右	cm	38.7	37.0	39.7	38.2	40.0	38.2	42.0	40.0
	左	cm	38.0	36.8	39.8	38.7	39.8	37.2	41.5	39.8
足首囲	右	cm	22.3	21.1	22.8	22.4	21.4	21.8	23.0	23.1
	左	cm	22.2	21.9	22.8	22.4	21.4	21.4	22.6	23.1

*選手Hは自主トレ不参加のため測定値なし

資料10-2-2　新人選手体力測定結果（平成X年1月X日）

項目		単位	選手H	選手I	選手J	選手K	選手L	選手M	選手N	チーム平均
測定日			1/22	1/22	1/24	1/25	1/25	1/24	1/25	
背筋力		kg	-	-	258	225	232	183	220	207.1
握力	右	kg	52.5	50.5	60.5	58.0	50.0	64.0	68.5	57.4
	左	kg	51.5	54.0	57.5	53.0	39.5	57.5	67.5	54.6
腹筋力		回	0	7	1	25	6	11	16	11.2
垂直跳		cm	76.0	58.0	57.0	73.0	55.0	68.0	69.0	65.4
PMテスト		w	1142	1112	1104	1467	1062	1157	1471	1252
高速（4%）		回	197	189	192	221	189	192	215	209
ABテスト		w	212	229	251	180	226	243	224	220
肺活量		cc	5100	5050	5900	5200	5200	4800	5400	4691
体前屈		cm	13.0	15.0	5.5	9.0	12.5	8.0	7.5	14.9
上体反らし		cm	71.0	62.0	60.0	59.5	69.0	57.0	56.0	56.2
視力	右		1.1	0.9	1.3	1.5	1.6	1.5	0.9	1.1
	左		1.4	0.3	1.4	1.5	1.6	1.2	0.6	1.0
サイベックス										
膝伸展 (60°)	右	Nm	295	256	280	286	257	246	318	257.4
	左	Nm	314	272	315	307	257	272	348	258.2
膝屈曲 (60°)	右	Nm	178	155	203	200	162	154	191	167.8
	左	Nm	197	195	202	207	150	178	189	168.1
(伸展／屈曲)比	右	%	60	61	73	70	63	63	60	65.2
	左	%	63	72	64	67	58	65	54	65.1
肩内旋 (60°)	右	Nm	59	58	86	80	55	51	80	61.8
	左	Nm	58	59	73	67	51	61	78	61.5
肩外旋 (60°)	右	Nm	46	43	55	54	42	31	61	43.5
	左	Nm	40	43	58	55	39	36	54	43.7
(内旋／外旋)比	右	%	78	74	64	68	76	61	76	70.4
	左	%	69	73	79	82	76	59	69	71.1
肘伸展 (60°)	右	Nm	74	39	102	59	50	42	78	65.4
	左	Nm	61	46	89	74	43	48	98	64.6
肘屈曲 (60°)	右	Nm	55	44	77	54	46	40	66	58.2
	左	Nm	62	46	62	55	46	44	70	56.8
(伸展／屈曲)比	右	%	74	113	75	92	92	95	85	89.0
	左	%	102	100	70	74	107	92	71	87.9

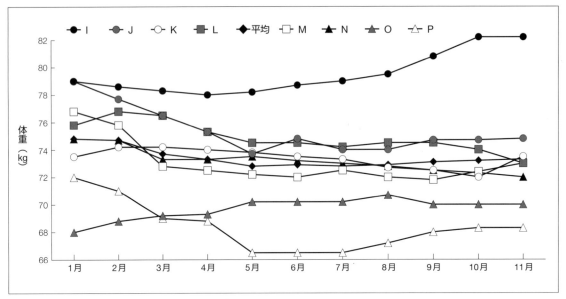

図10-5 新人選手の体重の変化（XXXX年）

資料10-3

平成XXX年度新人選手の形態、体力に関する意見書

トレーニングコーチ　中山悌一

　平成XXX年度の新人選手の形態、体力の測定と性格検査を実施しましたのでその結果を報告いたします。

1) 選手O

　1月15日の体重測定日の体重は、ベスト体重の82kgよりも重い85kgであったが、選手本人は体重増加によるパワーアップを目指しており、現在の体重は90kg近くあると思われるが、体脂肪率は13.1％と低く肥満体ではなくこの程度の体重の増加は問題ないと思われる。しかし体脂肪率が15％以上になった場合は注意が必要となる。とくに2年前に右膝の半月板除去手術を受けていて、現在も右膝にやや不安感を持っているので、右膝への負担を考慮して脂肪による体重の増加は避けなければならない。形態的には非常にバランスのよいピッチャーらしい体格をしている。体力的にも非常に優れている。キャンプ終了後にサイベックスでの膝の機能検査が必要であろう。

2) 選手P

　現在、体重はベスト体重とほとんど同じ74kg、体脂肪率も11％と低く、よくコンディショニングされている。形態的にも体力的にも平均的な値であるが右の握力が左よりやや弱く、肘の機能的問題を抱えている可能性もある。サイベックスでの肘の機能検査が必要であろう。

3) 選手Q

　現在、体重はベスト体重よりやや重い75kgであり、体脂肪率も10.0％と低い。形態的には線が細く体力的にも平均的な値である。高校卒の選手でもあり、技術の練習と平行して体力強化の必要があろう。

4) 選手R

　体重は現在ほとんどベストで、体脂肪率も8.6％と低く、よくコンディショニングされている。形態的には小柄であるが、体力的には瞬発力に優れていて高速回転の224回はとくに素晴らしく、走力の高さを想像させる。ただし体前屈と上体反らしの値が低く、腰痛の心配がある（過去にも腰痛を発症している）。

5) 選手S

　形態的には非常に身長が高く（187.5cm）、現在も伸びているようである。体重が82kgでやや軽く除脂肪体重の増加が必要であろう。体力的には握力が強く、垂直跳びの値が高いのが特徴である。

6) 選手T

　年齢が28歳と高く、形態的にも平均的な値であり、体力的には背筋力が強いのが特徴である。

7) 選手U

　形態的にはやや小柄ではあるが、体力的には瞬発力に優れ、選手Rにはやや劣るものの速筋線維を多く有する、同じような体力要素の持ち主である。大学中退の原因にもなった腰痛はよくコンディショニングされていて、現在、体前屈・上体反らしの値も高い。

8) 選手V

　現在、体重はベスト体重よりも4kgほど重く、体脂肪率も18.9％とやや高い。体力的には平均的な数値であるが、体前屈と上体反らしの値が低く腰痛の注意が必要であろう。

平成XXX年1月29日

4. まとめ

　新人選手は、シーズン前後の体重の変化がその他の選手以上に大きく、とくに高校卒の新人選手にはこの傾向が著しかった。このように新人選手は、著しい環境の変化に伴い心身ともに過大なストレスを受けていると思われるので、新人選手の指導には十分な配慮が必要である。最近では、このことがよく理解され、種々の新人選手に対する教育が行われている。

第11章 体力

1. 筋力系

1. 緒言および方法

T球団では1986年より本格的な体力測定を実施した。ここでは現在の現役選手にも配慮して1986年から2000年までの体力測定の結果を報告する。

体力測定では複数の測定項目を実施するが、選手の故障個所や体調によって参加できない種目もあった。そのために種目によって参加人数も異なる。

最初に筋力(握力、背筋力、腹筋力)について述べる。筋力は学童期から学校教育の中で頻繁に測定され、非常に馴染み深い体力要素であり、競技者にとっても競技力と非常に相関が高い重要な測定項目である。握力は20歳すぎにピークを示し、50kgくらいが一般成人男子の平均的測定値である。背筋力も同様に20歳すぎにピークを示し、一般成人男子の平均的測定値は147kgくらいである。腹筋力の評価として30秒間の「上体起こし」を採用した。一般成人男子の「上体起こし」は20歳前後に最高値を示し約32回程度である。しかし、「上体起こし」は腹筋の動的持久力を評価する測定項目であるので、T球団では1988年度より独自の腹筋力を評価する測定項目を実施している。

その測定方法は、腹筋台に角度(約45°)をつけ、10kgの鉄アレイを首の後ろに固定し何回の腹筋運動ができるかで評価しようとするものである(**写真11-1**、P.000参照)。その他の測定方法は、『新・日本人の体力標準値2000』に準じた。

2. 結果
1) 握力

表11-1は、1986年から2000年までの恒例の体力測定で実施された延べ706人の左右の握力の測定値と、各年度の参加人数、平均値、標準偏差、最大値、最小値を示したものである。1986年は日程の都合により一軍選手は参加せず、二軍選手のみが参加した。その他の年度の参加人数も、外国人選手や故障選手、退団予定選手は参加しないことが多いので多少の増減が認められる。左右の握力の平均値は、52.3kgから60.3kgの範囲で推移し、全体の平均値は右56.9kg、左55.4kgであった。これらの測定値は、一般成人男子よりも約12%高い値である。この期間のプロ野球選手の個人の最高の値は、右82.5kg、左74.0kgで

表11-1 握力の測定結果

年度	右					左				
	人数(人)	平均値(kg)	標準偏差(kg)	最大(kg)	最小(kg)	人数(人)	平均値(kg)	標準偏差(kg)	最大(kg)	最小(kg)
1986	22	55.4	3.70	66.5	44.0	22	54.0	3.66	67.5	43.5
1987	54	56.0	4.07	72.5	46.5	54	54.3	3.45	67.5	45.5
1988	53	57.8	5.44	72.0	47.5	54	55.1	4.98	74.0	42.0
1989	59	60.3	4.78	81.5	49.5	59	56.9	4.57	73.5	44.5
1990	50	57.3	5.04	77.5	44.5	43	55.1	5.37	67.5	42.0
1991	45	51.6	3.91	65.5	42.5	46	51.3	4.06	62.0	40.5
1992	45	57.4	5.01	82.5	44.0	45	55.8	4.34	72.0	44.0
1993	46	55.4	4.83	72.5	42.0	47	53.9	5.37	68.0	42.0
1994	52	54.1	3.98	69.0	40.5	52	54.4	4.17	67.0	42.0
1995	45	58.2	4.40	75.5	49.0	47	57.0	4.54	73.0	44.5
1996	42	57.4	4.66	70.0	47.5	45	56.4	4.69	72.0	45.0
1997	51	58.0	4.88	79.5	46.5	51	56.5	5.03	69.0	42.0
1998	39	57.4	4.73	77.5	43.5	40	56.8	5.21	70.0	43.5
1999	47	57.4	5.73	70.0	40.5	47	55.5	6.14	71.5	42.5
2000	54	58.0	5.11	78.0	42.0	54	56.9	4.88	72.0	42.5
全体	704	56.9	5.04	82.5	40.5	706	55.4	4.85	74.0	40.5

表11-2 個人最高値の握力の比較

項　目	投球側					非投球側				
	投　手	野　手	全　員	t値	有意差	投　手	野　手	全　員	t値	有意差
人　　数 (人)	86	100	186			85	100	185		
平　　均 (kg)	59.8	60.4	60.1	-0.885	N.S	56.0	58.9	57.6	-3.759	P<0.001
標準偏差 (kg)	4.78	5.13	4.98			4.69	5.31	5.11		
最　　大 (kg)	73.0	82.5	82.5			68.0	73.5	73.5		
最　　小 (kg)	44.5	40.5	40.5			42.5	42.5	42.5		

＊投手の投球側と非投球側の比較‥‥t値＝9.239　P<0.001
＊野手の投球側と非投球側の比較‥‥t値＝4.655　P<0.001
＊全選手の投球側と非投球側の比較‥‥t値＝9.673　P<0.001

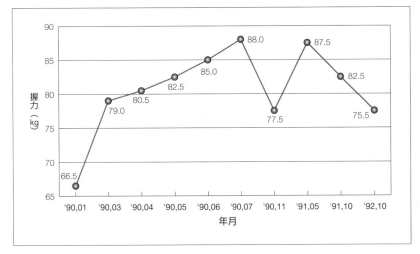

図11-1　S選手の握力（右）の変化

あった。

このように、毎年恒例の体力測定はシーズン終了後に行われるので、全選手がベストの状態で測定に参加できるわけではない。さらに若い選手は日々のトレーニングによって筋力がアップするかもしれないし、年長者は加齢とともに筋力が衰えるかもしれない。そこでT球団に1986年から2000年まで在籍した選手186人の個人の最高値を比較したのが表11-2である。各年度の握力の測定値の平均は56.2kgであったが、個人の最高値では握力の平均値が58.85kgとなり約4.8％の上昇を認めた。個人の最高値の握力値は投球側と非投球側に分けて分析した。投球側の投手と野手を比較すると有意な差は認められなかったが、非投球側では投手の平均値は56.0kgで、野手の平均値は58.9kgとなり0.1％水準で野手の握力が大きかった。投手の投球側の握力の平均値は59.8kg、非投球側は56.0kgで、野手の投球側の握力の平均値は60.4kg、非投球側は58.9kgとなり、さらに全選手を対象とした場合でも投球側の握力が60.1kg、非投球側が57.6kgとなり、いずれも0.1％水準で投球側が有意に大きいことが証明された。

S選手は1990年にN高校からT球団に入団し、その後メジャーリーグでもプレーした選手である。彼の入団1年目は、ほとんど二軍の遠征にも帯同せず、二軍の試合にも出場する機会も少なく、ひたすらトレーニングルームでトレーニングに励んでいた。彼のトレーニングは上半身のウェイトトレーニングが中心で、とくに鉄アレイを持ってアームカールなどをよく行っていたと記憶している。さらに彼は、握力の測定に非常に興味を持ち、トレーニングルームの隣にある測定室にほとんど毎日握力の測定に訪れていたので、その測定値を白板にメモしておくように指示し、その測定結果をまとめたのが図11-1である。新人選手に対する恒例の体力測定を1990年の1月に実施したときの握力（右）は66.5kgであったが、キャンプから帰阪した1990年の3月には79.0kgを記録した。その後シーズン中も順調に測定値を伸ばし1990年の7月にはついに測定期間中最高の88.0kgを記録したのである。

測定方法には多少の問題はあったかもしれないが、握力の測定値が急激に上昇し、T球団最高の値を記録したのは事実である。これは、S選手のウェイトトレーニングに対するモチベーションの高さによって引き起こされたものと確信している。

表11-3　背筋力の測定結果

年　度	人　数 (人)	平均値 (kg)	標準偏差 (kg)	最　大 (kg)	最　小 (kg)
1986	21	191.2	25.80	256	141
1987	51	194.5	18.36	244	150
1988	51	187.6	22.65	249	149
1989	33	187.2	18.63	237	144
1990					
1991	43	186.2	15.81	223	142
1992	42	191.4	18.82	260	141
1993	40	179.5	23.45	240	140
1994	43	188.0	25.12	254	144
1995	42	197.8	20.10	270	149
1996	41	198.9	22.10	262	141
1997	50	189.9	20.86	290	140
1998	40	202.8	20.21	271	140
1999	43	207.1	23.49	272	165
2000	48	206.5	21.33	280	155
全体	588	193.4	21.58	290	140

表11-4　個人最高値の背筋力の比較

項　目	投　手	野　手	全　員	t値	有意差
人　数 (人)	82	95	177		
平　均 (kg)	206.8	205.8	206.2	-0.3061	N.S
標準偏差 (kg)	23.5	22.22	22.83		
最　大 (kg)	272.0	290.0	290.0		
最　小 (kg)	140.0	141.0	140.0		

表11-5　腹筋力の測定結果

年　度	人　数 (人)	平均値 (回)	標準偏差 (回)	最　大 (回)	最　小 (回)
1988	48	12.2	4.16	26	3
1989	56	14.1	3.98	27	6
1990	47	11.6	4.02	23	3
1991	44	9.6	4.10	19	0
1992	45	9.6	4.20	23	0
1993	46	9.3	3.72	20	1
1994	46	9.2	3.77	20	2
1995	45	8.9	4.55	20	0
1996	38	9.3	4.32	18	0
1997	50	11.4	4.66	23	0
1998	41	10.4	4.57	23	0
1999	43	11.2	4.25	24	0
2000	46	10.9	4.55	30	3
全体	595	10.6	4.28	30	0

表11-6　個人最高値の腹筋力の比較

項　目	投　手	野　手	全　員	t値	有意差
人　数 (人)	77	85	162		
平　均 (回)	13.0	12.2	12.5	1.133	N.S
標準偏差 (回)	4.69	4.62	4.65		
最　大 (回)	26	30	30		
最　小 (回)	1	2	1		

表11-7 上体起こしの測定結果

年度	人数(人)	平均値(回)	標準偏差(回)	最大(回)	最小(回)
1990	44	33.4	2.88	41	27
1991	45	33.1	3.16	42	26
1992					
1993	45	33.5	3.70	43	24
1994	53	35.7	3.59	47	26
1995	45	35.7	3.57	45	27
1996	38	34.7	3.18	45	25
1997	49	32.3	2.77	45	27
1998	37	31.4	2.46	39	25
1999	44	32.7	3.52	44	24
2000	48	32.9	2.91	43	26
全体	448	33.6	3.39	47	24

表11-8 個人最高値の上体起こしの比較

項目	投手	野手	全員	t値	有意差
人数(人)	66	79	145		
平均(回)	34.7	34.2	34.5	1.133	N.S
標準偏差(回)	3.28	3.97	3.69		
最大(回)	45	47	47		
最小(回)	28	26	26		

2) 背筋力

表11-3には1986年から2000年までの体力測定で計測された背筋力の測定値を示している。背筋力の参加人数は腰痛や肩痛などの選手が多かったので握力と比較して参加選手数が少なかった。なお、1990年は測定器具の不備によって背筋力の測定は行われなかった。背筋力の測定値の年度別平均は、182.2kgから207.1kgで推移し、1988年からの3年間の年間平均値は200kgを超え、全体の平均値は193.4kgである。この値は、一般成人男子の147kgと比較すると約32％大きいこととなる。最大値は290kgであった。

表11-4は、握力と同様にT球団在籍中に測定された個人の最高値を投手と野手に分けて比較したものである。投手の平均値は206.8kgで、野手の平均値は205.8kgで、両者間に有意な差は認められなかった。

3) 腹筋力

腹筋力の評価方法は、以前に日本体育学会などで議論されたことがあったが、まだ確立されていないようである。T球団では「緒言および方法」で示したような方式で1988年から恒例の体力測定で腹筋力の測定を実施している。表11-5には腹筋力の測定結果を示した。年度別の平均値は、8.9回から14.1回で推移し13年間の平均値は10.6回である。最も回数が多かった選手は30回を記録し、最も少ない回数は0回であった。すなわち写真11-1のように10kgの鉄アレイを首の後ろに固定し、傾斜角約45°の腹筋台で1回も腹筋運動ができなかったことになる。

同様に、個人最高値の腹筋力の比較を行ったのが表11-6である。全体の平均は12.5回であり、年度別の平均より17.9％増加した。投手と野手を比較すると、投手の腹筋力の平均は13.0回で、野手の平均は12.2回であり両者間で有意な差は認められなかった。最大回数は30回で当然変化はないが、最小回数は1回となり、1986年から2000年までにT球団に在籍した選手は、10kgの鉄アレイを首の後ろに固定し、傾斜角約45°の腹筋台で1回以上の腹筋運動を行うことができたことになる。

4) 上体起こし

表11-7には、上体起こしの1990年から2000年までの推移を示している。1992年は諸事情により実施されなかった。年度別の平均値は31.4回から35.7回で推移し、10年間の年度別平均値は33.6回であり、一般成人男子の平均値32回と比較するとわずかに1.6回（5％）程度優れているだけであった。

表11-8には、同様に個人最高値の上体起こしを投手と野手で比較したものである。投手の平均値は34.7回で、野手の平均値は34.2回で両者間に有意な差は認められなかった。

3. まとめ

1) プロ野球選手の握力は左右平均で56.2kgであり、

写真11-1 独自の腹筋力を評価する測定項目

一般成人男子を12%上回った。
2) プロ野球選手の背筋力の平均は、193.4kgであり、一般成人男子を32%上回った。
3) プロ野球選手の腹筋力の平均は、10.6回であった。
4) プロ野球選手の上体起こしの平均は、33.6回であり、一般成人男子を5%上回った。

2. 瞬発系

1. 緒言

前項に引き続き体力測定の中で瞬発系の測定項目について報告する。瞬発力は、俊敏に身体を動かす能力であり、競技者にとって非常に重要な体力要素である。具体的な測定項目としては、「垂直跳び」、コンビ社製パワーマックスⅤを使用した「最大無酸素パワー」と体重の4％の負荷をかけた「高速回転」、さらに光刺激に対する「全身反応時間」である。

2. 方法

1) 垂直跳び

垂直跳びの測定は、紐つきのベルトを腰に巻き、その場で上方に全力でジャンプさせ、ベルトに装着された計測器（竹井機器社製）の測定値を読み取る紐式測定法で実施した。測定は2回実施し、値の大きいほうを測定値とした。

2) 最大パワー

パワーマックスⅤを使用し、パワーマックスⅤにプログラムされた最大パワーテストの測定マニュアルに従って性別と体重を入力し、測定を実施した。3回の全力ペダリングが終了した後、液晶画面に表示される値を測定値とした（**写真11-2**）。

3) 高速回転

パワーマックスⅤを使用し、パワーマックスⅤにプログラムされているマニュアルを使用して、測定者の体重の4％の負荷で7秒間の全力ペダリングを行わ

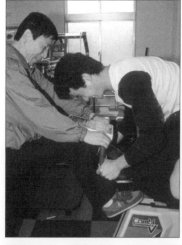

写真11-2 最大パワーテストの測定

写真11-3 全身反応時間の測定

表11-9 垂直跳びの測定結果

年　度	人　数 (人)	平　均 (cm)	標準偏差 (cm)	最　大 (cm)	最　小 (cm)
1986	21	66.6	4.52	79	59
1987	51	65.3	5.54	78	53
1988	49	64.4	3.93	75	53
1989	54	65.6	4.82	82	54
1990	46	63.1	5.20	79	50
1991	44	65.0	5.46	80	50
1992	46	66.8	5.13	83	49
1993	50	66.3	5.62	83	48
1994	50	66.4	4.99	78	54
1995	44	67.2	4.71	81	53
1996	40	65.4	5.65	86	49
1997	45	64.4	4.61	82	53
1998	38	65.0	4.24	77	56
1999	44	65.4	4.66	84	53
2000	51	64.3	4.11	83	54
全体	673	65.5	5.00	86	48

表11-10 個人最高値の垂直跳びの比較

項　目	全　員	投　手	野　手	t値	有意差
人　数（人）	184	86	98		
平　均 (cm)	68.48	67.99	68.91	-1.188	N.S
標準偏差 (cm)	5.18	4.92	5.45		
最　大 (cm)	86	82	86		
最　小 (cm)	53	54	53		

せ、そのときの回転数を「高速回転」の値とした。具体的な負荷のかけ方としては、体重82.3kgの選手は82.3×0.04＝3.292となり、小数点第2位を四捨五入して3.3kpの負荷をかけるのである。測定回数は基本的には1回であるが、ペダリング中にペダルから足が外れたりしたときには改めて測定をやり直した。

4）全身反応時間

竹井機器社製の測定器具を使用し、光刺激に対する全身反応時間を測定した（**写真11-3**）。測定は5回実施し、最高値と最低値を除外して残った3回の測定値を平均したものを測定値とした。

3．結果および考察
1）垂直跳び

垂直跳びは、脚筋のパワーを間接的に測定する方法として広く採用されている。一般成人男子の垂直跳びの値は17歳でピークを示し、平均値61.6cmである。**表11-9**には、1986年から2000年までの体力測定で計測された垂直跳びの参加人数と平均値、標準偏差、最大値、最小値が示されている。平均値は、63.1cmから67.2cmで推移し、15年間の平均値は65.5cmで一般成人男子の平均値より6.3％ほど大きい。プロ野球選手の最大値は86cmで最小値は48cmである。

表11-10は、垂直跳びの個人最高値を投手と野手で比較したものである。投手の平均値は68.0cmで、野手の平均値は68.9cmとなり、野手がやや大きい傾向を示したが統計学的には有意な差は認められなかった。最大値と最小値は野手が記録し、継続的な測定を行う中で個人の記録が伸びたことから個人最高値の（データ全体における）最小値は53.0cmに上がった。

2）最大無酸素パワー

パワーマックスVを使用しての脚パワーの測定は競技者を対象によく行われている。**表11-11**は、1986年から2000年までの脚の最大パワーの推移を示している。1988年は測定器具の不備により測定は実施されなかった。脚パワーの平均値は、1,092Wから1,273Wで推移し14年間の平均は1,167Wであり、1996年からは常に1,200Wを超え、脚パワーが向上していることが確認された。最大値は、元阪神タイガース監督の真弓明信選手の1,678W、最小値は808Wであった。プロ野球選手の平均値1,167Wは、中村[3]が示した一流選手の最大無酸素パワーと比較すると、バレーボール（1,215W）、自転車のトラック

表11-11 PMの最大無酸素パワーテストの測定結果

年度	人数(人)	平均(w)	標準偏差(w)	最大(w)	最小(w)
1986	44	1108.1	101.1	1506	842
1987	42	1178.5	84.9	1460	943
1988					
1989	52	1151.8	118.3	1662	856
1990	39	1192.7	111.4	1658	971
1991	46	1125.2	104.3	1437	891
1992	44	1117.0	118.4	1662	809
1993	43	1095.3	79.3	1345	885
1994	47	1092.2	105.7	1596	842
1995	37	1168.7	101.9	1464	892
1996	33	1217.3	93.1	1477	956
1997	41	1265.9	115.9	1589	808
1998	36	1256.6	110.8	1678	1074
1999	36	1252.2	104.4	1620	850
2000	39	1273.1	104.5	1620	1055
全体	650	1167.1	118.1	1678	808

表11-12 個人最高値の最大無酸素パワーの比較

項目	全員	投手	野手	t値	有意差
人数(人)	176	82	94		
平均(w)	1242	1236	1247	-0.582	N.S
標準偏差(w)	118	108	126		
最大(w)	1678	1678	1662		
最小(w)	850	914	850		

表11-13 個人最高値の体重当たりの最大パワーの比較

項目	全員	投手	野手	t値	有意差
人数(人)	144	70	74		
平均(w/kg)	15.35	15.16	15.53	-1.7863	N.S
標準偏差(w/kg)	1.26	0.98	1.49		
最大(w/kg)	20.94	18.57	20.94		
最小(w/kg)	11.16	12.03	11.16		

(1,189W)、バスケットボール（1,188W)、アイスホッケー（1,175W）に次いで5位にランクされ、自転車のロード（1,086W）、ラグビー（1,080W）、陸上競技の短距離（1,042W）より大きかった。

表11-12は個人の最高値の最大パワーを投手と野手に分けて比較したものである。投手の平均値は1,236W、野手の平均値は1,247Wで野手がやや大きい傾向にあったが、統計学的には有意な差は認められなかった。個人別最大パワー（データ全体における）の最小値は、野手の記録した850Wであった。年度ごとの平均値と個人の最高値の平均値を比較すると75Wの差が認められた。この差は、プロ野球選手の年齢構成が18歳から40歳すぎの幅広い年齢からなり、若年選手は最大無酸素パワーが向上し、逆に高齢になると最大無酸素パワーが低下するためと推測される。この個人の最高値の最大無酸素パワーの平均値（1,242W）を他の競技と比較するとバレーボール（1,215W）を抜いて第1位にランクされた。

表11-13は、表11-12の最大無酸素パワーの個人最高値を記録したときの体重が明らかであった144人について、体重当たりの最大無酸素パワーを投手と野手に分けて比較したものである。投手の平均値は15.16W/kg、野手の平均値は15.53W/kgで野手がやや大きい傾向にあったが、統計学的に有意な差は認められなかった。最大値は野手が示した20.94W/kgであり、投手の最大値は18.57W/kgであった。最小値は野手が記録した11.6W/kgであった。この個人の最高値の体重当たりの最大無酸素パワーの平均値（15.35W/kg）を他の競技と比較すると16競技中の4位にランクされた。

3）高速回転

表11-14は、パワーマックスVを用いて体重の4%の負荷をかけたときの高速回転の測定結果を示しているが、1992年は実施されなかった。1989年から2000年までの平均値は199回／分から210回／分で

表11-14　PMの高速（体重の4％）の測定結果

年度	人数(人)	平均(回／分)	標準偏差(回／分)	最大(回／分)	最小(回／分)
1989	52	207.7	8.75	229	183
1990	39	198.7	8.53	220	182
1991	46	200.1	7.71	218	172
1992					
1993	44	205.0	6.68	222	182
1994	47	201.5	6.44	216	182
1995	37	205.9	6.47	220	187
1996	33	207.2	7.71	226	192
1997	42	206.5	8.00	220	174
1998	38	208.6	7.15	224	183
1999	40	209.2	6.43	225	197
2000	46	210.3	8.42	227	191
全体	464	205.5	8.13	229	172

表11-15　個人最高値の高速回転の比較

項目	全員	投手	野手	t値	有意差
人数(人)	153	72	81		
平均(回／分)	209.4	207.9	210.8	-2.14	P<0.05
標準偏差(回／分)	8.7	8.32	8.56		
最大(回／分)	229	227	229		
最小(回／分)	172	189	172		

表11-16　反応時間の測定結果

年度	人数(人)	平均(msec)	標準偏差(msec)	最大(msec)	最小(msec)
1992	17	296.1	18.57	332	255
1993	57	281.2	27.17	364	210
1994	56	301.9	21.57	363	224
1998	40	287.4	24.86	353	200
全体	170	291.0	24.70	364	200

表11-17　個人最高値の反応時間の比較

項目	全員	投手	野手	t値	有意差
人数(人)	93	43	50		
平均(msec)	283.1	288.5	278.5	1.858	N.S
標準偏差(msec)	25.6	26.4	24.9		
最大(msec)	353	353	332		
最小(msec)	200	200	210		

推移し11年間の平均値は205.5回／分であり、最大値は229回／分、最小値は172回／分であった。

表11-15は、個人の最高値の高速回転を投手と野手に分けて比較したものである。投手の平均値は207.9回／分、野手の平均値は210.8回／分で統計学的に野手が有意（P<0.05）に大きかった。野手は競技場面において俊敏な動きが要求され、俊足の選手が多いためと推測される。最大値と最小値はともに野手が記録し、それぞれ229回／分と172回／分であった。

4）全身反応時間

今回の全身反応時間は、光刺激を受けて足が圧力板を離れるまでの時間であり、敏捷性との高い相関が認められている。とくに野球では視覚から入力された情報を判断して行動を起こすことが非常に多く、野球選手にとって非常に重要な体力要素となると推測される。一般成人男子の平均値は15歳から16歳で最も速く344msecである。プロ野球選手の平均年齢の26歳での一般成人男子の平均値は354msecと報告されている。

表11-16は、1992年から1994年、1998年に実施された全身反応時間の測定結果を示したものである。各年度の平均値は281msecから302msecで推移し、4年間の平均値は291msecである。この値を一般成人男子の26歳と比較すると約22％速いことになる。最も速い測定値は200msecを記録した。

表11-17は、個人の最高値の反応時間を投手と野手に分けて比較したものである。投手の平均値は

289msec、野手の平均値は279msecで、野手が速い傾向にあったが統計的に有意な差は認められなかった。

4. まとめ

1) プロ野球選手の垂直跳びの平均値は、65.5cmで一般成人男子の平均値よりも6.3%程大きく、投手と野手では有意な差は認められなかった。最大値は86cmを記録した。
2) プロ野球選手の脚パワーの平均値は1,167Wであり、投手と野手では有意な差は認められなかった。最大値は1,678Wを記録した。
3) プロ野球選手の体重当たりの脚パワーの平均値は、15.4W／kgであり、投手と野手では有意な差は認められなかった。最大値は20.9W／kgであった。
4) プロ野球選手の高速回転の平均値は205.5回／分であり、野手は投手より有意（P<0.05）に大きかった。最大値は229回／分を記録した。
5) プロ野球選手の全身反応時間の平均値は、291msecで一般成人男子と比較すると約22%速かった。最も速い測定値は200msecを記録した。

3. 柔軟性、呼吸循環系

1. 緒言

ここでは、柔軟性、呼吸循環系について報告する。柔軟性の測定項目としては、立位体前屈、上体そらしである。呼吸循環系の測定項目は、肺活量、コンビ社製エアロバイクを使用した「ABテスト」とABテストから推定した最大酸素摂取量である。

2. 方法

1) 立位体前屈、上体そらし

立位体前屈と上体そらしの測定は、竹井機器社製の測定器具を使用し、測定方法は『新・日本人の体力標準値』に準じた。測定は2回実施してよいほうの記録を採用した。計測単位はcmとし、0.5cm単位で処理した（写真11-4、11-5参照）。

2) 肺活量

肺活量は、市販の回転式の肺活量測定装置を用いて測定した。被検者は、立位姿勢にて手で口管を持ち、十分に息を吸った後、ただちに口管を口に当て、最大限の力で呼気を呼出した。このとき、口管の周りから息が漏れないように注意した。測定は2回実施して最大値を採用した。

3) ABテスト、最大酸素摂取量

ABテストは、コンビ社製のエアロバイクに内蔵されたプログラムにより実施した。さらに1992年の結果から最大酸素摂取量（$\dot{V}O_2max$）を推定した。

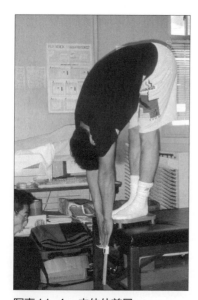

写真11-4　立位体前屈

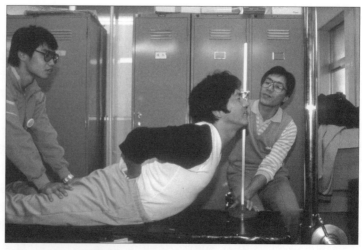

写真11-5　上体そらし

表11-18 立位体前屈の測定結果

年度(年)	人数(人)	平均(cm)	標準偏差(cm)	最大(cm)	最小(cm)
1986	22	12.86	6.29	24.0	-4.0
1987	53	14.58	4.49	25.0	-2.5
1988	54	13.55	4.32	24.0	-1.0
1989	58	14.61	3.55	25.5	1.5
1990	52	12.51	4.89	23.0	-4.0
1991	46	13.24	4.79	23.5	-9.5
1992	51	13.59	4.56	23.5	-7.5
1993	56	12.34	4.40	23.0	-10.0
1994	57	12.31	4.47	25.0	1.0
1995	46	12.62	4.65	26.5	-4.5
1996	43	13.34	3.86	26.0	1.0
1997	51	12.03	4.87	26.5	0.0
1998	42	15.04	4.50	26.5	1.5
1999	45	13.91	4.37	26.0	2.0
2000	54	12.06	4.85	24.0	0.0
全体	730	13.26	4.58	26.5	-10.0

表11-19 個人最高値の立位体前屈の比較

項目	全員	投手	野手	t値	有意差
人数(人)	186	86	100		
平均(cm)	14.57	15.63	13.66	2.966	P<0.01
標準偏差(cm)	4.49	3.83	5.01		
最大(cm)	26.5	25.5	26.5		
最小(cm)	-1.5	5	-1.5		

3. 結果および考察

1) 立位体前屈

立位体前屈は、身体の前屈の度合いを長さで測定し、柔軟性を評価するテストで以前から広く行われている。しかし最近では、高齢者などの測定には危険を伴うという理由で長座位体前屈が行われるようになってきている。

一般成人男子の立位体前屈の値は20歳でピークを示し、13.1cmである。表11-18には、1986年から2000年までの体力測定で計測された立位体前屈の参加人数と平均値、標準偏差、最大値、最小値が示されている。平均値は、12.0cmから15.0cmで推移し、15年間の平均値は13.26cmで20歳の一般成人男子の平均値よりわずか1.2%大きいだけであった。プロ野球選手の最大値は26.5cmで最小値は－10.0cmであった。

表11-19は、立位体前屈の個人最高値を投手と野手で比較したものである。投手の平均値は15.6cmで、野手の平均値は13.7cmとなり投手が統計学的に1％水準で有意に大きいという結果を得た。最大値と最小値は野手が記録し、最小値は－1.5cmとなった。

2) 上体そらし

上体そらし、脊椎の後方への柔軟性を調べるテストであり、前述の立位体前屈とともに柔軟性の評価としてよく用いられている。一般成人男子の上体そらしの値は17歳でピークを示し57.1cmである。

表11-20には、1986年から2000年までの上体そらしの測定値の推移が示されている。平均値は、52.5cmから60.5cmで推移し、15年間の平均値は57.3cmで17歳の一般成人男子の平均値とほとんど同じである。しかしプロ野球選手の平均年齢である26歳の一般成人男子の平均（52.0cm）と比較すると10.2％ほど大きかった。またプロ野球選手の身長が一般成人男子よりも大きいので、同じ角度で上体をそらしたとしても測定する顎の位置は身長が大きい人が高いと考えられるので、上体そらしの測定はプロ野球選手に有利であると考えられる。そこでこの結果には、上記のことも考慮しなくてはいけないと思われる。プロ野球選手の最大値は81.5cmで最小値は24.0cmであった。

表11-21は、上体そらしの個人最高値を投手と野手で比較したものである。投手の平均値は61.2cmで野手の平均値は59.1cmとなり、投手が統計学的に5％水準で有意に大きいという結果を得た。最大

表11-20　上体そらしの測定結果

年度(年)	人数(人)	平均(cm)	標準偏差(cm)	最大(cm)	最小(cm)
1986	22	52.45	6.33	63.0	25.0
1987	54	58.04	6.22	76.5	42.0
1988	51	59.13	5.52	77.0	46.0
1989	58	60.46	5.37	81.5	44.0
1990	50	56.62	6.40	72.0	34.0
1991	46	57.74	5.91	73.0	37.5
1992	50	59.21	5.88	79.0	42.0
1993	53	54.40	6.95	75.0	24.0
1994	56	56.51	6.72	70.5	38.5
1995	45	56.21	7.43	74.0	36.5
1996	42	58.79	6.74	77.0	35.0
1997	51	55.82	7.32	75.0	37.0
1998	41	54.78	7.45	74.0	39.5
1999	43	56.22	6.95	74.0	35.5
2000	54	57.62	6.89	74.0	37.0
全体	716	57.33	6.62	81.5	24.0

表11-21　個人最高値の上体そらしの比較

項　目	全　員	投　手	野　手	t値	有意差
人　数（人）	185	86	99		
平　均（cm）	60.05	61.21	59.05	2.295	P<0.05
標準偏差（cm）	6.375	5.521	7.016		
最　大（cm）	81.5	79.0	81.5		
最　小（cm）	35.5	44.5	35.5		

値と最小値は野手が記録し、最小値は35.3cmに上がった。

このように立位体前屈と上体そらしに代表されるプロ野球選手の柔軟性は、一般成人男子とほとんど変わらず、他の体力要素とは異なった特徴を示した。この要因としては、プロ野球選手は腰痛を抱えている選手が非常に多いことに起因しているのかもしれない（P.172参照）。さらに野手よりも投手が柔軟性に優れていることも明らかになったが、この理由としては、投手は前後方向（前屈、後屈）への身体の動きが多いことと、練習内容に柔軟性を高める内容が多いことなどが起因していると考察される。

3）肺活量

肺活量は、肺機能検査の代表的な測定法として広範囲に活用されている。肺活量には、肺の容積と呼吸に関する筋機能が大きく関与しており、肺における換気能力を表すものである。しかし肺活量は、体格に大きく影響される。一般成人男子の肺活量の平均は、24歳でピークを迎え、4,520mlである。

表11-22には、1986年から2000年までの肺活量の測定値の推移が示されている。平均値は、4,691mlから5,171mlで推移し、15年間の平均値は4,966ml

で24歳の一般成人男子の平均値より約9.9%大きい。プロ野球選手の最大値は6,800mlで最小値は3,300mlであった。

表11-23は、肺活量の個人最高値を投手と野手で比較したものである。投手の平均値は5,138mlで野手の平均値は5,044mlとなり、投手がやや大きい傾向にあったが統計学的に有意な差は認められなかった。最大値と最小値は投手が記録し、最小値は3,500mlに上がった。

このようにプロ野球選手の肺活量は、24歳の一般成人男子の平均値より約9.9%大きいだけであった。しかし肺活量は、体格に大きく影響されるので、身長当たりの肺活量を算出するとプロ野球選手は、27.6ml/cm（4,966ml/179.74cm）となり、一般成人男子の26.4ml/cm（4,520ml/171.26cm）よりわずか4.5%大きいだけとなる。さらに、体重当たりの肺活量を算出するとプロ野球選手は、63.5ml/kg（4,966ml/78.2kg）となり、一般成人男子の70.0ml/kg（4,520ml/64.6kg）よりも低い値となる。このようにプロ野球選手の肺活量は、絶対値では一般成人男子よりも大きいが、身長当たりにするとその差が縮まり、体重当たりにすると一般人よりも低値となることが確認できた。

表11-22 肺活量の測定結果

年度(年)	人数(人)	平均(ml)	標準偏差(ml)	最大(ml)	最小(ml)
1986	22	4836.4	551.6	6700	3740
1987	54	5025.0	491.7	6660	3940
1988	54	5002.2	567.7	6500	3310
1989	58	5030.7	532.1	6700	3740
1990	52	4876.2	450.0	6540	3940
1991	43	5043.7	503.9	6700	3800
1992	52	5028.9	490.4	6800	3700
1993	56	5006.6	537.0	6700	3880
1994	57	5022.5	525.3	6700	3600
1995	48	5171.7	449.1	6400	3700
1996	45	5044.7	525.7	6400	3500
1997	50	4958.4	499.9	6400	3300
1998	42	4816.0	438.2	5760	3700
1999	47	4691.1	415.4	5640	3500
2000	54	4749.3	487.0	6000	3440
全体	734	4965.5	506.0	6800	3300

表11-23 個人最高値の肺活量の比較

項目	全員	投手	野手	t値	有意差
人数(人)	186	86	100		
平均(ml)	5087.2	5137.6	5043.9	1.196	N.S
標準偏差(ml)	532.9	526.5	532.1		
最大(ml)	6800	6800	6700		
最小(ml)	3500	3500	3600		

表11-24 ABテストの測定結果

年度(年)	人数(人)	平均(W)	標準偏差(W)	最大(W)	最小(W)
1989	57	206.6	34.24	303	121
1990	47	199.7	29.85	293	106
1991	43	224.2	31.10	330	147
1992	50	220.9	32.68	354	130
1993	55	221.4	31.10	337	131
1994	50	231.9	31.49	326	155
1995	43	225.4	36.17	298	139
1996	37	231.9	23.81	319	159
1997	51	233.7	36.94	345	120
1998	38	230.3	34.2	327	137
1999	47	220.4	30.21	293	152
2000	52	219.8	34.47	307	115
全体	570	221.6	33.55	354	106

4) ABテスト

ABテストは、エアロバイクに内蔵されたプログラムによって簡便に呼吸循環器系の能力を評価するものである。

表11-24には、1986年から2000年までのABテストの測定値の推移が示されている。平均値は、199.7Wから233.7Wで推移し、15年間の平均値は221.6Wであり、プロ野球選手の最大値は354Wで最小値は106Wであった。表11-25は、ABテストの個人最高値を投手と野手で比較したものである。投手の平均値は234.3Wで野手の平均値は240.7Wとなり、野手がやや大きい傾向にあったが統計学的に有意な差は認められなかった。最大値と最小値は投手が記録し、最小値は115Wに上がった。

ABテストは、広く一般的に報告されているわけではないので、比較して論じることができないが、プロ野球選手のデータとして報告しておく。

5) 最大酸素摂取量の推定

呼吸循環器系の指標として広く用いられている最大

表11-25　個人最高値のABテストの比較較

項　目	全　員	投　手	野　手	t 値	有意差
人　数（人）	162	76	86		
平　均（W）	237.7	234.3	240.7	-1.075	N.S
標準偏差（W）	37.8	39.2	36.1		
最　大（W）	354	354	345		
最　小（W）	115	115	120		

表11-26　V̇o₂maxの測定結果

年度（年）	人数（人）	平均（ℓ/min）	標準偏差（ℓ/min）	最大（ℓ/min）	最小（ℓ/min）
1992	30	4.198	0.4984	5.27	2.86

表11-27　個人最高値のV̇o₂maxの比較較

項　目	全　員	投　手	野　手	t 値	有意差
人　数（人）	29	13	16		
平　均（ℓ/min）	4.20	4.18	4.21	-0.161	N.S
標準偏差（ℓ/min）	0.514	0.471	0.551		
最　大（ℓ/min）	5.27	5.10	5.27		
最　小（ℓ/min）	2.86	3.10	2.86		

酸素摂取量（V̇o₂max）の測定は、T球団のプロ野球選手に対しては残念ながら実施されていない。そこで前述したABテストから簡略的に推計するプログラムが提唱されているので、唯一記録が残っている1992年の測定値を報告する。一般成人男子の最大酸素摂取量は、18歳でピークを迎え2.99ℓ/minである。

表11-26は、1992年の最大酸素摂取量の推定結果を示している。プロ野球選手の最大酸素摂取量の平均値は4.20ℓ/minで一般成人男子より40％ほど大きい。しかし最大酸素摂取量は、体格により大きく左右されるので、体重当たりの最大酸素摂取量を比較すると、プロ野球選手は53.7mℓ/kg/min（4.20ℓ/min/78.2kg）となり、一般成人男子の46.3mℓ/kg/min（2.99ℓ/min/64.6kg）より16％だけ大きい結果となった。

表10-27は、最大酸素摂取量の個人最高値を投手と野手で比較したものである。投手の平均値は4.18ℓ/minで野手の平均値は4.21ℓ/minとなり、野手がやや大きい傾向にあったが統計学的に有意な差は認められなかった。最大値と最小値は野手が記録し、それぞれ5.27ℓ/minと2.86ℓ/minであった。

4．まとめ

1) プロ野球選手の立位体前屈の平均値は13.26cmで、一般成人男子の平均値よりわずか1.2％大きいだけであった。投手は、野手よりも統計学的に1％水準で有意に大きかった。プロ野球選手の最大値は26.5cmで最小値は－10.0cmであった。

2) プロ野球選手の上体そらしの平均値は57.3cmで、17歳の一般成人男子の平均値とほとんど同じである。しかしプロ野球選手の平均年齢である26歳の一般成人男子の平均（52.0cm）と比較すると10.2％ほど大きかった。投手は、野手と比較すると統計学的に5％水準で有意に大きかった。

3) プロ野球選手の肺活量の平均値は4,966mℓで24歳の一般成人男子の平均値より約9.9％大きかった。しかし体重当たりの肺活量は、プロ野球選手よりも一般成人男子のほうが大きかった。投手と野手では有意な差は認められなかった。

4) プロ野球選手のABテストの平均値は221.6Wで、投手と野手間では有意な差は認められなかった。

5) プロ野球選手のABテストから推定された最大酸素摂取量の平均値は4.20ℓ/minで、一般成人男子より40％ほど大きかった。しかし体重当たりの最大酸素摂取量は、プロ野球選手が一般成人男子のよりも16％大きいだけであった。投手と野手では有意な差は認められなかった。

4. 等速性筋力（サイベックス）

1. 緒言

等速性筋収縮は、1967年にJ. Perrineの考案により等運動性筋収縮(isokinetic muscular contraction)なる概念が提案されたことに始まる。この運動は、人為的に操作（抵抗）を加えて運動の速度を一定に制御するものであり、その機器はLumex社の命名によりCybex machine（サイベックスマシーン）となった。この機器は、元来脳卒中後の片麻痺の訓練と筋力評価の手段として開発されたものであるが、リハビリテーション医学・整形外科の分野はもちろんのこと、スポーツ医学・体育の分野で広く用いられるようになった。すなわち、等運動性筋収縮は、スポーツ選手の関節周囲の筋力増強と、シーズン中あるいはオフのときのトレーニングのための指針を与えるものとして優秀な方法であることは認められている。

T球団でも、以前から各大学より借用したCybex machineを使用してシーズンオフの体力測定で等速性筋力の測定を実施していた。しかし1989年にT球団の数名の選手が米国のDr. Jobeの執刀で肩と肘の手術を行うことになり、そのリハビリのためにCybex350を購入し、以後リハビリや筋力測定にCybex350を使用するようになった。

2. 方法

等速性筋力の測定は、1990年11月から1991年8月末までに実施された。対象者は、T球団に所属する投手27人、野手28人の計55人である。ただしすべての測定項目に全員が参加したわけではない。測定機器はCybex350システムを使用して膝関節の伸展・屈曲、さらに肩関節の中立位での内旋・外旋を実施した（写真11-6、7）。測定の速度は、90°/sec、180°/sec、270°/secの3つの角速度であり、各速度で4回ずつ施行させた。測定値は、当機種のコンピュータシステムによって、各速度のピークトルク値、ピークトルクが出現した角度、左右比、拮抗筋比などを算出した。ピークトルク値はトルク（Nm）で表された。

3. 結果および考察

1) 対象者の特性

表11-28は、対象者の特性を示している。平均年齢は24.8歳、平均身長は179.5cm、平均体重77.9kg、平均プロ在籍年数5.7年の55人である。右投げが44人、左投げが11人であった。

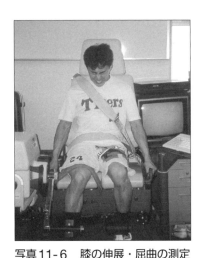
写真11-6　膝の伸展・屈曲の測定

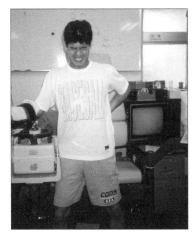
写真11-7　肩の内旋・外旋の測定

表11-28　被検者の特性

項目	全員 (n=55)		投手 (n=27)		野手 (n=28)	
	平均値	標準偏差	平均値	標準偏差	平均値	標準偏差
年齢（歳）	24.8	4.45	24.7	4.35	25.0	4.53
身長（cm）	179.5	3.76	180.6	3.13	178.4	4.00
体重（kg）	77.9	5.78	77.9	5.85	77.9	5.71
在籍年数（年）	5.7	3.99	5.3	3.93	6.1	4.01

※右投げ（44人）、左投げ（11人）

表11-29 膝伸展のピークトルク値

角速度（°/sec）	投球軸足			投球踏出脚		
	全選手 (n=46)	投手 (n=23)	野手 (n=23)	全選手 (n=46)	投手 (n=23)	野手 (n=23)
90°/sec		┌─P<0.05─┐			┌─P<0.01─┐	
平均値（Nm）	231.7	239.3	224.1	234.5	245.1	223.9
標準偏差（Nm）	24.9	26.3	20.8	23.6	23.0	19.0
180°/sec					┌─P<0.05─┐	
平均値（Nm）	180.7	185.3	176.1	180.5	187.5	173.6
標準偏差（Nm）	19.2	20.0	17.2	20.2	21.2	16.6
270°/sec					┌─P<0.01─┐	
平均値（Nm）	144.0	147.8	140.3	142.5	149.3	135.6
標準偏差（Nm）	16.6	17.6	14.4	18.0	18.2	14.9

表11-30 膝屈曲のピークトルク値

角速度（°/sec）	投球軸足			投球踏出脚		
	全選手 (n=46)	投手 (n=23)	野手 (n=23)	全選手 (n=46)	投手 (n=23)	野手 (n=23)
90°/sec		┌─P<0.05─┐			┌─P<0.01─┐	
平均値（Nm）	152.5	158.8	146.1	152.5	161.6	143.4
標準偏差（Nm）	18.3	17.2	17.1	18.9	17.7	15.4
180°/sec					┌─P<0.05─┐	
平均値（Nm）	133.7	137.0	130.3	134.5	140.4	128.5
標準偏差（Nm）	16.1	13.6	17.6	16.8	15.6	15.9
270°/sec					┌─P<0.01─┐	
平均値（Nm）	113.5	116.6	110.5	112.5	118.0	106.9
標準偏差（Nm）	16.4	13.7	18.1	15.2	12.8	15.4

表11-31 肩内旋のピークトルク値

角速度（°/sec）	投球肢			非投球肢		
	全選手 (n=46)	投手 (n=23)	野手 (n=23)	全選手 (n=46)	投手 (n=23)	野手 (n=23)
90°/sec			├─────P<0.01─────┤			
平均値（Nm）	64.1	63.7	64.6	61.8	59.9	63.8
標準偏差（Nm）	10.0	9.5	10.5	9.8	9.0	10.1
	├─────P<0.05─────┤					
180°/sec		├─────P<0.01─────┤				
平均値（Nm）	55.9	56.7	55.1	53.5	52.8	54.3
標準偏差（Nm）	7.8	6.9	8.6	8.9	8.0	9.7
	├─────P<0.05─────┤					
270°/sec		├─────P<0.01─────┤				
平均値（Nm）	49.4	50.4	48.2	47.4	46.9	48.0
標準偏差（Nm）	7.5	7.7	7.1	8.2	7.5	9.0

2）膝の伸展・屈曲のピークトルク値

表11-29は、膝伸展のピークトルク値を角速度ごとに、投球軸足と投球踏出脚に分けて投手と野手を比較したものである。全体的に野手よりも投手が大きい傾向を示し、投球軸足では角速度90°/secのみで、投手が野手より1％水準で統計学的に有意に大きかった。さらに投球踏出脚では、すべての角速度で野手よりも投手が有意に大きかった。

表11-30は、同様に膝屈曲のピークトルク値を比較したものである。この結果も表11-29と同じように投手が大きい傾向を示し、投球軸足の角速度90°/secと、投球踏出脚のすべての角速度で野手よりも投手が有意に大きかった。

このように脚の伸展・屈曲において投手が大きい値を示したのは、投球動作に起因するためと推測される。すなわち投球時に、軸脚のみで体重を支え、その後前

表11-32 肩外旋のピークトルク値

角速度（°/sec）	投球肢			非投球肢		
	全選手(n=46)	投手(n=23)	野手(n=23)	全選手(n=46)	投手(n=23)	野手(n=23)
90°/sec						
平均値（Nm）	40.2	39.4	41.0	40.0	38.5	143.4
標準偏差（Nm）	7.2	7.3	7.0	6.9	6.3	15.4
180°/sec						
平均値（Nm）	34.9	34.8	34.9	35.0	33.9	128.5
標準偏差（Nm）	6.8	6.8	6.7	6.1	6.0	15.9
270°/sec						
平均値（Nm）	30.9	30.5	31.4	30.4	29.4	106.9
標準偏差（Nm）	5.8	5.9	5.7	5.4	5.7	15.4

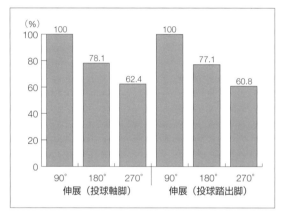

図11-2 膝伸展のピークトルクの角速度による変化

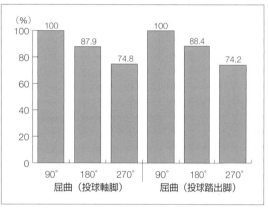

図11-3 膝屈曲のピークトルクの角速度による変化

に脚を大きく踏み出し、最後に踏出脚に体重を移動するという投球動作によって、大腿部の筋肉が強化され、とくに踏出脚の大腿部の筋肉がより肥大したためと推測される。

3）肩内旋・外旋のピークトルク値

表11-31は、肩内旋のピークトルク値を角速度ごとに、投球肢と非投球肢に分けて投手と野手を比較したものである。投手と野手間では有意な差は認められなかった。しかし投手では、すべての角速度において投球肢が有意に大きかった。これは、投手が投球動作を繰り返すことによって肩関節の内旋の筋力が向上したためと推測できる。野手ではこの傾向は認められず、投球肢と非投球肢との間に有意な差は認められなかった。これは、野手の場合は送球よりも打撃や守備の動作が筋肉の発達に大きく関与したためと考えられる。ただし全選手を対象に比較した場合には投手の影響力が残り、角速度90°/secと角速度180°/secで投球肢が有意に大きいという結果が得られた。

表11-32には、肩関節の外旋の値を示したものである。外旋の値は内旋と異なり、どの群においても投球肢と非投球肢との間に有意な差を認めることができなかった。このことは投球動作が、肩の外旋動作の筋力にあまり影響を与えないのではないかと推測される。ただし測定を継続していく中で、肩に違和感を覚える投手は外旋筋力が低下していることが多いことを経験している。肩関節の故障と外旋筋力の関係については別の項で述べる。

4）膝の伸展・屈曲の角速度によるピークトルク値の変化

図11-2は、膝の伸展での角速度の違いによるピークトルク値の変化を、全選手を対象にして投球軸脚と投球踏出脚に分けて比較したものである。投球軸足の角速度90°/secのときのピークトルクを100%としたときには、角速度180°/secでは78.1%となり、角速度270°/secでは62.4%となった。さらに、投球踏出脚の角速度90°/secのときのピークトルクを100%としたときには、角速度180°/secでは77.1%となり、角速度270°/secでは60.8%となった。このように膝

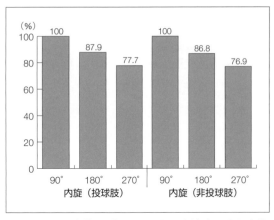

図11-4　肩内旋のピークトルクの角速度による変化

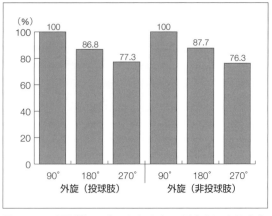

図11-5　肩外旋のピークトルクの角速度による変化

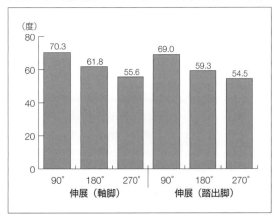

図11-6　膝伸展のピークトルクが出現した角度

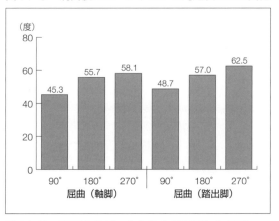

図11-7　膝屈曲のピークトルクが出現した角度

伸展のピークトルク値は、角速度が速くなると低下することが明らかとなった。

同様に図11-3では、膝の屈曲での角速度の違いによるピークトルク値の変化を比較したものである。投球軸足の角速度90°/secにおけるピークトルクを100％としたときには、角速度180°/secでは87.9％となり、角速度270°/secでは74.8％となった。さらに、投球踏出脚の角速度90°/secにおけるピークトルクを100％としたときには、角速度180°/secでは88.4％となり、角速度270°/secでは74.2％となった。このように膝屈曲のピークトルクも、角速度が速くなると低下することが明らかとなったが、膝伸展のピークトルク値の減少よりも少なかった。

5）肩の内旋・外旋の角速度によるピークトルク値の変化

図11-4は、肩の内旋での角速度の違いによるピークトルク値の変化を比較したものである。投球肢の角速度90°/secのときのピークトルクを100％としたときには、角速度180°/secでは87.9％となり、角速度270°/secでは77.7％となった。さらに、非投球肢の角速度90°/secにおけるピークトルクを100％としたときには、角速度180°/secでは86.8％となり、角速度270°/secでは76.9％となった。

同様に図11-5では、肩の外旋での角速度の違いによるピークトルク値の変化を比較したものである。投球肢の角速度90°/secのときのピークトルクを100％としたときには、角速度180°/secでは86.8％となり、角速度270°/secでは77.3％となった。さらに、非投球肢の角速度90°/secにおけるピークトルクを100％としたときには、角速度180°/secでは87.7％となり、角速度270°/secでは76.3％となった。

このように、肩の内旋・外旋においても角速度が速くなるとピークトルクが低下することが明らかとなったが、その減少率は両群ともほとんど同じであった。

すなわち、角速度が速くなるとピークトルク値が低下するという現象は、膝の伸展・屈曲、肩の内旋・外旋すべて認められたが、膝伸展で最大の低下率を示した。このことは大腿四頭筋を主働筋とする膝伸展は速い動作に対する適応力に欠けると言えるかもしれない。

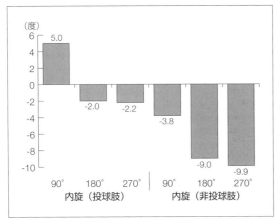

図11-8 肩内旋のピークトルクが出現した角度

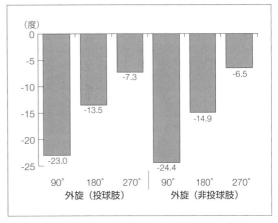

図11-9 肩外旋のピークトルクが出現した角度

6) 投球軸脚と投球踏み出し脚の比較

図11-6は、膝の伸展でのピークトルク値の出現した角度を、全選手を対象にして投球軸脚と投球踏み出し脚に分けて比較したものである。投球軸足の角速度90°/secでのピークトルクが出現した角度は70.3°で、角速度180°/secのときは61.8°で、角速度270°/secのときは55.6°となった。踏み出し脚でも角速度90°/secにおけるピークトルクが出現した角度は69.0°で、角速度180°/secのときは59.3°で、角速度270°/secのときは54.5°となった。このように膝伸展では、角速度が速くなるとピークトルク値の出現する角度が小さくなることが明らかとなった。すなわち、膝の伸展は最大屈曲時から伸展しながら測定され、最大伸展時が解剖学的角度0となるので、角速度が速くなるにつれて膝がより伸展した状態でピークトルクが出現したこととなる。

同様に図11-7では、膝の屈曲でのピークトルク値の出現した角度を、全選手を対象にして投球軸脚と投球踏み出し脚に分けて比較したものである。投球軸足の角速度90°/secでのピークトルクが出現した角度は45.3°で、角速度180°/secのときは55.7°で、角速度270°/secのときは58.1°となった。踏み出し脚でも角速度90°/secでのピークトルクが出現した角度は48.7°で、角速度180°/secのときは57.0°で、角速度270°/secのときは62.5°となった。膝屈曲では、角速度が速くなるとピークトルク値の出現する角度が大きくなることが明らかとなった。すなわち、膝の屈曲は最大伸展時から屈曲しながら測定され、最大伸展時が角度0となるので、角速度が速くなるにつれて膝がより屈曲した状態でピークトルクが出現したこととなる。

7) 投球肢と非投球肢の比較

図11-8は、肩の内旋でのピークトルク値の出現した角度を、全選手を対象にして投球肢と非投球肢に分けて比較したものである。投球肢の角速度90°/secでのピークトルクが出現した角度は5.0°で、角速度180°/secのときは-2.0°で、角速度270°/secのときは-2.2°となった。非投球肢での角速度90°/secのときのピークトルクが出現した角度は-3.8°で、角速度180°/secのときは-9.0°で、角速度270°/secのときは-9.9°となった。このように肩の内旋では、角速度が速くなるとピークトルク値の出現する角度が小さくなることが明らかとなった。

同様に図11-9では、肩の外旋でのピークトルク値の出現した角度を比較したものである。投球肢の角速度90°/secでのピークトルクが出現した角度は-23.0°で、角速度180°/secのときは-13.5°で、角速度270°/secのときは-7.3°となった。非投球肢での角速度90°/secのときのピークトルクが出現した角度は-24.4°で、角速度180°/secのときは-14.9°で、角速度270°/secのときは-6.5°となった。このように肩の外旋では、角速度が速くなるとピークトルク値の出現する角度が大きくなることが明らかとなった。

肩の内旋・外旋時の解剖学的0は、上腕を体幹に接し、肘関節を前方に90°屈曲した位置を0とする（写真11-6、P.159参照）。すなわち肩の内旋は最大外旋位から内旋しながら測定されることになるので、角速度が速くなるにつれてより外旋した位置でピークトルクが出現したこととなる。さらに肩の外旋は、最大内旋位から外旋しながら測定されることになるので、角速度が速くなるにつれて解剖学的0により近い位置でピークトルクが出現したこととなる。

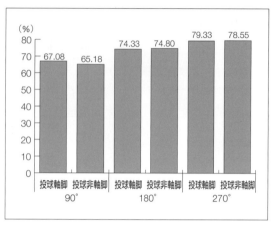

図11-10 膝の（屈曲／伸展）比の角速度による変化

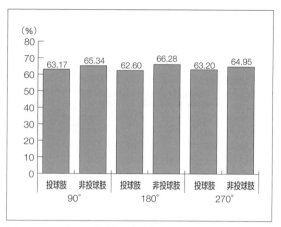

図11-11 肩の（外旋／内旋）比の角速度による変化

8）拮抗筋比（屈曲／伸展）

図11-10は、膝の（屈曲／伸展）比を投球軸脚と投球踏み出し脚に分けて3つの角速度で比較したものである。角速度90°/secでは、投球軸足が67.1％、投球踏み出し脚が65.2％で有意差はなく平均すると66.1％であった。また角速度180°/secでは、投球軸足が74.3％、投球踏み出し脚が74.8％で平均すると74.6％であった。さらに角速度270°/secでは、投球軸足が79.3％、投球踏み出し脚が79.5％で平均すると79.4％であった。このように膝の（屈曲／伸展）比は、各速度が速くなると大きくなることが確認できた。すなわち、膝の屈曲のピークトルク値は、角速度が速くなっても伸展のピークトルク値と比較して大きく低下しないことを意味している。

9）拮抗筋比（外旋／内旋）

図11-11は、同様に肩の（外旋／内旋）比を投球肢と非投球肢に分けて3つの角速度で比較したものである。角速度90°/secでは、投球肢が63.2％、非投球肢が65.3％で平均すると64.3％であった。また角速度180°/secでは、投球肢が62.6％、非投球肢が66.3％で平均すると64.4％であった。さらに角速度270°/secでは、投球肢が63.2％、非投球肢が65.0％で平均すると64.1％であった。肩の（外旋／内旋）比は、すべての角速度において、投球肢よりも非投球肢が大きい傾向を示したが、統計学的な有意差は認められなかった。さらに、3つの角速度で比較した場合でも膝の（屈曲／伸展）比のような差は認められず、どの角速度でもほとんど同じような値を示した。

4．まとめ

1）プロ野球選手の脚の伸展・屈曲のピークトルク値は、投手が野手よりも大きい値を示し、とくに踏み出し脚で顕著であり、その要因は投球動作に起因するためと推測される。

2）プロ野球選手の肩内旋のピークトルク値は、投手と野手間では有意な差は認められなかったが、投手のみすべての角速度において投球肢が有意に大きかった。これは、投手の投球動作により内旋の筋力が向上したためと推測できる。

3）プロ野球選手の肩外旋のピークトルク値は、投手と野手間、投球肢と非投球肢との間に有意な差を認めなかった。

4）プロ野球選手の脚の伸展・屈曲のピークトルク値は、角速度が速くなると低下し、この傾向は膝伸展でより顕著であった。

5）プロ野球選手の肩内旋・外旋のピークトルク値は、角速度が速くなると低下し、その低下率は肩内旋・外旋ともほとんど同じであった。

6）プロ野球選手の膝伸展は、角速度が速くなるとピークトルク値の出現する角度が小さくなった。

7）プロ野球選手の膝屈曲は、角速度が速くなるとピークトルク値の出現する角度が大きくなった。

8）プロ野球選手の肩内旋は、角速度が速くなるとピークトルク値の出現する角度が小さくなった。

9）プロ野球選手の肩外旋は、角速度が速くなるとピークトルク値の出現する角度が大きくなった。

10）プロ野球選手の膝の（屈曲／伸展）比は、各速度が速くなると大きくなった。

11）プロ野球選手の肩の（外旋／内旋）比は、角速度が速くなってもほとんど変化しなかった。

5. 等速性筋力の競技特性（プロ野球選手と短距離選手の比較）

1. 緒言
前項はプロ野球選手の等速性筋力について述べたが、ここでは短距離選手と比較することにより、等速性筋力の競技特性を明らかにしようと試みた。陸上競技における短距離選手とは、100m、200m、400mを専門種目とする選手のことであり、最も短い距離でも100mである。野球選手の場合は、試合中に100mを全力で疾走することはほとんどない。さらに短距離走が一定の距離をなるべく短い時間で走り抜ける競技であるのに対して、野球の場合は、途中で停止したり、方向を変えたり、スライディングをしたりしなければならない。このように、競技特性が異なる両競技の下肢筋力の特性を明らかにしようとした。

2. 方法
1) 対象者
対象者は、プロ野球選手15人、短距離選手10人である。年齢は18歳から22歳の選手でプロ野球選手の平均19.2歳、短距離選手の平均19.7歳であった（表11-33）。短距離選手は、K大学の陸上競技部に所属し、全国大会出場または入賞者であり、100mの自己記録が10秒台の選手たちであった。

2) 走能力
プロ野球選手と、短距離選手の走能力を比較するために30m走を実施した。測定は機械メーカーのヤガミの協力を得て作成した独自の測定装置で行った。その測定装置は、スタート装置としてはゴム製の圧力板を使い選手が圧力板を踏んでスタートして圧力が0になるとタイマーが回り出し、ゴールでは光電管センサーを使用して、赤外線が選手の通過によって遮断されるとタイマーがストップして30mのタイムが計測される（写真11-8）。

3) 膝関節の等速性筋力
膝関節の伸展・屈曲の等速性筋力は、Cybex350システムを用いて実施した。測定は座位姿勢でサイベックスの測定マニュアルに準じて行った。角速度は毎秒90°、180°、270°の3種類で、角速度の遅いほうから実施し、各4回の動作を行いピークトルク値を求めた。

4) 統計処理
測定値は、プロ野球群と短距離群に分けて有意差検定（t検定）を行った。

表11-33 被検者の特性

項目	プロ野球選手（n=15）		短距離選手（n=10）		t値	有意差
	平均値	標準偏差	平均値	標準偏差		
年齢（歳）	19.2	1.05	19.7	0.64	-1.293	N.S
身長（cm）	179.0	3.46	175.2	5.34	2.0707	P<0.05
体重（kg）	74.7	2.49	67.3	5.31	4.4893	P<0.001

写真11-8　30m走の測定

表11-34 30m走の記録

項目	プロ野球選手（n=15）	短距離選手（n=10）	t値	有意差
人数	15	10		
平均	3.63	3.44	7.4607	P<0.001
標準偏差	0.07	0.04		

表11-35 膝伸展のピークトルク値の比較

	右脚			左脚		
角速度（°/sec）	プロ野球（n=15）	t値 有意差	短距離（n=10）	プロ野球（n=15）	t値 有意差	短距離（n=10）
90°/sec						
平均値（Nm）	233.3	2.254	209.7	230.9	1.924	208.7
標準偏差（Nm）	18.71	P<0.05	31.42	21.41	N.S	33.91
180°/sec						
平均値（Nm）	186.4	2.304	164.6	180.0	1.721	163.5
標準偏差（Nm）	12.99	P<0.05	31.34	16.59	N.S	29.25
270°/sec						
平均値（Nm）	145.3	1.794	128.3	149.2	2.408	128.0
標準偏差（Nm）	13.89	N.S	30.81	17.74	P<0.05	24.45

表11-36 膝屈曲のピークトルク値の比較

	右脚			左脚		
角速度（°/sec）	プロ野球（n=15）	t値 有意差	短距離（n=10）	プロ野球（n=15）	t値 有意差	短距離（n=10）
90°/sec						
平均値（Nm）	164.9	-0.683	171.3	165.7	-0.697	172.4
標準偏差（Nm）	21.06	N.S	23.38	22.55	N.S	22.65
180°/sec						
平均値（Nm）	150.7	-0.098	151.5	147.1	-0.815	153.7
標準偏差（Nm）	19.60	N.S	18.35	21.48	N.S	14.59
270°/sec						
平均値（Nm）	127.1	-0.493	130.9	126.0	-1.167	134.1
標準偏差（Nm）	17.78	N.S	18.63	19.23	N.S	10.50

3．結果および考察

1）対象者の特性

表11-33は、プロ野球選手と短距離選手の身体的特性を示している。身長はプロ野球選手が平均179.0cm、短距離選手が平均175.2cmでプロ野球選手が有意に大きかった。体重もプロ野球選手が平均74.7kg、短距離選手が平均67.3kgでプロ野球選手が有意に大きかった。年齢は、短距離選手（平均19.2歳）と同年齢のプロ野球選手（平均19.7歳）を対象としたので、選手間に有意差を認めなかった。

2）30m走の測定結果

表11-34は30m走の測定結果を示している。プロ野球選手が平均3.63秒、短距離選手が平均3.44秒で短距離選手が有意によい記録であった。

3）膝の伸展・屈曲のピークトルク値の比較

表11-35は、膝伸展のピークトルク値を右脚と左脚に分けて、プロ野球選手と短距離選手を比較したものである。すべての角速度においてプロ野球選手が大きい値を示した。右脚の角速度90°/secでは、プロ野球選手が平均233.3Nm、短距離選手が平均209.7Nmでプロ野球選手が5％水準で有意に大きかった。右脚の、角速度180°/secでは、プロ野球選手が平均186.4Nm、短距離選手が平均164.6Nmでプロ野球選手が5％水準で有意に大きかった。さらに左脚の角速度270°/secでは、プロ野球選手が平均149.2Nm、短距離選手が平均128.0Nmでプロ野球選手が5％水準で有意に大きかった。

表11-36は、同様に膝屈曲のピークトルク値を比較したものである。この結果、膝伸展とは逆に、両脚ともすべての角速度でピークトルク値の平均値が、プロ野球選手よりも短距離選手が大きな値を示したが、統計学的には有意な差を認めることはできなかった。

このように、膝伸展のピークトルク値はプロ野球選手が大きかったが、逆に膝屈曲のピークトルク値は短距離選手が大きい傾向にあった。

表11-37 体重当たりのピークトルク値の比較（膝伸展）

角速度（°/sec）	右脚			左脚		
	プロ野球 (n=15)	t値 有意差	短距離 (n=10)	プロ野球 (n=15)	t値 有意差	短距離 (n=10)
90°/sec						
平均値(Nm/kg)	3.12	0.0916	3.11	3.09	0.000	3.09
標準偏差(Nm/kg)	0.189	N.S	0.333	0.237	N.S	0.391
180°/sec						
平均値(Nm/kg)	2.49	0.531	2.43	2.48	0.537	2.42
標準偏差(Nm/kg)	0.210	N.S	0.332	0.218	N.S	0.318
270°/sec						
平均値(Nm/kg)	1.94	0.423	1.89	2.00	1.043	1.89
標準偏差(Nm/kg)	0.205	N.S	0.360	0.232	N.S	0.270

表11-38 体重当たりのピークトルク値の比較（膝屈曲）

角速度（°/sec）	右脚			左脚		
	プロ野球 (n=15)	t値 有意差	短距離 (n=10)	プロ野球 (n=15)	t値 有意差	短距離 (n=10)
90°/sec						
平均値(Nm/kg)	2.20	-3.054	2.54	2.22	-2.627	2.53
標準偏差(Nm/kg)	0.260	$P<0.01$	0.264	0.253	$P<0.05$	0.310
180°/sec						
平均値(Nm/kg)	2.02	-2.529	2.26	1.98	-3.214	2.29
標準偏差(Nm/kg)	0.230	$P<0.05$	0.212	0.249	$P<0.01$	0.188
270°/sec						
平均値(Nm/kg)	1.70	-2.854	1.95	1.69	-3.599	1.99
標準偏差(Nm/kg)	0.223	$P<0.01$	0.177	0.239	$P<0.01$	0.101

表11-39 膝の拮抗筋比（屈筋力／伸展力）×100の比較

角速度（°/sec）	右脚			左脚		
	プロ野球 (n=15)	t値 有意差	短距離 (n=10)	プロ野球 (n=15)	t値 有意差	短距離 (n=10)
90°/sec						
平均値(%)	70.0	-4.186	80.5	71.1	-3.129	80.8
標準偏差(%)	5.73	$P<0.001$	6.13	7.32	$P<0.01$	7.23
180°/sec						
平均値(%)	80.6	-3.287	91.5	79.5	-3.299	93.7
標準偏差(%)	7.85	$P<0.01$	7.70	10.41	$P<0.01$	9.65
270°/sec						
平均値(%)	87.1	-3.733	105.8	84.3	-4.275	107.4
標準偏差(%)	9.49	$P<0.01$	14.53	11.36	$P<0.001$	14.47

4）膝の伸展・屈曲の体重当たりのピークトルク値の比較

表11-37は、膝伸展の体重当たりのピークトルク値を、プロ野球選手と短距離選手で比較したものである。短距離選手の体重が軽かったので、体重当たりの膝伸展力は、プロ野球選手とほとんど差がなくなった。

表11-38は、同様に膝屈曲の体重当たりのピークトルク値を、プロ野球選手と短距離選手で比較したものである。この結果膝屈曲の体重当たりのピークトルク値は、両脚ともすべての角速度で短距離選手が有意に大きくなった。

5）拮抗筋比（屈曲／伸展）の比較

表11-39は、膝の拮抗筋比（屈曲／伸展）×100をプロ野球選手と短距離選手で比較したものである。さらに、図11-12、13は表11-39を図示したものである。この結果、両脚とも、すべての角速度で短距離選手が有意に大きかった。

このように、膝関節の伸展・屈曲をプロ野球選手と短距離選手で比較すると、伸展力はプロ野球選手が大きい傾向を示し、逆に屈曲力は短距離選手が大きい傾向を示した。さらにこの傾向は、体重当たりのピークトルク値で比較するとより顕著となった。この結果、膝の拮抗筋比（屈曲／伸展）×100をプロ野球選手と短距離選手で比較すると、すべての角速度で短距離選

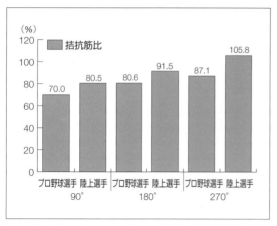

図11-12 膝の拮抗筋比（屈筋力／伸展力）×100の
プロ野球選手と野球選手の比較（右）

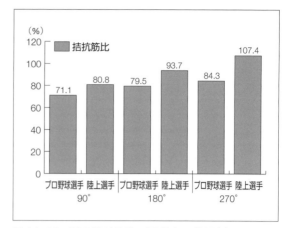

図11-13 膝の拮抗筋比（屈筋力／伸展力）×100の
プロ野球選手と短距離選手の比較（左）

表11-40 プロ野球選手の30m走と拮抗筋比の関係（n=33）

角速度	左右	回帰直線	R^2	有意差
90°	右	Y = -0.003X + 3.84	0.024	N.S
	左	Y = -0.003X + 3.87	0.081	N.S
180°	右	Y = -0.001X + 3.76	0.007	N.S
	左	Y = -0.003X + 3.88	0.059	N.S
300°	右	Y = -0.002X + 3.85	0.021	N.S
	左	Y = -0.002X + 3.82	0.038	N.S

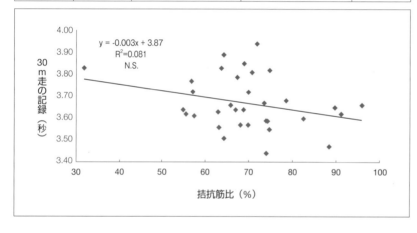

図11-14 プロ野球選手の
30ｍ走の記録と拮抗筋比の
関係（90°/sec、左）

手が有意に大きかった。

すなわち、短距離選手は走能力に関係が深いとされる膝の屈筋群が発達し、プロ野球選手は走るだけではなく投球動作や打撃動作、守備動作などで大腿の前部がトレーニングされ、伸展群が著しく発達したと考察できる。

6）30ｍの記録と拮抗筋比の比較

そこで、プロ野球選手の30ｍの記録と拮抗筋比の関係を比較したのが表11-40と図11-14である。表11-40に示すように回帰直線の傾きが－となりすべての角速度で30ｍの記録がよい選手は拮抗筋比が大きいという傾向を示したが、統計学的な有意性は認められなかった。

4．まとめ

1）プロ野球選手と短距離選手の膝伸展・屈曲の等速性筋力の競技特性を明らかにしようと試みた。

2）30m走は、プロ野球選手が平均3.64秒、短距離選手が平均3.44秒で短距離選手が有意によい記録であった。

3）膝伸展のピークトルク値は、すべての角速度においてプロ野球選手が大きい値を示したが、体重当たりにすると両者間にほとんど差がなくなった。

4）膝屈曲のピークトルク値は、すべての角速度において短距離選手が大きい傾向にあったが、体重当たり

のピークトルク値は、すべての角速度で短距離選手が有意に大きかった。
5）膝の拮抗筋比（屈曲／伸展）×100は、すべての角速度で短距離選手が有意に大きかった。この結果は、野球と短距離選手の競技特性によるものと考察できる。
6）プロ野球選手の30mの記録と拮抗筋比の関係は、記録がよい選手は拮抗筋比が大きいという傾向を示したが、統計学的な有意性は認められなかった。

6．フィールドテスト

1．緒言

　本項では、シーズンオフに恒例として実施される体力測定ではなく、屋外（フィールド）で行われた項目について報告する。すなわち、走力と投能力に関する種目である。走力と遠投力は、入団テストなどでもよく採用される、野球選手にとって重要な体力要素である。

　プロ野球選手にとっての走力は、他の体力要素と比較しても非常に重要なものである。打撃時には、走能力が高いほど一塁までの到達時間が短く、ヒットになる確率も高くなる。さらに打者の足が速い場合には、内野手は緩いゴロの打球をアウトにするために通常の守備位置よりも前進守備を取る。前進守備を取るとヒットゾーンが広くなり、ヒットの確率が高くなる。走者になった場合でも足の速い選手が有利なのは言うまでもない。走者になると判断力も非常に重要となるが、足の速い選手は盗塁のチャンスは増えるし、打者の打球によって次に塁に進む確率も高くなる。すなわちタッチアップで次の塁に進んだり、ヒットで二塁からホームに帰ってきたり、二塁打で一塁から一気にホームに帰ってきたりする可能性が高まるのである。守備においても、放たれた打球に対していち早く追い着くことができ、アウトにする確率が高まるのである。このようにプロ野球選手にとって、「走力」は極めて重要な体力要素なのである。

　投能力とは、自分の意図するところにボールを投げる能力と、速いボールを投げる能力に大別されると思われるが、ここではボールをどれだけ遠くに投げることができるか（遠投能力）について報告する。

2．方法

1）10m走、30m走、50m走、100m走、ホームラン

　T球団では、走能力の向上を目指して、試合前の練習や練習日などに30mダッシュを全力で3～5本行うことを義務づけていた。その場合にモチベーションを高めるためにストップウォッチでタイムを計測していた。しかし測定の不正確さを選手に指摘されたり、測定にコーチの時間が割かれることなどの理由で、「ヤガミ」の協力を得て新しい測定装置の開発を行った。その測定装置は、スタート装置としてはゴム製の圧力板を使い選手が圧力板を踏んでスタートして圧力が0になるとタイマーが回り出し、ゴールでは赤外線センサーを使用して、赤外線が選手の通過によって遮断されるとタイマーがストップするというものであった。すなわち、測定しようとする距離は選手が1歩目を踏み出した地点からゴールの赤外線センサーまでの距離とした。赤外線センサーはグラウンドから1.2mの高さに設置し、手でセンサーを遮断することを禁止し、胴体で遮断するように指導した。

　この装置を使用して1992年から30mの測定を開始した。選手たちは試合前などの練習で3～5本の30mダッシュを行うので、月に（3～5本）×25日（試合日または練習日）＝75本から125本の測定を行い、年間では750本から1,250本の30mダッシュの測定を行うことになる。測定値としてはその日の最も速いタイムを採用し、月別最高記録や年間最高記録、さらに自己最高記録としても集計した。

　さらに、同様の方法で測定した10m走、50m走、100m走、ベース1周（ホームラン）についても報告する。ホームランを測定するときには、打席による有利、不利をなくすために全員右打席からスタートし、本塁ベース上に設置した圧力板を踏んで一塁ベース、二塁ベース、三塁ベースと回りホームベースに帰ってくる。ホームベースは圧力板が設置してあるので、ゴールの赤外線センサーは、一塁ベースとホームベースを結ぶ延長線上のホームベースに近いファールグラウンドに設置した。

　これらの測定方法だと、一般的に行われるピストルでスタートし、ストップウォッチで計測する方法より約0.4秒速い記録が計測されると推測される。

2）遠投

　遠投は、1994年と1997年の2回のみ測定された。測定はいずれもシーズン中の5月に二軍選手を対象

表11-41　10m走の投手と野手の比較

項　目	全　員	投　手	野　手	t値	有意差
人数（人）	48	22	26		
平均（秒）	1.273	1.289	1.259	2.774	P<0.01
標準偏差（秒）	0.038	0.039	0.034		
最速値（秒）	1.15	1.21	1.15		
最遅値（秒）	1.45	1.41	1.45		

表11-42　30m走の投手と野手の比較

項　目	全　員	投　手	野　手	t値	有意差
人数（人）	140	69	71		
平均（秒）	3.73	3.80	3.69	6.900	P<0.001
標準偏差（秒）	0.103	0.111	0.083		
最速値（秒）	3.32	3.40	3.32		
最遅値（秒）	4.20	4.20	4.05		

表11-43　30mの自己記録が最も速かった選手3名の記録の推移

順位	氏名	"89-98 自己新	1989 最高値	1990 最高値	1991 最高値	1992 最高値	1993 最高値	1994 最高値	1995 最高値	1996 最高値	1997 最高値	1998 最高値
1	T.K	3.32	3.52	3.40	3.32	3.37	3.52	3.54	3.81	3.57	3.71	
2	H.Y	3.35	3.35	3.42								
3	T.S	3.36		3.53	3.49	3.44	3.36	3.48		3.61		

（1998年5月5日現在）

に実施された。測定は2mの助走を使い、2回の投球を行い、よいほうを測定値とした。遠投の距離の測定は、5m間隔に目標の円錐形のコーンを置き、目測で1m単位まで計測した。

3）打席から一塁まで時間

　打席から一塁までの時間は、1990年の3月17日から9月6日までの二軍の試合85試合で測定された。測定方法は、打者が打席に立ちバットが投球に当たった瞬間から一塁ベースに到達するまでの時間を、ベンチにいる検者によってストップウォッチで計測された。一塁ベースに到達するまでの走路は、ゴロを打った場合とフライやヒットを打った場合では異なる。すなわちゴロを打った場合は、直線的に一塁ベースにダッシュするが、フライや明らかにヒットとわかった場合には、二塁ベースになるべく早く到達するために一塁ベースを膨らみをもって回っていく（オーバーラン）。そこで、測定された一塁までの時間は「直線」と「オーバーラン」の2つに分けて分析された。測定は、試合中の両チームのすべての選手で実施されたが、今回はT球団の野手の中で「直線」と「オーバーラン」の測定回数が各々5回以上の14人について報告する。14人の選手の中で左打ちは5人、右打ちが9人であったので、打席の違いによる到達時間も比較した。

3. 結果および考察

1）10m走、30m走、50m走、100m走、ホームラン

　表11-41は、10m走を投手と野手で比較したものである。10m走は1996年のシーズン中の4月27日から8月11日まで16回測定された。48人の選手が1回以上の測定に参加した。複数回参加した選手は最も記録のよい値を測定値とした。最もよい記録は野手が記録し1.15秒であった。野手の平均値は1.259秒で、投手の平均値の1.289秒と比較して1％水準で有意によい記録であった。

　表11-42は、30m走を投手と野手で比較したものである。30m走は、1990年から1998年までT球団に在籍したほとんどの選手140人が参加した。複数回測定した選手は、最もよい記録を個人記録とした。最も速かった選手は亀山努外野手で、3.32秒を記録した。投手と野手の比較では、0.1％水準で野手が有意に速かった。この測定を継続中に最もよい記録を出した3人の記録の推移を示したのが表11-43である。3選手とも俊足の外野手であった。最も速かった亀山努外野手は、1988年に高校から入団しその後順調に自己記録を伸ばし入団4年目に球団新記録の3.32秒を記録した。その2年後に入団した新庄剛志外野手も順調に自己記録を伸ばし4年目に自己記録の3.36秒を記録した。この2人の活躍により1992年に優勝争いを演じたのである。この1992年に阪神タイガースが優勝していれば、高校出の選手たちが順調に成長し（中込伸投手、山田勝彦捕手など）、ペナントを勝ち取った年として、阪神タイガースの球団史の中でも燦然と輝き、その後の歴史も大きく変わったと思うと

表11-44 50m走の投手と野手の比較

項　目	全　員	投　手	野　手	t値	有意差
人数（人）	93	48	45		
平均（秒）	6.14	6.24	6.09	2.889	P<0.01
標準偏差（秒）	0.270	0.252	0.225		
最速値（秒）	5.49	5.59	5.49		
最遅値（秒）	6.88	6.88	6.69		

表11-45 100m走の投手と野手の比較

項　目	全　員	投　手	野　手	t値	有意差
人数（人）	46	22	24		
平均（秒）	12.10	12.23	11.98	2.494	P<0.05
標準偏差（秒）	0.362	0.355	0.326		
最速値（秒）	11.03	11.27	11.03		
最遅値（秒）	13.08	12.95	13.08		

表11-46 ホームラン走の投手と野手の比較

項　目	全　員	投　手	野　手	t値	有意差
人数（人）	129	69	60		
平均（秒）	14.89	15.01	14.80	2.748	P<0.01
標準偏差（秒）	0.441	0.493	0.327		
最速値（秒）	13.59	13.78	13.59		
最遅値（秒）	16.23	16.23	16.00		

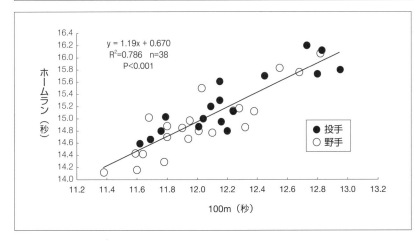

図11-15 プロ野球選手の100m走とホームラン走の関係

残念である。

表11-44は、50m走を投手と野手で比較したものである。50m走は、1995年から2002年までに合計6回実施された。最も速い選手は野手で5.49秒であった。さらに、野手の平均値は投手の平均値より1％水準で有意に速かった。

表11-45は、100m走の結果を示したものである。100m走は、1993年と1994年のシーズン中二軍選手を対象にして合計2回実施された。最も速かった選手は、11.03秒で走った外野手であった。投手と野手の比較では、投手の平均が12.23秒で、野手の平均は11.98秒となり、5％水準で有意な差を認めた。短距離系のダッシュにおいては投手よりも野手のほうが有意に速かった。

表11-46は、ダイヤモンドを1周するホームランの記録を比較している。ホームランは、1993年から2000年まで合計11回実施され、129人の選手が参加した。最も速かった選手は、13.59秒で走った野手であった。投手と野手を比較すると、走る距離が100m以上になるにもかかわらず野手が有意に速かった。このことは、ベースを回るベースランニングの技術が野手のほうが優れているためと考察できる。図11-15は、100m走とホームランの関係を示したものである。100m走とホームランは高い相関関係を示し、100m走が速い人はホームランも速いということになる。さらにベースランニングのうまい選手（野手に多い）は回帰直線の下部にプロットされ、ベースランニングの下手な選手（投手に多い）は回帰直線の上部にプロットされることになる。

表11-47 遠投の投手と野手の比較

項　目	全　員	投　手	野　手	t値	有意差
人数（人）	45	15	30		
平均（m）	90.0	88.5	95.5	-4.599	P<0.01
標準偏差（m）	5.42	4.72	4.70		
最速値（m）	110	99	110		
最遅値（m）	78	78	81		

表11-48 直線走とオーバーランのタイムの比較（ベストタイム）

項　目	直　線	オーバーラン	t値	有意差
人数（人）	14	14		
平均（秒）	4.206	4.421	-2.860	P<0.01
標準偏差（秒）	0.205	0.177		
最速値（秒）	3.54	4.01		
最遅値（秒）	4.66	4.82		

表11-49 直線走とオーバーランのタイムの比較（平均値）

項　目	直　線	オーバーラン	t値	有意差
人数（人）	14	14		
平均（秒）	4.435	4.778	-4.778	P<0.001
標準偏差（秒）	0.165	0.200		
最速値（秒）	3.968	4.343		
最遅値（秒）	4.783	5.288		

表11-50 右打者と左打者の直線走のタイムの比較（ベストタイム）

項　目	右打者	左打者	t値	有意差
人数（人）	9	5		
平均（秒）	4.343	3.960	3.169	P<0.01
標準偏差（秒）	0.129	0.288		
最速値（秒）	4.17	3.54		
最遅値（秒）	4.66	4.29		

表11-51 右打者と左打者の直線走のタイムの比較（平均値）

項　目	右打者	左打者	t値	有意差
人数（人）	9	5		
平均（秒）	4.554	4.220	4.159	P<0.01
標準偏差（秒）	0.085	0.192		
最速値（秒）	4.41	3.97		
最遅値（秒）	4.78	4.48		

2）遠投

表11-47は、遠投の結果を投手と野手で比較したものである。遠投は二軍選手を対象にして1994年と1997年のシーズン中に2回実施された。最も遠くに投げた選手は110mを投げた野手であった。投手と野手を比較すると0.1％水準で野手が有意に遠投力に優れていた。この結果は、遠投力の測定が2mの助走をつけて行ったためと推測される。すなわち、投手は軸足をプレートにつけて投球することが多いことと、助走をつけて遠投する場合でもボールの回転を意識して遠くへ投げる意欲が少ないためと推測される。それとは逆に、野手は助走をつけて全力で投げる機会が非常に多いと思われる。

3）打席から一塁まで時間

表11-48は、打席から一塁まで時間を直線走とオーバーランのベストタイムで比較したものである。直線走で最も速い選手のベストタイムは3.54秒であり、この記録は内野安打を狙ってバントをして一塁まで全力疾走したときに記録された。同じ選手がオーバーランのときの最速値4.01秒を記録している。各選手のベストタイムを直線走とオーバーランで比較すると0.219秒の差があり、1％水準で有意差を認めた。

さらに、各選手の平均値で比較したのが表11-49である。平均値が最も速かった選手は直線走で3.968秒を示しオーバーランでの同じ選手が4.343秒を記録した。14人の平均値での直線走とオーバーランの比較では0.343秒の差があり、0.1％水準で有意な差を認めた。

表11-52 右打者と左打者のオーバーランのタイムの比較（ベストタイム）

項　目	右打者	左打者	t値	有意差
人数（人）	9	5		
平均（秒）	4.532	4.222	3.954	P<0.01
標準偏差（秒）	0.118	0.150		
最速値（秒）	4.32	4.01		
最遅値（秒）	4.82	4.56		

表11-53 右打者と左打者のオーバーランのタイムの比較（平均値）

項　目	右打者	左打者	t値	有意差
人数（人）	9	5		
平均（秒）	4.910	4.540	4.144	P<0.01
標準偏差（秒）	0.153	0.140		
最速値（秒）	4.67	4.34		
最遅値（秒）	5.29	4.75		

　表11-50は、右打者と左打者の直線走のタイムをベストタイムで比較したものである。右打者と左打者は平均値で0.383秒の差があり、1％水準で有意な差を認めた。さらに、直線走を平均値で比較したのが表11-51である。平均値でも右打者と左打者で0.334秒の差があり、1％水準で有意な差を認めた。

　表11-52は、同様に右打者と左打者のオーバーランのタイムをベストタイムで比較したものである。右打者と左打者は平均値で0.310秒の差があり、1％水準で有意な差を認めた。さらに、オーバーランを平均値で比較したのが表11-53である。平均値でも右打者と左打者で0.370秒の差があり、1％水準で有意な差を認めた。

3. まとめ

1）10m走、30m走、50m走、100m走は、投手よりも野手のほうが有意に速かった。
2）ホームランでも、投手よりも野手のほうが有意に速かった。これは、短距離系の種目が野手の方が速い事と野手のベースランニングの技術が高いためと推測できる。
3）遠投能力は、投手よりも野手が高かった。
4）打席から一塁まで時間は、直線走とオーバーランで0.343秒の差があり、有意な差を認めた。
5）打席から一塁まで時間は、右打者と左打者とで直線走で0.334秒の差があり、有意な差を認めた。
6）打席から一塁まで時間は、右打者と左打者とでオーバーランで0.370秒の差があり、有意な差を認めた。

7. 視力

1. 緒言

　ここでは、プロ野球選手の視力について報告する。近年、スポーツ選手の「視力」に関心が高まり、いくつかの報告もみられる。スポーツ選手は、スポーツ活動を行っている間、周囲状況の変化に素早く対応しながら競技をしている。球技では、ボールやまわりの選手の動きなど刻々と変化する状況を判断しつつ身体を動かしている。この周囲からの情報は、主として眼を通じて、すなわち視覚を介して脳にインプットされている。視覚はスポーツにおいて最も重要な知覚であり、その能力の優劣が競技力に大きな影響を与えている。このスポーツと視覚に関する研究は、1978年に米国オプトメトリック協会（American Optometric Association）にスポーツビジョン部門（Sport Vission Section）が誕生したことから急速に発展した。

　日本の野球界では、1996年のアトランタオリンピックに出場した選手たちに関する報告がある。これによると、社会人や大学から選抜された選手であるアトランタオリンピックに出場した選手たちは、ノンプロのAクラスの選手よりもスポーツビジョンの結果が優れていたことが報告されている。

　プロ野球選手を対象とした報告では、石垣らの報告がある。これによると、入団時のスポーツビジョンの測定結果が高い選手ほど、入団後によい成績を残していることが示唆されている。

　T球団でも、野球における視覚の重要性を認識し、1988年頃よりAcuVision-1000を用いて、眼で目標をとらえ素早く手で反応する訓練や検査を実施してい

写真11-9 AcuVision-1000を用いて測定

写真11-10 静止視力と動体視力（KVA）測定

写真11-11 動体視力（DVA）測定

た（**写真11-9**）。これは、パネル内に埋め込まれている赤いライトが点灯するとそれを指で押し、さらに他の場所のライトが点灯するのでまた素早く指で押し、この動作を繰り返して、120個のタッチセンサーを押す時間と正確さを測定する装置である。この測定結果は残念ながら手元には存在しない。その後、通常の静止視力と前後方向の動体視力の測定は継続していたが、2000年と2002年に水平方向の動体視力も追加したので、今回はこの結果を合わせて報告する。さらに利き目の測定も行った。

2. 方法

視力の測定は、2000年と2002年のシーズンオフの恒例の体力測定・健康診断の1セクションとして実施された。測定には延べ81人の選手が参加したが、2年間とも参加した選手は測定結果がよかった年度の値を測定値とした。統計処理を行ったのは投手32人、野手32人の合計64人であった。参加選手全員の平均年齢は27.9歳で、投手28.2歳、野手27.6歳であっ

たが、両者間に有意な差は認められなかった。さらに公式戦終了時に一軍に在籍していた選手を一軍選手、それ以外の選手を二軍選手と分けて統計処理した。

一軍選手の平均年齢は31.4歳で、二軍選手の平均年齢は26.3歳であり、両者間に有意な差を認めた。なお、事故により左眼の静止視力が0.1以下まで低下していた選手は統計処理から除外した。日常生活や野球のプレー時にコンタクトを使用している選手は、コンタクトをつけてすべての測定を行った。コンタクト使用選手は、投手5人、野手6人の計11人であり、LASIK術施行者も2人いた。

静止視力は、ニデック社製視力計を用い、一般的に行われているCの字型の視標（ランドルト環）の切れ目がわかる最少の視覚を測定した。真っ直ぐ自分のほうに近づく（時速30km）目標を見るときの視力である動体視力（KVA：Kinetic Visual Acuity）は、静止視力と同様にニデック社製の視力計を用いて測定した（**写真11-10**）。測定は5回行われ、最大値と最小値を除外し、残りの3回の測定値を平均して動体視

表11-54 コンタクト使用者の比較

項　目	ポジション別比較			一、二軍別比較		
	全　員	投　手	野　手	全　員	一　軍	二　軍
人数（人）	64	32	32	64	20	44
コンタクト使用者	11	5	6	11	4	7
（％）	17.2	15.6	18.8	17.2	20.0	15.9

表11-55 利き目の投手と野手の比較

項　目	全員（n=64）			投手（n=32）			野手（n=32）		
	右	左	不明	右	左	不明	右	左	不明
人数（人）	33	22	9	18	11	3	15	11	6
（％）	51.6	34.4	14.1	56.3	34.4	9.4	46.9	34.4	18.8

表11-56 利き目の一軍選手と二軍選手の比較

項　目	全員（n=64）			一軍（n=32）			二軍（n=32）		
	右	左	不明	右	左	不明	右	左	不明
人数（人）	33	22	9	6	8	6	27	14	3
（％）	51.6	34.4	14.1	27.3	36.4	27.3	61.4	31.8	6.8

表11-57 打撃様式と利き目

打撃様式	利き目	全　員		投　手		野　手	
		人数	（％）	人数	（％）	人数	（％）
右（n=41）	右	25	61.0	14	70.0	11	52.4
	左	16	39.0	6	30.0	10	47.6
左（n=16）	右	9	56.3	4	44.4	5	71.4
	左	7	43.8	5	55.6	2	28.6

力値とした。

水平方向の動体視力（DVA：Dynamic Visual Acuity）は、コーワ社製動体視力計を使用して測定された（**写真11-11**）。DVAは、眼の前を横に移動する目標を見る能力であり、測定単位は目標を移動する角速度で表され、速い角速度で動く目標が見えるほど高い能力だと判定される。水平方向の動体視力の参加選手は、投手23人、野手25人の合計48人であった。

さらに「利き目」の測定も行った。測定方法は、両眼の前で人差し指と親指で「輪っか」をつくって、片方の眼を閉じて見たときに、両方の眼を開けて見たときと同じように「輪っか」の中の像が見えるほうを「利き目」とした。すべての視力の測定は眼科医が担当した。

3．結果および考察
1）コンタクト使用者

表11-54は、コンタクト使用者をポジション別、一・二軍別で比較したものである。プロ野球選手のコンタクト使用者は、対象選手64人に対して11人（17.2％）であった。ポジション別では、投手が32人中5人（15.6％）、野手が32名中6人（18.8％）でほとんど差が認められなかった。一・二軍別では、一軍選手が20人中4人（20％）、二軍選手が44人中7人（15.9％）であり、一軍選手がやや多い。すなわち、一軍選手に視力が低下した選手が多いことを示している。

この理由としては、一軍選手の平均年齢がやや高いことに起因しているのかもしれない。眼鏡を使用している選手はいなかった。このことは、野球選手はほかの選手と接触したり、打球が当たる危険性もあるので、眼の悪い選手が眼鏡よりもコンタクトレンズを選択しているものと推測できる。

2）利き目

表11-55は、利き目を投手と野手で比較したものである。全選手64人の中で、右眼が利き目の選手は33人（51.6％）、左眼が利き目の選手は22人（34.4％）であり、9人（14.1％）が不明であった。さらに投手と野手で比較すると、投手32人の中で右眼が利き目の選手は18人（56.3％）で、左眼が利き目の選手は11人（34.4％）であり、3人（9.4％）が不明であった。さらに野手では、右眼が利き目の選手は15人（46.9％）で、左眼が利き目の選手は11人（34.4％）であり、6人（18.8％）の不明者もいた。この結果を見ると、全体的には右眼が利き目の選手がやや多く、投手と野手による明らかな利き目の差異は見られないようである。

表11-56は、利き目を一軍選手と二軍選手とで比較したものである。一軍選手は右眼が利き目の選手

表11-58 静止視力の投手と野手の比較

項目	全員			投手			野手		
	右	左	両	右	左	両	右	左	両
人数（人）	64	64	64	32	32	32	32	32	32
平均	1.13	1.11	1.29	1.11	1.13	1.33	1.14	1.09	1.26
標準偏差	0.22	0.26	0.21	0.21	0.24	0.20	0.23	0.28	0.21
最良値	1.60	1.60	1.60	1.60	1.50	1.60	1.60	1.60	1.60
最悪値	0.30	0.20	0.30	0.30	0.30	0.90	0.40	0.20	0.30

＊投手と野手間に視力の有意な差は認められなかった

表11-59 静止視力の一軍選手と二軍選手の比較

項目	全員			一軍選手			二軍選手		
	右	左	両	右	左	両	右	左	両
人数（人）	64	64	64	20	20	20	44	44	44
平均	1.13	1.11	1.29	1.05	1.08	1.21	1.16	1.13	1.33
標準偏差	0.22	0.26	0.21	0.29	0.31	0.23	0.18	0.23	0.18
最良値	1.60	1.60	1.60	1.60	1.60	1.60	1.50	1.50	1.60
最悪値	0.30	0.20	0.30	0.30	0.20	0.30	0.70	0.30	0.90

＊1軍選手と2軍選手の静止視力の比較は両目で見た時のみ5％水準で2軍選手が高い値であった

表11-60 年齢と視力の関係

		回帰直線	R^2	有意差
静止視力（n=64）	右	Y = -1.837X + 29.84	0.010	N.S.
	左	Y = -1.688X + 29.62	0.013	N.S.
	両	Y = -4.329X + 33.35	0.047	N.S.
動体視力（n=64） （KVA）	右	Y = -0.227X + 27.95	0.000	N.S.
	左	Y = -2.435X + 29.51	0.018	N.S.
	両	Y = -3.413X + 30.74	0.027	N.S.
動体視力（n=48） （KVA）	右→左	Y = -0.211X + 37.91	0.008	N.S.
	左→右	Y = -0.606X + 55.83	0.042	N.S.

（27％）と左眼が利き目の選手（36％）はほとんど同じであった。しかし二軍選手では、左眼が利き目の選手（32％）より右眼が利き目の選手（61％）のほうが多かった。この理由については不明である。

表11-57には、打撃様式と利き目の関係を示した。利き目が右か左かが明らかになった57人のうち、右打ちが41人で、そのうち右眼が利き目が25人（61％）で、左眼が利き目は16人（39％）であった。野手と投手を比較すると、投手では右打ちで利き目が右眼が70％であるのに、野手では右打ちで利き目が右眼が52％と少なくなる。同様に投手では左打ちで利き目が左眼は56％であるのに、野手では左打ちで利き目が左眼は29％と少なくなる。すなわち、野手は打撃時に利き目が投手寄りの眼である割合が投手より高いということになる。打席を選択する場合に、投手に近い眼が利き目であることが打撃に有利だという説もあるが、今回の結果では投手と野手の比較であるので明確な結論は出しにくい。しかし、左打席を選択する理由は第2章（P.00）で述べた通り、利き目以外でも多くの理由が考えられるので、利き目だけで左打ちを選択することはないと思われる。利き目と打撃成績に関して、Lady DMらは利き目と打撃成績とは無関係だと結論づけている。

3）静止視力

表11-58は、静止視力を投手と野手で比較したものである。選手全員の両眼での静止視力の平均値は1.29であり、右眼（1.13）、左眼（1.11）の単独での測定値よりやや向上した。投手と野手を比較すると、両眼で見たときの投手が1.33で野手が1.26であり、単眼、両眼のいずれの比較でも統計学的な有意な差は認められなかった。

表11-59は、同様に静止視力を一軍選手と二軍選手で比較したものである。この結果、一軍選手は二軍選手よりも静止視力が悪い傾向にあり、両眼での静止視力では5％水準で有意な差を認めた。この静止視力の低下の原因は一軍の試合が夜間（ナイター）で行われることに起因していると考察できる。さらに、一軍選手は平均年齢が高いために静止視力が低下したとも考えられる。そこで、年齢と静止視力と動体視力（KVA、DVA）との関係を示したのが表11-60である。この結果、年齢が高くなると視力が低下する傾向がみ

表11-61　動体視力（KVA）の投手と野手の比較

項　目	全　員			投　手			野　手		
	右	左	両	右	左	両	右	左	両
人数（人）	64	64	64	32	32	32	32	32	32
平均	0.74	0.71	0.87	0.72	0.70	0.86	0.76	0.73	0.88
標準偏差	0.24	0.25	0.20	0.25	0.27	0.21	0.22	0.22	0.19
最良値	1.40	1.27	1.30	1.40	1.27	1.30	1.23	1.10	1.23
最悪値	0.13	0.10	0.23	0.13	0.10	0.27	0.17	0.17	0.23

＊投手と野手間に動体視力の有意な差は認められなかった

表11-62　動体視力（KVA）の一軍選手と二軍選手の比較

項　目	全　員			一　軍			二　軍		
	右	左	両	右	左	両	右	左	両
人数（人）	64	64	64	20	20	20	44	44	44
平均	0.74	0.71	0.87	0.75	0.68	0.82	0.74	0.72	0.89
標準偏差	0.24	0.25	0.20	0.27	0.24	0.21	0.22	0.25	0.20
最良値	1.40	1.27	1.30	1.40	1.27	1.23	1.30	1.26	1.30
最悪値	0.13	0.10	0.23	0.13	0.17	0.23	0.23	0.10	0.27

＊1軍選手と2軍選手間に動体視力の有意な差は認められなかった

表11-63　動体視力（DVA）の投手と野手の比較

項　目	全　員		投　手		野　手	
	右→左	左→右	右→左	左→右	右→左	左→右
人数（人）	48	48	23	23	25	25
平均	45.40	45.60	45.50	45.80	45.40	45.30
標準偏差	1.34	1.79	0.99	1.68	1.67	1.87
最良値	47.70	49.00	47.70	49.00	47.40	48.30
最悪値	37.90	37.10	41.80	40.20	37.90	37.10

＊投手と野手間に動体視力の有意な差は認められなかった

表11-64　動体視力（DVA）の一軍選手と二軍選手の比較

項　目	全　員		一　軍		二　軍	
	右→左	左→右	右→左	左→右	右→左	左→右
人数（人）	48	48	20	20	28	28
平均	45.40	45.60	45.20	45.10	45.60	45.90
標準偏差	1.34	1.79	1.71	2.36	1.11	1.32
最良値	47.70	49.00	47.70	49.00	47.40	48.30
最悪値	37.90	37.10	37.90	37.10	41.80	40.60

＊1軍選手と2軍選手間に動体視力の有意な差は認められなかった

表11-65　右打ち選手と左打ち選手の動体視力（DVA）の方向性による比較

項　目	右打ち（n=18）		左打ち（n=7）	
	右→左	左→右	右→左	左→右
平均	45.11	45.14	46.09	45.87
標準偏差	1.90	1.78	0.99	2.01
有意差	N.S.		N.S.	

られたが、統計学的に有意な差は認められなかった。

4）動体視力（KVA、DVA）

表11-61は、動体視力（KVA）を投手と野手で比較したものである。いずれの群でも両眼での視力が単眼での視力を上まわったが、投手と野手間に有意な差は認められなかった。さらに、表11-62は、同様に動体視力（KVA）を一軍選手と二軍選手とで比較したものである。この結果、静止視力と同様に一軍選手よりも二軍選手がよい結果を示したが、統計学的に有意な差は認められなかった。

表11-63は、動体視力（DVA）を投手と野手で比較したものである。いずれの群でも、さらに「右→左」および「左→右」の別においても、平均値が45.3から45.8の範囲で推移し、特徴的傾向は認められなかった。表11-64は、同様に動体視力（DVA）

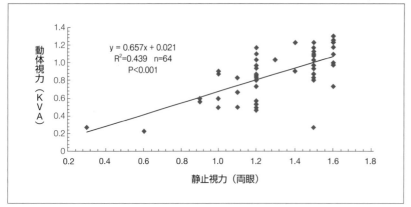

図11-16　静止視力と動体視力（KVA）の関係

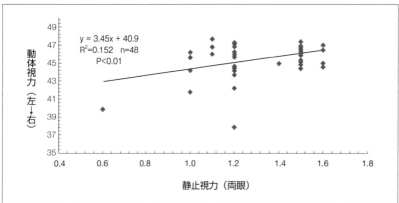

図11-17　静止視力と動体視力：DVA（左→右）の関係

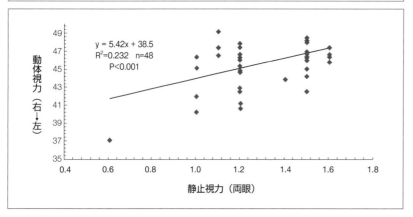

図11-18　静止視力と動体視力：DVA（右→左）

を一軍選手と二軍選手で比較したものである。この結果、静止視力や動体視力（KVA）と同様に、二軍選手が一軍選手よりも視力がよい傾向にあったが、統計学的に有意な差は認められなかった。すなわち、競技成績がよい選手は、動体視力（DVA）がよいという結果は得られなかったのである。

　右打者は、投手が投げたボールが左から右に飛んでくるように感じるはずである。そこで、表11-65では、DVAの方向性と打撃様式の関係を示したものである。しかしこの結果は、左から右に動く標的も右から左へ動く標的も同様の測定結果となった。さらに左打者でも同様の結果であった。すなわち、打席の違いによって、DVAの方向性の有意性は認められなかったということになる。

5）静止視力と動体視力（KVA、DVA）の関係

　図11-16、17、18には、静止視力と動体視力（KVDとDVA）の関係を示した。いずれも、静止視力と動体視力は統計学的に有意な関係にあり、静止視力がよいと動体視力の測定結果もよいという結果を得た。

　すなわち、今回の測定結果では、動体視力は野球の競技成績が反映されるものではなく、静止視力との相関が高く、静止視力がよい選手が動体視力の結果もよいという結論に達した。

4. まとめ

1) プロ野球選手のコンタクト使用者は、17.2%であった。
2) プロ野球選手は、右眼が利き目の選手がやや多く、投手と野手による差は認められなかったが、二軍選手に右眼が利き目の選手（61%）が多かった。
3) 打撃時に利き目が投手寄りの眼である割合は、投手より野手が高かった。
4) 静止視力は、野手と投手に差は認められなかったが、一軍選手は二軍選手と比較して静止視力が低かった。この理由としては夜間の試合が原因だと推測された。
5) 動体視力（KVA、DVA）は、投手と野手間、一軍選手と二軍選手間に有意な差は認められなかった。
6) 打撃様式と動体視力（DVA）の方向性には特別が関係は認められなかった。
7) 静止視力と動体視力（KVA、DVA）の関係は、静止視力がよいと動体視力の測定結果もよいという結果を得た。
8) 今回の測定では、動体視力は野球の競技成績が反映されるものではなく、静止視力との相関が高く、静止視力がよい選手が動体視力の結果もよいという結論に達した。

8. 関節可動域

1. 緒言

プロ野球選手は、野球というスポーツを職業として行い、プロ野球に入団する以前にも、リトルリーグ、中学校、高校、大学と野球を長年続けてきた選手が多い。第2部第8章でプロ野球選手の形態の特徴を明らかにしたが、この中で、手を全力で広げたときの親指と小指の距離はすべての選手で投球側が短く、使用頻度の高い関節の柔軟性が低下するのではないかと推測している。

さらに、とくに投手において肘関節や肩関節に可動域制限を認めることを経験的に知っている。それでは、長期にわたり野球を続けてきたことが、身体の各関節可動域にどのような影響を及ぼしたのかを調査したので報告する。

2. 方法

測定は、恒例の1998年の体力測定・健康診断の中で実施された。被検者はプロ野球T球団の投手20人、野手22人の計42人であった。関節可動域の測定は理学療法士が担当し、測定方法は日本整形外科学会、日本リハビリテーション医学会制定に準じた。

測定項目は、肩関節（7項目）、肘関節（4項目）、手関節（4項目）、股関節（7項目）、膝関節（2項目）、足関節（4項目）の計28項目である。測定された結果は投手と野手、さらに投球肢側と非投球肢側に分けてt検定にて分析した。

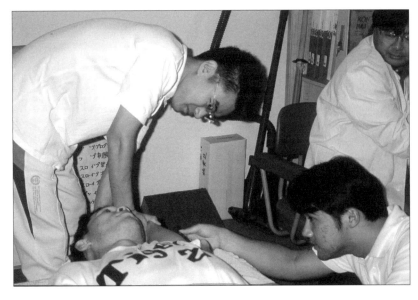

写真11-12　関節可動域の測定の様子

表11-66 肩関節の正常可動範囲と投球肢・非投球肢の比較（全選手、n=42） （単位：度）

測定項目	正常可動範囲	投球肢				非投球肢				t値	有意差
		平均値	SD	最大値	最小値	平均値	SD	最大値	最小値		
前方挙上	180	184.4	9.2	195	160	187.3	7.2	200	160	-1.589	N.S
側方挙上	180	186.8	13.3	215	130	190.8	8.3	215	175	-1.634	N.S
後方挙上	50	67.7	7.4	85	50	72.0	6.7	85	55	-2.758	p<0.01
内旋位	90	57.9	14.6	90	30	68.6	12.9	105	40	-3.517	p<0.001
外旋位	90	123.0	11.5	145	95	113.7	12.4	145	80	3.521	p<0.001
水平屈曲	135	140.2	6.3	155	130	139.6	7.7	155	125	0.386	N.S
水平伸展	30	36.9	11.0	65	20	38.7	10.8	65	20	-0.748	N.S

表11-67 肩関節の正常可動範囲と投球肢・非投球肢の比較（投手、n=20）（単位：度）

測定項目	正常可動範囲	投球肢		非投球肢		t値	有意差
		平均値	SD	平均値	SD		
前方挙上	180	185.5	8.4	187.5	5.8	-0.854	N.S
側方挙上	180	188.0	13.1	191.7	9.8	-0.986	N.S
後方挙上	50	67.3	7.0	73.0	6.8	-2.546	p<0.05
内旋位	90	55.5	16.0	68.8	16.4	-2.530	p<0.05
外旋位	90	124.7	12.4	116.0	13.1	2.102	p<0.05
水平屈曲	135	140.5	6.5	140.5	8.0	0.000	N.S
水平伸展	30	38.8	10.7	41.3	9.9	-0.748	N.S

表11-68 肩関節の正常可動範囲と投球肢・非投球肢の比較（野手、n=22）（単位：度）

測定項目	正常可動範囲	投球肢		非投球肢		t値	有意差
		平均値	SD	平均値	SD		
前方挙上	180	183.4	9.8	187.0	8.2	-1.291	N.S
側方挙上	180	185.6	13.3	190.0	6.6	-1.358	N.S
後方挙上	50	68.2	7.8	71.1	6.6	-1.301	N.S
内旋位	90	60.0	13.0	68.4	8.4	-2.487	p<0.05
外旋位	90	121.3	10.4	111.5	11.3	2.924	p<0.01
水平屈曲	135	140.0	6.0	138.8	7.4	0.577	N.S
水平伸展	30	35.2	11.0	36.4	11.1	-0.352	N.S

表11-69 肩関節の投手と野手の可動範囲の比較（投球肢） （単位：度）

測定項目	正常可動範囲	投手（n=20）		野手（n=22）		t値	有意差
		平均値	SD	平均値	SD		
前方挙上	180	185.5	8.4	183.4	9.8	0.724	N.S
側方挙上	180	188.0	13.1	185.6	13.3	0.574	N.S
後方挙上	50	67.3	7.0	68.2	7.8	-0.383	N.S
内旋位	90	55.5	16.0	60.0	13.0	-0.980	N.S
外旋位	90	124.7	12.4	121.3	10.4	0.942	N.S
水平屈曲	135	140.5	6.5	140.0	6.0	0.253	N.S
水平伸展	30	38.8	10.7	35.2	11.0	1.047	N.S

表11-70 肩関節の投手と野手の可動範囲の比較（非投球肢） （単位：度）

測定項目	正常可動範囲	投手（n=20）		野手（n=22）		t値	有意差
		平均値	SD	平均値	SD		
前方挙上	180	187.5	5.8	187.0	8.2	0.221	N.S
側方挙上	180	191.7	9.8	190.0	6.6	0.649	N.S
後方挙上	50	73.0	6.8	71.1	6.6	0.896	N.S
内旋位	90	68.8	16.4	68.4	8.4	0.098	N.S
外旋位	90	116.0	13.1	111.5	11.3	1.166	N.S
水平屈曲	135	140.5	8.0	138.8	7.4	0.698	N.S
水平伸展	30	41.3	9.9	36.4	11.1	1.468	N.S

表11-71　肘関節と手関節の正常可動範囲と投球肢・非投球肢の比較（全選手、n=42）　　（単位：度）

測定項目	正常可動範囲	投球肢				非投球肢				t値	有意差
		平均値	SD	最大値	最小値	平均値	SD	最大値	最小値		
肘・屈曲	145	139.2	7.5	160	120	146.4	6.9	160	125	-4.524	p<0.001
肘・伸展	5	-0.8	9.8	15	-30	6.3	5.1	20	-5	-4.115	p<0.001
肘・前腕回内	90	76.5	11.6	100	50	78.8	8.5	100	55	-1.024	N.S
肘・前腕回外	90	96.0	9.7	120	80	97.7	10.0	115	75	-0.781	N.S
手・手指背屈	70	76.0	8.7	95	60	78.2	9.9	100	50	-1.069	N.S
手・手指掌屈	90	80.2	11.3	115	60	78.0	11.4	105	50	0.878	N.S
手・手指橈屈	25	16.9	6.5	35	5	17.4	8.6	35	0	-0.297	N.S
手・手指尺屈	55	33.6	11.3	60	10	31.2	9.4	55	15	1.046	N.S

3．結果および考察

1）肩関節

表11-66は、肩関節の正常可動範囲と、全選手の投球肢と非投球肢の肩関節の可動範囲を平均値、標準偏差（SD）、最大値、最小値で比較したものである。

プロ野球選手の前方挙上と側方挙上の可動域は、正常可動範囲よりも広く、投球肢と非投球肢を比較すると非投球肢の可動範囲が広い傾向にあったが、統計学的に有意な差は認められなかった。ただし、後方挙上の可動域も正常可動範囲よりも広かったが、投球肢の可動範囲は非投球肢よりも1％水準で有意に狭かった。

肩の内旋位は正常可動範囲よりも極端に狭く、投球肢と非投球肢を比較すると投球肢の可動範囲が狭く1％水準で統計学的に有意な差を認めた。逆に肩の外旋位は正常可動範囲よりも極端に広く、投球肢と非投球肢を比較すると非投球肢の可動範囲が狭く1％水準で統計学的に有意な差を認めた。

水平屈曲と水平伸展は正常可動範囲よりも広く、投球肢と非投球肢を比較するとほとんど同じような可動範囲を示し、統計学的に有意な差は認められなかった。

表11-67は、投手20人について投球肢と非投球肢の肩関節の可動範囲を比較したものである。この結果は、有意水準がやや低下したものの、全選手を対象とした結果とほとんど同じであった。

表11-68は、同様に野手22人について投球肢と非投球肢の肩関節の可動範囲を比較したものである。野手は、後方挙上の投球肢と非投球肢の有意差がなくなったこと以外は、全選手や投手の結果と同様であった。

表11-69は、投球肢の肩関節の可動範囲を投手と野手で比較したものである。後方挙上と内旋位の可動範囲は野手がやや広い傾向にあり、その他の可動範囲は投手がやや広い傾向にあったが、統計学的に有意な差を認めることはなかった。

表11-70は、同様に非投球肢の肩関節の可動範囲を投手と野手で比較したものである。この結果、非投球肢の可動範囲はすべての項目で投手が広い傾向にあったが、統計学的に有意な差を認めることはできなかった。

2）肘関節・手関節

表11-71は、肘関節と手関節の正常可動範囲と、全選手の投球肢と非投球肢の可動範囲を平均値、標準偏差、最大値、最小値で比較したものである。プロ野球選手の肘屈曲の可動範囲は投球肢と非投球肢では異なり、投球肢では平均139.2°と正常可動範囲よりも狭く、逆に非投球肢では平均146.4°と正常可動範囲よりも広くなっている。これより、投球肢と非投球肢の肘屈曲の可動範囲は0.1％水準で有意な差を認めた。すなわち、投球する側の肘は曲がりにくいということになる。最も曲がりにくかった選手の肘の屈曲は120°までであった。

さらに、肘伸展の可動範囲も投球肢と非投球肢では異なり、投球肢では平均-0.8°と正常可動範囲よりも狭く、逆に非投球肢では平均6.3°と正常可動範囲よりも広くなっている。このため、投球肢と非投球肢の肘伸展の可動範囲は0.1％水準で有意な差を認めた。すなわち、投球する側の肘は伸び難いということになる。最も肘が伸びなかった選手の肘の伸展は-30°であった。

肘の前腕回内は、投球肢も非投球肢も正常可動範囲よりも狭く、投球肢と非投球肢を比較すると投球肢がやや狭い傾向にあったが、統計学的に有意な差を認めることはできなかった。しかし肘の前腕回外は、投球肢も非投球肢も正常可動範囲よりも広く、投球肢と非投球肢を比較すると投球肢がやや狭い傾向にあったが、統計学的に有意な差を認めることはできなかった。

手関節の手指背屈は、投球肢も非投球肢も正常可動範囲よりも広く、投球肢と非投球肢を比較すると投球肢がやや狭い傾向にあったが、統計学的に有意な差を認めることはできなかった。しかし手指掌屈は、投球

表11-72　肘関節と手関節の正常可動範囲と投球肢・非投球肢の比較(投手、n=20) (単位:度)

測定項目	正常可動範囲	投球肢		非投球肢		t値	有意差
		平均値	SD	平均値	SD		
肘・屈曲	145	140.0	6.3	147.0	8.0	-2.996	p<0.01
肘・伸展	5	-3.3	11.3	6.3	5.2	-3.364	p<0.01
肘・前腕回内	90	76.5	13.5	78.3	8.7	-0.489	N.S
肘・前腕回外	90	97.5	10.2	101.2	8.9	-1.191	N.S
手・手指背屈	70	76.8	8.3	82.5	8.4	-2.104	p<0.05
手・手指掌屈	90	83.8	13.1	81.8	10.6	0.517	N.S
手・手指橈屈	25	16.3	5.9	17.3	7.0	-0.476	N.S
手・手指尺屈	55	32.0	11.1	33.3	10.3	-0.374	N.S

表11-73　肘関節と手関節の正常可動範囲と投球肢・非投球肢の比較(野手、n=22) (単位:度)

測定項目	正常可動範囲	投球肢		非投球肢		t値	有意差
		平均値	SD	平均値	SD		
肘・屈曲	145	138.4	8.3	145.9	5.8	-3.394	p<0.01
肘・伸展	5	1.4	7.6	6.4	5.0	-2.519	p<0.05
肘・前腕回内	90	76.6	9.6	79.3	8.3	-0.975	N.S
肘・前腕回外	90	94.5	9.0	94.5	9.8	0.000	N.S
手・手指背屈	70	75.2	9.0	74.3	9.6	0.313	N.S
手・手指掌屈	90	77.0	8.2	74.5	11.1	0.830	N.S
手・手指橈屈	25	17.5	6.9	17.5	9.9	0.000	N.S
手・手指尺屈	55	35.0	11.3	29.3	8.2	1.871	N.S

表11-74　肘関節と手関節の投手と野手の可動範囲の比較（投球肢） (単位:度)

測定項目	正常可動範囲	投手 (n=20)		野手 (n=22)		t値	有意差
		平均値	SD	平均値	SD		
肘・屈曲	145	140.0	6.3	138.4	8.3	0.682	N.S
肘・伸展	5	-3.3	11.3	1.4	7.6	-1.556	N.S
肘・前腕回内	90	76.5	13.5	76.6	9.6	-0.027	N.S
肘・前腕回外	90	97.5	10.2	94.5	9.0	0.988	N.S
手・手指背屈	70	76.8	8.3	75.2	9.0	0.583	N.S
手・手指掌屈	90	83.8	13.1	77.0	8.2	1.986	N.S
手・手指橈屈	25	16.3	5.9	17.5	6.9	-0.588	N.S
手・手指尺屈	55	32.0	11.1	35.0	11.3	-0.846	N.S

表11-75　肘関節と手関節の投手と野手の可動範囲の比較（非投球肢） (単位:度)

測定項目	正常可動範囲	投手 (n=20)		野手 (n=22)		t値	有意差
		平均値	SD	平均値	SD		
肘・屈曲	145	147.0	8.0	145.9	5.8	0.501	N.S
肘・伸展	5	6.3	5.2	6.4	5.0	-0.062	N.S
肘・前腕回内	90	78.3	8.7	79.3	8.3	-0.372	N.S
肘・前腕回外	90	101.2	8.9	94.5	9.8	2.256	P<0.05
手・手指背屈	70	82.5	8.4	74.3	9.6	2.863	P<0.01
手・手指掌屈	90	81.8	10.6	74.5	11.1	2.122	P<0.05
手・手指橈屈	25	17.3	7.0	17.5	9.9	-0.073	N.S
手・手指尺屈	55	33.3	10.3	29.3	8.2	1.365	N.S

肢も非投球肢も正常可動範囲よりも狭く、投球肢と非投球肢を比較すると投球肢がやや広い傾向にあったが、統計学的に有意な差を認めることはできなかった。

手関節の手指橈屈は、投球肢も非投球肢も正常可動範囲よりも狭く、投球肢と非投球肢を比較すると投球肢がやや狭い傾向にあったが、統計学的に有意な差を認めることはできなかった。同様に手指尺屈は、投球肢も非投球肢も正常可動範囲よりも狭く、投球肢と非投球肢を比較すると投球肢がやや広い傾向にあったが、統計学的に有意な差を認めることはできなかった。

表11-72は、投手20人について投球肢と非投球肢の肘関節と手関節の可動範囲を比較したものである。この結果、全選手を対象としたときと同様に投球肢の肘の屈曲と伸展の可動範囲が有意に狭かった。さらに、手指背屈の可動範囲も投球肢が有意に狭かった。

表11-73は、同様に野手22人について投球肢と非

表11-76 股関節の正常可動範囲と投球肢・非投球肢の比較（全選手、n=42） （単位：度）

測定項目	正常可動範囲	投球肢				非投球肢				t値	有意差
		平均値	SD	最大値	最小値	平均値	SD	最大値	最小値		
股屈曲（膝屈曲）	125	123.6	8.9	145	100	125.0	8.8	145	110	-0.716	N.S
股屈曲（膝伸展）	90	79.4	9.5	100	60	80.8	9.1	100	60	-0.681	N.S
股伸展	15	21.2	6.2	35	10	19.5	5.5	30	10	1.313	N.S
股外転	45	40.5	7.1	60	25	40.7	7.3	60	20	-0.126	N.S
股内転	20	17.5	5.6	30	10	15.7	5.3	30	5	1.495	N.S
股外旋	45	46.7	8.4	65	25	47.7	5.8	60	35	-0.627	N.S
股内旋	45	38.2	13.5	65	10	39.5	11.1	65	20	-0.476	N.S

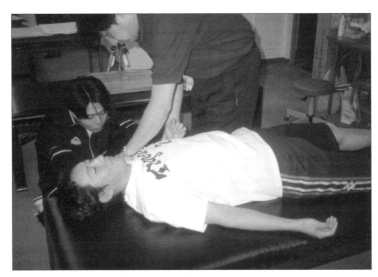

写真11-13 関節可動域の測定の様子

投球肢の肘関節と手関節の可動範囲を比較したものである。野手の結果も、全選手を対象にしたときと同様に、投球肢の肘の屈曲と伸展の可動範囲が有意に狭かった。

表11-74は、投球肢の肘関節と手関節の可動範囲を投手と野手で比較したものである。投球肢の可動範囲は、投手と野手では差が認められなかった。

表11-75は、同様に非投球肢の肘関節と手関節の可動範囲を投手と野手で比較したものである。非投球肢の前腕回外、手指背屈、手指掌屈の可動範囲は、野手よりも投手が有意に狭かった。このことは、投手は非投球肢をあまり使用することが少なく、野手は送球以外でも打撃や守備で非投球肢を頻繁に使用するためと推測される。

3）股関節

表11-76は、股関節の正常可動範囲と、全選手の投球肢と非投球肢の可動範囲を平均値、標準偏差、最大値、最小値で比較したものである。プロ野球選手の膝屈曲時の股関節屈曲は、正常可動範囲とほとんど同じであり、投球肢と非投球肢でも差を認めることができなかった。しかし、膝伸展時の股関節屈曲は、投球肢と非投球肢とも正常可動範囲よりも狭かったが、投球肢と非投球肢の間には有意な差を認めることはなかった。股関節伸展は、投球肢と非投球肢とも正常可動範囲より広かったが、投球肢と非投球肢の比較では投球肢の可動範囲がやや広い傾向にあったが、有意な差を認めることはなかった。

股関節の外転は、投球肢と非投球肢とも正常可動範囲よりも狭い傾向にあったが、投球肢と非投球肢の間には有意な差を認めることはなかった。股関節の内転も、投球肢と非投球肢とも正常可動範囲よりも狭い傾向にあり、投球肢と非投球肢の比較では投球肢がやや広い傾向にあったが、両者間には有意な差を認めることはなかった。

股関節の外旋は、投球肢も非投球肢も正常可動範囲とほとんど同じであり、投球肢と非投球肢の可動範囲もほとんど同じであった。股関節の内旋は、正常可動範囲よりも狭い傾向にあり、投球肢と非投球肢との有意な差を認めることはなかった。

表11-77は、投手20人について投球肢と非投球肢の股関節の可動範囲を比較したものである。股関節伸

表11-77　股関節の正常可動範囲と投球肢・非投球肢の比較(投手、n=20)　(単位：度)

測定項目	正常可動範囲	投球肢		非投球肢		t値	有意差
		平均値	SD	平均値	SD		
股屈曲（膝屈曲）	180	123.7	7.6	125.0	9.6	-0.463	N.S
股屈曲（膝伸展）	180	77.8	8.7	80.3	8.9	-0.876	N.S
股伸展	50	22.3	5.8	19.3	4.5	1.781	N.S
股外転	90	40.0	7.6	40.3	7.2	-0.125	N.S
股内転	90	17.5	6.2	15.5	5.9	1.019	N.S
股外旋	135	47.3	8.0	47.8	5.8	-0.221	N.S
股内旋	30	39.0	12.8	40.0	10.7	-0.261	N.S

表11-78　股関節の正常可動範囲と投球肢・非投球肢の比較(野手、n=22)　(単位：度)

測定項目	正常可動範囲	投球肢		非投球肢		t値	有意差
		平均値	SD	平均値	SD		
股屈曲（膝屈曲）	180	123.6	10.0	125.0	8.0	-0.501	N.S
股屈曲（膝伸展）	180	80.9	10.0	81.4	9.3	-0.168	N.S
股伸展	50	20.2	6.3	19.8	6.3	0.206	N.S
股外転	90	40.9	6.7	41.1	7.4	-0.092	N.S
股内転	90	17.5	4.9	15.9	4.7	1.080	N.S
股外旋	135	46.1	8.7	47.7	5.8	-0.701	N.S
股内旋	30	37.5	14.1	39.1	11.4	-0.404	N.S

表11-79　股関節の投手と野手の可動範囲の比較（投球肢）　(単位：度)

測定項目	正常可動範囲	投手 (n=20)		野手 (n=22)		t値	有意差
		平均値	SD	平均値	SD		
股屈曲（膝屈曲）	180	123.7	7.6	123.6	10.0	0.035	N.S
股屈曲（膝伸展）	180	77.8	8.7	80.9	10.0	-1.041	N.S
股伸展	50	22.3	5.8	20.2	6.3	1.093	N.S
股外転	90	40.0	7.6	40.9	6.7	-0.398	N.S
股内転	90	17.5	6.2	17.5	4.9	0.000	N.S
股外旋	135	47.3	8.0	46.1	8.7	0.453	N.S
股内旋	30	39.0	12.8	37.5	14.1	0.351	N.S

表11-80　股関節の投手と野手の可動範囲の比較（非投球肢）　(単位：度)

測定項目	正常可動範囲	投手 (n=20)		野手 (n=22)		t値	有意差
		平均値	SD	平均値	SD		
股屈曲（膝屈曲）	180	125.0	9.6	125.0	8.0	0.000	N.S
股屈曲（膝伸展）	180	80.3	8.9	81.4	9.3	-0.381	N.S
股伸展	50	19.3	4.5	19.8	6.3	-0.286	N.S
股外転	90	40.3	7.2	41.1	7.4	-0.346	N.S
股内転	90	15.5	5.9	15.9	4.7	-0.238	N.S
股外旋	135	47.8	5.8	47.7	5.8	0.054	N.S
股内旋	30	40.0	10.7	39.1	11.4	0.257	N.S

展と股関節内転において投球肢の可動範囲がやや広い傾向にあったが、すべての項目において投球肢と非投球肢の間に有意な差を認めることができなかった。

同様に、表11-78は、野手22人について投球肢と非投球肢の股関節の可動範囲を比較したものである。この結果、股関節内転において投球肢の可動範囲がやや広い傾向にあったが、すべての項目において投球肢と非投球肢の間に有意な差を認めることができなかった。

表11-79は、投球肢側の股関節の可動範囲を投手と野手で比較したものである。投球肢の可動範囲は、投手と野手でほとんど同じような値を示し有意な差は認められなかった。

表11-80は、同様に非投球肢の股関節の可動範囲を投手と野手で比較したものである。この結果でも、投手と野手では差が認められなかった。

4）膝・足関節

表11-81は、膝関節と足関節の正常可動範囲と、全選手の投球肢と非投球肢の可動範囲を平均値、標準偏差、最大値、最小値で比較したものである。プロ野球選手の膝屈曲は、投球肢と非投球肢とも正常範囲よりも非常に広かったが、投球肢と非投球肢間に有意な差を認めることはなかった。膝伸展の可動範囲は、投

表11-81 膝関節と足関節の正常可動範囲と投球肢・非投球肢の比較（全選手、n=42） （単位：度）

測定項目	正常可動範囲	投球肢				非投球肢				t値	有意差
		平均値	SD	最大値	最小値	平均値	SD	最大値	最小値		
膝屈曲	130	147.1	5.5	160	135	147.9	5.1	160	140	-0.683	N.S
膝伸展	0	0.59	2.5	15	0	0.60	2.5	15	0	-0.009	N.S
足背屈	15	8.3	5.5	20	0	7.4	5.8	20	0	0.721	N.S
足底屈	45	50.4	8.9	70	35	50.8	8.2	70	35	-0.212	N.S
足内反	30	30.4	8.1	45	5	30.8	9.9	60	5	-0.200	N.S
足外反	20	14.0	8.0	40	5	14.2	7.0	45	5	-0.120	N.S

表11-82 膝関節と足関節の正常可動範囲と投球肢・非投球肢の比較（投手、n=20） （単位：度）

測定項目	正常可動範囲	投球肢		非投球肢		t値	有意差
		平均値	SD	平均値	SD		
膝屈曲	130	146.5	5.3	147.0	4.3	-0.319	N.S
膝伸展	0	1.0	3.4	1.0	3.4	0.000	N.S
足背屈	15	8.3	5.8	7.8	6.2	0.257	N.S
足底屈	45	52.0	9.9	51.5	9.9	0.156	N.S
足内反	30	31.0	10.2	32.8	11.3	-0.515	N.S
足外反	20	15.0	8.9	14.5	8.5	0.177	N.S

表11-83 膝関節と足関節の正常可動範囲と投球肢・非投球肢の比較（野手、n=22） （単位：度）

測定項目	正常可動範囲	投球肢		非投球肢		t値	有意差
		平均値	SD	平均値	SD		
膝屈曲	130	147.7	5.6	148.8	5.6	-0.637	N.S
膝伸展	0	0.2	1.0	0.2	1.0	0.000	N.S
足背屈	15	8.4	5.3	7.0	5.4	0.848	N.S
足底屈	45	48.9	7.7	50.2	6.3	-0.599	N.S
足内反	30	29.8	5.5	29.1	8.1	0.328	N.S
足外反	20	13.2	6.8	13.9	5.2	-0.375	N.S

表11-84 膝関節と足関節の投手と野手の比較（投球肢） （単位：度）

測定項目	正常可動範囲	投手（n=20）		野手（n=22）		t値	有意差
		平均値	SD	平均値	SD		
膝屈曲	130	146.5	5.3	147.7	5.6	-0.694	N.S
膝伸展	0	1.0	3.4	0.2	1.0	0.991	N.S
足背屈	15	8.3	5.8	8.4	5.3	-0.057	N.S
足底屈	45	52.0	9.9	48.9	7.7	1.111	N.S
足内反	30	31.0	10.2	29.8	5.5	0.469	N.S
足外反	20	15.0	8.9	13.2	6.8	0.722	N.S

表11-85 膝関節と足関節の投手と野手の比較（非投球肢） （単位：度）

測定項目	正常可動範囲	投手（n=20）		野手（n=22）		t値	有意差
		平均値	SD	平均値	SD		
膝屈曲	130	147.0	4.3	148.8	5.6	-1.132	N.S
膝伸展	0	1.0	3.4	0.2	1.0	0.991	N.S
足背屈	15	7.8	6.2	7.0	5.4	0.436	N.S
足底屈	45	51.5	9.9	50.2	6.3	0.500	N.S
足内反	30	32.8	11.3	29.1	8.1	1.198	N.S
足外反	20	14.5	8.5	13.9	5.2	0.272	N.S

球肢と非投球肢とも正常範囲とほとんど同じであり、投球肢と非投球肢間に有意な差を認めることはなかった。

　足関節の背屈は、投球肢と非投球肢とも正常範囲よりも狭かったが、投球肢と非投球肢間に有意な差を認めることはなかった。足関節の底屈は、投球肢と非投球肢とも正常範囲よりも広い傾向にあったが、投球肢と非投球肢間に有意な差を認めることはなかった。

　足関節の内反は、投球肢と非投球肢とも正常範囲とほとんど同じであった。

　足関節の外反は、投球肢と非投球肢とも正常範囲よりも狭い傾向にあったが、投球肢と非投球肢間に有意な差を認めることはなかった。

　表11-82は、投手20人について膝関節と足関節の可動範囲を投球肢と非投球肢で比較したものである。投球肢と非投球肢の可動範囲はほとんど同じ値を示し、

有意な差を認めることができなかった。

同様に、表11-83は、野手22人について膝関節と足関節の可動範囲を投球肢と非投球肢で比較したものである。この結果も投手の結果と同様に投球肢と非投球肢の間に有意な差を認めることができなかった。

表11-84は、投球肢側の膝関節と足関節の可動範囲を投手と野手で比較したものである。足関節の底屈で投手の可動範囲がやや広い傾向にあったが、その他の投球肢の可動範囲は、投手と野手でほとんど同じような値を示し、有意な差は認められなかった。

表11-85は、同様に非投球肢の膝関節と足関節の可動範囲を投手と野手で比較したものである。足関節の内反で投手の可動範囲がやや広い傾向にあったが、その他の投球肢の可動範囲は、投手と野手でほとんど同じような値を示し、有意な差は認められなかった。

4. まとめ

1) 肩関節の可動範囲は一般人の正常可動範囲より広い傾向にあり、内旋位のみが著しく狭かった。
2) 肩関節の可動範囲を投球肢側と非投球肢側で比較すると、後方挙上と内旋位は投球肢側が有意に狭く、外旋位は投球肢側が有意に広くなった。
3) 投手と野手に分けて分析すると、投手では投球肢側の後方挙上と内旋位の可動範囲が有意に狭くなり外旋位の可動範囲が有意に広くなった。野手では内旋位の可動範囲が投球肢側が有意に狭くなり、外旋位の可動範囲が投球側側が有意に広くなった。
4) 肘関節の屈曲と伸展の可動範囲は、すべての群で投球肢側が有意に狭くなった。
5) 肘関節と手関節で投手と野手を比較すると、非投球肢において肘関節の前腕回外、手関節の手指背屈、手関節の手指掌屈で投手の可動範囲が有意に広かった。
6) 股関節では、内転と伸展において投球肢の可動域が広くなる傾向にあったが、上肢と異なり有意な差を認めることはなかった。
7) 膝関節と足関節では投球肢と非投球肢間、投手と野手間に有意な差を認めることはなかった。
8) 結論として、長年にわたって野球を続けることは、下半身よりも上肢の可動範囲に影響を与え、それは打撃動作よりも投球、送球に起因するであろうと考察できた。

[主な参考文献]
1)「新・日本人の体力標準値 2000」東京都立大学体力標準値研究会編、不昧堂
2)「プロ野球選手の脚筋パワー―自転車エルゴメーターをもちいて―」河鰭一彦、磯 繁雄、浜田初幸、中山悌一、保健体育学研究VII、関西学院大学、論攷（1993）
3)「アナロビックパワーからみたスポーツ選手の体力」中村好男、J.J.S.S. 6（11）697-702
4)「無酸素パワートレーニングと有酸素パワートレーニングの相互作用に関する研究 第1報 無酸素パワーと有酸素パワーの関係―無酸素パワーと運動種目」石井喜八、井坂忠夫他、昭和60年度日本体育協会スポーツ医・科学研究報告
5) 山本利春ほか：「陸上競技における一流および二流選手の下肢筋出力の比較―100m走・走幅跳・三段跳選手を対象にして―」J.J.S.S.11（1），72-76.
6) 磯 繁雄、河鰭一彦、中山悌一：「等速性筋力の競技特性―プロ野球選手と短距離選手を比較して―」体力科学（43），No6, p587, 1994.
7) 真下一策：「スポーツと視覚」P19-P26 日本臨床スポーツ医学会誌：Vol. 12, No.1, 2004
8) 黒田真二ら：「アメリカンフットボールにおける外傷発生とスポーツビジョンとの関係」P488-P494 日本臨床スポーツ医学会誌：Vol.12, No3, 2004
9) 枝川 宏：「スポーツビジョンの評価」P441-P447 臨床スポーツ医学：Vol. 21, No.4,（2004-4）
10) スポーツビジョン研究会編「SPORTS VISION（スポーツのための視覚学）」有限会社ナップ、P50
11) スポーツビジョン研究会編「SPORTS VISION（スポーツのための視覚学）」スポーツビジョン研究会、有限会社ナップ P51
12) スポーツビジョン研究会編「SPORTS VISION（スポーツのための視覚学）」スポーツビジョン研究会、有限会社ナップ P77
13) 石垣尚男、石橋秀幸、阿南貴教「プロ野球某球団における入団時のスポーツビジョン能力とその競技成績の関係」体力科学 45：855，1996
14) Lady DM et al: The Effect of Ocular Dominance on the Performance of Professional Baseball Players. Ophthalmology 105, 864-866,1998
15) 中山悌一、児玉公正「プロ野球選手の関節可動域」体力科学 VOL.48 NO6 DEC 1999.12.1

第12章 体力測定値と生涯成績の関係

1. 投手

1. 緒言

　野球のパフォーマンスを決定する要素として、平野は、「エネルギー的にみて、野球は大きな筋パワーに支えられた種目と考えられるので、除脂肪体重（LBM）が大きいことが有利である」と述べている。すなわち、大きな筋肉を保持し大きなパワーを持つことが野球選手に必要であるということである。この代表的な例が米大リーグ選手たちである。最近の報道にあるように、多くの米大リーグ選手たちが、ステロイドホルモンを使用し筋肉を増強しようとした事実が明らかとなった。このような米大リーグ選手たちは、大きな筋肉を獲得することが競技力を向上させると考えステロイドホルモンを使用したと推測される。しかし一方では、オリンピックやワールドベースボールクラシック（WBC）などの国際試合が多くなると、米大リーグに代表されるようなパワーに重きを置くベースボールに対抗して、日本野球のように投手を中心とする守備力やバントや盗塁などを組み合わせる、いわゆる「スモールベースボール」も存在する。

　第11章の1から7まで、プロ野球選手を対象とした体力測定の結果を述べてきた。プロ野球選手の体力は、ほとんどの種目で一般人より優れ、他競技との比較でもその特異性が明らかになった。そこで今回は前章まで紹介したプロ野球選手の体力とプロ野球選手の生涯成績を比較し、プロ野球選手に必要な体力とは何かを明らかにしようとした。

2. 方法

　対象者は、某プロ野球球団に在籍し1980年から2000年までの間に退団し、現在現役生活を終了し、さらに体力測定値が存在する日本人プロ野球選手153人である。投手の測定時の平均年齢が27.9歳であり、野手は同様に平均年齢が28.0歳であった。

　複数回測定した選手は最もよかった値を個人の記録とした。測定されたデータは、その競技成績の判定が異なる投手と野手に分けて比較した。生涯成績の指標としては、投手は勝ち星を採用し、セーブやホールドの記録は対象外とした。野手は安打数を採用し、本塁打や打点の記録は対象外とした。次に1勝もできなかった投手を「無勝利投手群」、1勝以上勝った投手を「有勝利投手群」、また1本のヒットも打てなかった野手を「無安打野手群」、1本以上のヒットを打った野手を「有安打野手群」と分類し分析した。結果はすべて平均値と標準偏差で示し、平均値の差の検定は

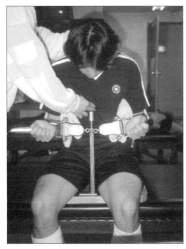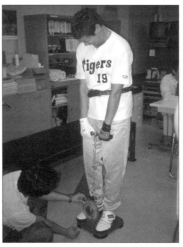

写真12-1　体力測定の様子

表12-1 投手の生涯成績と各体力要素との関係（相関関係）

番号	体力区分	項目	回帰式	R^2	n	P
1	筋力	握力（利）	Y = 0.0016x + 59.659	0.0001	74	N.S
2		握力（非利）	Y = 0.0058x + 56.212	0.0011	74	N.S
3		握力（両）	Y = -0.0014x + 60.261	0.0005	74	N.S
4		背筋力	Y = 0.0496x + 205.23	0.0029	72	N.S
5		腹筋（10kg）	Y = -0.0318x + 13.445	0.0251	67	N.S
6	筋持久力	腹筋（30秒）	Y = -0.0293x + 35.687	0.0484	56	N.S
7	パワー系	垂直跳び	Y = -0.0025x + 68.211	0.0002	74	N.S
8		30m	Y = 0.0006x + 3.6714	0.0132	51	N.S
9		ホームラン	Y = 0.013x + 14.804	0.2225	16	N.S
10		パワーMAX	Y = 0.5609x + 1217.8	0.0169	70	N.S
11		高速	Y = -0.0531x + 208.81	0.0281	61	N.S
12	柔軟性	体前屈	Y = 0.0022x + 15.253	0.0002	74	N.S
13		上体そらし	Y = -0.0457x + 61.948	0.0400	74	N.S
14	呼吸循環系	肺活量	Y = 0.8894x + 5114.8	0.0016	74	N.S
15		ABテスト	Y = 0.159x + 229.55	0.0103	65	N.S
16		$\dot{V}O_2$ max	Y = 0.0036x + 4.0796	0.0178	13	N.S
17	神経系	反応時間	Y = -0.1213x + 292.28	0.0081	40	N.S

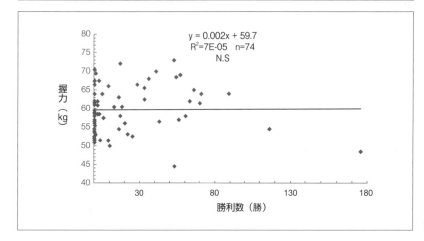

図12-1 握力（利）と勝利数との関係

分散分析のt検定で行った。

対象者の生涯成績は、『プロ野球人名辞典2001』から引用した。

3．結果および考察
1）投手の生涯成績と体力要素との関係

表12-1は、投手の生涯成績と各体力区分の体力要素との関係を回帰式、相関係数、対象者数で示したものである。体力区分としては、筋力、筋持久力、パワー系、柔軟性、呼吸循環系、神経系に分類した。

筋力の代表的測定種目である握力は、投球する側を利き腕、反対側を非利き腕、両方を足したものを両腕として統計処理した。利き腕の握力と投手の勝ち星との関係は、やや正の相関傾向を示したが、回帰式y＝0.002x＋59.7、R^2＝0.0001で統計学的な有意な関係は認められなかった（図12-1）。非利き腕の握力と両手の握力とも同じような結果を示し、握力の強さ は生涯成績に反映しないことが明らかとなった。背筋力と生涯勝利数との関係は、回帰式y＝0.050x＋205、R^2＝0.003で統計学的な有意な関係は認められなかった（図12-2）。さらに、腹筋力と生涯勝利数との関係も、回帰式y＝－0.032x＋13.5、R^2＝0.003で統計学的な有意な関係は認められなかった（図12-3）。

筋持久力の指標となる30秒間で何回の腹筋運動を繰り返すことができるかという「腹筋（30秒）」と生涯勝利数との関係は、回帰式y＝－0.029x＋35.7、R^2＝0.048で統計学的な有意な関係は認められなかった（図12-4）。

パワー系種目の垂直跳びと生涯勝利数との関係は、回帰式y＝－0.003x＋68.2、R^2＝0.000で統計学的な有意な関係は認められなかった（図12-5）。その他のパワー系種目の30m走はR^2＝0.013、ホームランはR^2＝0.223、パワーMAXはR^2＝0.017、高速回転

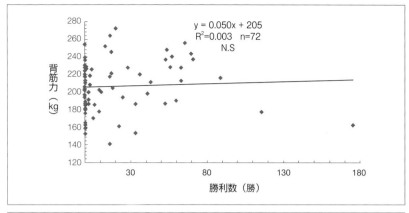

図12-2 背筋力と勝利数との関係

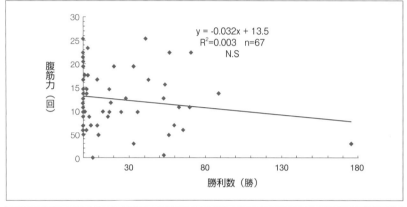

図12-3 腹筋（10kg）と勝利数との関係

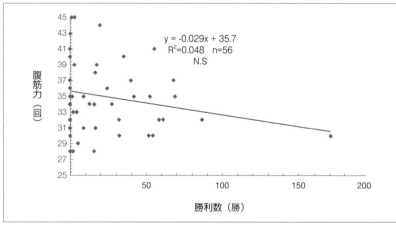

図12-4 腹筋（30秒）と勝利数との関係

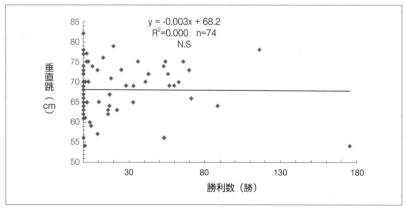

図12-5 垂直跳びと勝利数との関係

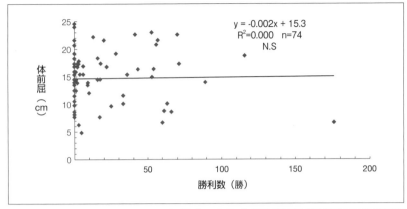

図12-6 体前屈と勝利数との関係

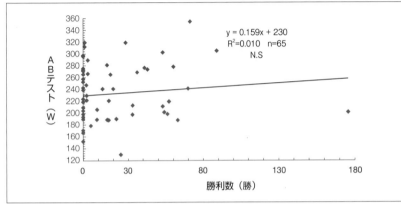

図12-7 ABテストと勝利数との関係

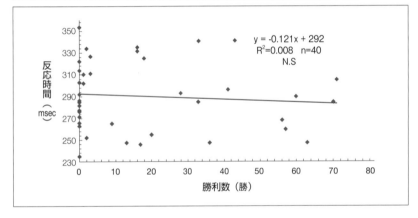

図12-8 反応時間と勝利数との関係

は$R^2＝0.028$といずれも生涯勝利数との有意な関係を認めることができなかった。

柔軟性の指標となる体前屈では、回帰式$y＝-0.002x＋15.3$、$R^2＝0.000$で統計学的な有意な関係は認められなかった（図12-6）。同様に、上体そらしにおいても$R^2＝0.040$となり生涯勝利数とに有意な関係は認めらなかった。

呼吸循環系の測定項目であるABテストでは、回帰式$y＝0.159x＋230$、$R^2＝0.010$で統計学的な有意な関係は認められなかった（図12-7）。さらに、肺活量との関係は$R^2＝0.002$、$\dot{V}o_2\,max$との関係は$R^2＝0.018$となり、いずれも生涯勝利数とに有意な関係を認めることができなかった。

神経系の指標となる反応時間は、回帰式$y＝-0.121x＋292$、$R^2＝0.008$で統計学的な有意な関係は認められなかった（図12-8）。

以上のように今回の測定項目と生涯勝利数との関係は、すべての種目で有意な関係を認めることができなかった。このことは、プロ野球に入団してより多くの勝ち星をあげるためには今回の体力要素よりも、投手らしい伸びのあるストレートを投げたり、鋭い変化球を投球することができる高い技術力が必要であることを意味している。すなわち、投手は後天的に体力を高めて競技力を向上させるよりは、投手にとっての体力

表12-2 投手の生涯成績と各体力要素との関係（群の比較）

番号	体力区分	項目	単位	投手全員					無勝利群					有勝利群					無・有の比較	
				人数	平均値	SD	最大値	最小値	人数	平均値	SD	最大値	最小値	人数	平均値	SD	最大値	最小値	t値	有意差
1	筋力	握力(利)	(kg)	74	59.7	4.83	73.0	45.0	32	58.8	3.58	71.0	51.0	42	60.3	5.60	73.0	45.0	-1.321	N.S
2		握力(非利)	(kg)	74	56.3	4.70	68.0	43.0	32	55.0	4.50	62.0	43.0	42	57.4	4.84	68.0	46.0	-2.137	P<0.05
3		握力(両)	(kg)	74	116.0	9.16	138.0	93.0	32	113.8	7.35	133.0	102.0	42	117.7	10.18	138.0	93.0	-1.811	N.S
4		背筋力	(kg)	72	206.2	24.39	272.0	140.0	30	200.1	21.60	254.0	152.0	42	210.6	25.66	272.0	140.0	-1.806	N.S
5	筋持久力	腹筋(10kg)	(回)	67	12.8	4.98	26.0	0.0	29	13.9	4.57	26.0	5.0	38	12.0	5.33	26.0	0.0	1.479	N.S
6		腹筋(30秒)	(回)	56	35.1	3.25	45.0	28.0	22	35.7	2.57	43.0	28.0	34	34.7	3.60	45.0	28.0	1.166	N.S
7	パワー系	垂直跳び	(cm)	74	68.2	4.96	82.0	54.0	32	68.0	4.19	82.0	56.0	42	68.3	5.52	79.0	54.0	-0.241	N.S
8		30m	(秒)	51	3.68	0.10	3.96	3.5	20	3.68	0.12	3.96	3.45	31	3.69	0.10	3.87	3.46	-0.284	N.S
9		パワーMAX	(W)	70	1229	106.2	1678	914	29	1202	89.8	1378	914	41	1248	114.8	1678	936	-1.805	N.S
10		高速	(回/分)	61	207.8	8.50	227.0	189.0	25	208.6	8.08	221.0	192.0	36	207.2	8.65	227.0	189.0	0.631	N.S
11	柔軟性	体前屈	(cm)	74	15.3	3.96	25.5	5.0	32	14.9	3.90	25.5	8.0	42	15.57	3.93	24.0	5.0	-0.684	N.S
12		上体そらし	(cm)	74	61.1	5.57	79.0	44.5	32	62.9	5.66	79.0	46.5	42	59.7	5.23	75.0	44.5	2.454	P<0.05
13	呼吸循環系	肺活量	(cc)	74	5132	548.10	6800	3500	32	5191	517.50	6400	4120	42	5087	566.20	6800	3500	0.797	N.S
14		ABテスト	(W)	65	232.5	39.20	354.0	115.0	28	226.4	32.16	298.0	152.0	37	237.2	43.98	354.0	115.0	-1.079	N.S
15	神経系	反応時間	(msec)	40	290.1	25.69	353.0	235.0	15	287.1	19.82	353.0	235.0	25	292.0	28.52	341.0	246.0	-0.570	N.S

トレーニングは、本人の持っている投手に必要な天性的能力を開花させるために行うものであると言えるかもしれない。

しかし、今回の統計的分析は相関関係を用いて行われたが、図12-1から図12-8に示したように無勝利の投手が投手全体の半数近くを占めているのが現状である。そこで次の分析方法は、全投手を「無勝利投手群」と「有勝利投手群」とに分け、各体力要素で違いがあるかについてt検定で有意差を確認しようとした。

2）無勝利投手と有勝利投手との比較

表12-2は、対象者の投手を無勝利投手群と有勝利投手群とに分類し、各測定項目の平均値、標準偏差（SD）、最大値、最小値を比較したものである。対象となった選手数は、測定された測定項目によって異なる。

利き腕の握力は、非利き腕の握力よりもすべての群において有意に大きかった。利き腕の握力は、無勝利群が平均58.8kg、有勝利群が平均60.3kgで統計学的な有意差は認められなかった。しかし非利き腕の握力は、無勝利群が平均55.0kg、有勝利群が平均57.4kgで有勝利群が5％水準で有意に大きかった。両手の握力は、無勝利群が平均113.8kg、有勝利群が平均117.7kgで統計学的な差は認められなかった。このように、握力はすべての項目において有勝利群が大きい傾向を示し、非利き腕の握力のみ統計学的な有意差を認めた。投球だけの練習では、利き腕のみが使用され、利き腕の握力のみが強化される。トレーニングは基本的には左右同じように行われることが多いので、トレーニングをよく行う選手は非利き腕の握力も強化される。すなわち、有勝利群は両腕を使用したトレーニングをよく実施しているのではないかと推測される。

背筋力は、無勝利群が平均200.1kg、有勝利群が平均210.6kgで有勝利群が大きい傾向にあったが、統計学的な有意な差を認めることはできなかった。背筋力の拮抗筋的働きをする腹筋力（T球団独自の評価法）では、無勝利群が平均13.9回、有勝利群が平均12.0回で無勝利群が強い傾向にあったが有意な差は認められなかった。さらに、筋持久力を評価する30秒間の腹筋でも、無勝利群が平均35.7回、有勝利群が平均34.7回で無勝利群が強い傾向にあったが有意差はなかった。これらの結果から、投手は腹筋力よりも背筋力が優れているほうがよい競技成績を残すのではないかと推測された。

パワー系の測定項目である垂直跳びでは、無勝利群が平均68.0cm、有勝利群が平均68.3cmとほとんど差が認められなかった。次に30mダッシュでも、無勝利群が平均3.68秒、有勝利群が平均3.69秒とほとんど差がなかった。さらに、コンビ社製パワーマックスVを使用した脚パワーは、無勝利群が平均1,202W、有勝利群が平均1,248Wで有勝利群が大きい傾向にあったが、統計学的な有意差は認められなかった。同様に体重の4％の負荷をかけた高速回転の測定では、無勝利群が平均208.6回、有勝利群が平均207.2回とほとんど差が認められなかった。このように、パワー系の体力は投手の競技成績にあまり反映されないようである。

柔軟性の項目として、立位体前屈と伏臥上体そらしを測定し比較した。体前屈は、無勝利群が平均

14.93cm、有勝利群が平均15.57cmで有勝利群が大きい傾向にあったが統計学的な有意差は認められなかった。逆に、上体そらしでは無勝利群が平均62.9cm、有勝利群が平均59.7cmで無勝利群が5％水準で有意に大きかった。すなわち、体前屈の測定値は競技成績とほとんど無関係であるが、競技成績がよい選手は上体そらしの測定値が低いという結果となった。この原因としては、体力測定を開始した初期の時代に測定したベテランの優秀な選手が、若いときよりも柔軟性が失われ、低い柔軟性が測定値として採用された可能性もあると考えられる。しかし、身体全体の柔軟性（可動域）が狭い選手が競技力に優れていることにはならないと思われるが、肩関節や股関節、足関節などの柔軟性と競技成績との関連を明らかにしていくことが今後の課題となった。

呼吸循環系の測定項目としては、肺活量とコンビ社製エアロバイクを使用したABテストであった。肺活量は、無勝利群が平均5,191cc、有勝利群が平均5,087ccで無勝利群が大きい傾向にあったが、統計学的な有意差は認められなかった。

ABテストは、無勝利群が平均226.4W、有勝利群が平均237.2Wで有勝利群が大きい傾向にあったが、統計学的な有意差は認められなかった。

神経系の測定項目としては、光刺激による全身反応時間を測定した。反応時間は、無勝利群が平均287.1msec、有勝利群が平均292.0msecで無勝利群が速い傾向にあったが、統計学的な有意差は認められなかった。

4．まとめ
1）投手の体力要素と生涯勝利数との関係を相関関係と差の検定（t検定）の統計処理により分析した。
2）相関係数での分析では、対象とした体力要素と生涯勝利数との関係は、すべての項目で有意な関係は認められなかった。
3）無勝利群と有勝利群に分けた差の検定では、有勝利群は握力と背筋力が強い傾向にあり、非利き腕の握力のみに有意な差を認めた。
4）上体そらしは無勝利群が有意に大きかった。
5）プロ野球の投手が勝ち星をあげるためには、対象となった体力要素よりも投手独特の高い技術力が必要であると推測できた。

2．野手

3．結果および考察
1）野手の生涯成績と体力要素との関係
表12-3は、野手の生涯成績と各体力区分の体力要素との関係を回帰式、相関係数、対象者数で示したものである。体力区分としては、筋力、筋持久力、パワー系、柔軟性、呼吸循環系、神経系に分類した。

表12-3　野手の生涯成績と各体力要素との関係（相関関係）

番号	体力区分	項目	回帰式	R^2	n	P
1	筋力	握力（利）	Y = 3E - 05x + 59.645	0.0000	79	N.S
2		握力（非利）	Y = -0.0014x + 60.261	0.0163	79	N.S
3		握力（両）	Y = -0.0014x + 119.91	0.0041	79	N.S
4		握力比（引／押）	Y = 5E - 0.5x + 0.9789	0.1461	76	P<0.01
5		背筋力	Y = -0.0068x + 204.6	0.0193	75	N.S
6		腹筋（10kg）	Y = -0.0027x + 12.5431	0.0567	65	N.S
7	筋持久力	腹筋（30秒）	Y = -0.0021x + 34.337	0.0537	58	N.S
8	パワー系	垂直跳び	Y = -0.0027x + 69.459	0.0514	77	P<0.05
9		30m	Y = 9E - 05x + 3.5863	0.1311	57	P<0.01
10		ホームラン	Y = -2E - 05x + 14.573	0.0002	23	N.S
11		パワーMAX	Y = -0.0442x + 1250.7	0.0257	74	N.S
12		高速	Y = -0.0079x + 211.51	0.0964	60	P<0.05
13	柔軟性	体前屈	Y = -0.0009x + 14.145	0.0066	79	N.S
14		上体そらし	Y = -0.0054x + 60.21	0.1218	78	P<0.01
15	呼吸循環系	肺活量	Y = -0.2696x + 5140.2	0.0531	79	P<0.05
16		ABテスト	Y = -0.0163x + 239.12	0.0407	65	N.S
17		$\dot{V}O_2MAX$	Y = -0.0004x + 4.3956	0.0586	12	N.S
18	神経系	反応時間	Y = -0.0262x + 284.72	0.1580	34	P<0.05

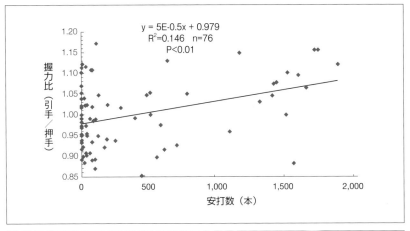

図12-9 握力比（引手／押手）と生涯安打数との関係

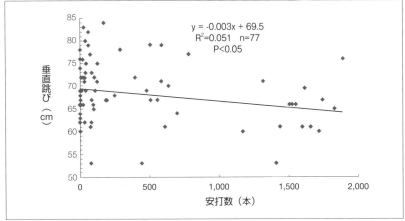

図12-10 垂直跳びと生涯安打数との関係

　筋力の代表的測定種目である握力は、投球側を利き腕、反対側を非利き腕、両方を足したものを両腕として統計処理した。利き腕、非利き腕、さらに両腕の握力と野手の生涯安打数との関係は、すべての関係において有意な関係を認めることができず、握力の強さは野手の生涯成績に反映しないことが明らかとなった。

　しかし、野手の打撃様式に注目し、押し手側の握力と引き手側の握力の割合と野手の生涯安打数との関係（引き手側の握力／押し手側の握力）を比較すると、回帰式 $y = 5E-0.5x + 0.979$、$R^2 = 0.146$ の関係を示し、1％水準で統計学的な有意な関係を認めた（図12-9）。この場合、引き手の握力が強い選手が優秀な打者ということになる。すなわち右打者の場合は左腕が引き手となり、左打者の場合は右腕が引き手となるわけである。プロ野球の世界でも、打撃コーチが選手に指導する際、右打者の場合、右腕が強すぎるとバットをこねてしまいよい打撃ができないと選手に指導しているのを聞いたことがある。右打者の場合、右が利き手の選手が多く、右手が強くてよい打撃を行い難いのではないかと推測できる。

　最近のプロ野球では、右投げ左打ちの選手が増加していることを指摘した。右投げの選手は、右手が利き腕となり、右手が強いと思われるのでバットをこねることなく引き手でリードするスムーズな打撃が行いやすいのではないかと推測される。すなわち、左打席の有利は、一塁に近いとか、右投手のボールが見やすいといった利点も指摘されるが、結果的に引き腕が強いためによい打撃が行えるようになったとも考えられる。

　しかし、プロ野球界の多くの打撃コーチは「ボールを遠くに飛ばすのは、押し手側の力である」と指摘している。日本を代表するホームラン打者である王貞治氏は左投げ左打ちであり、歴代2位の本塁打記録を持つ野村克也氏は右投げ右打ちであり、いずれも押し手が利き腕である。すなわち、ボールを正確にミートするためには引き手が重要であるが、ボールに強い力を与えるためには押し手側の力が必要であると推測できる。次回では、握力比と生涯本塁打数との関係を調べてみたい。

　体幹の筋力としてよく測定される背筋力と生涯安打数との関係は、回帰式 $y = -0.0068x + 204.6$、$R^2 = 0.0193$ で統計学的な有意な関係は認められなかった。さらにT球団の独自の測定法で測定した腹筋力

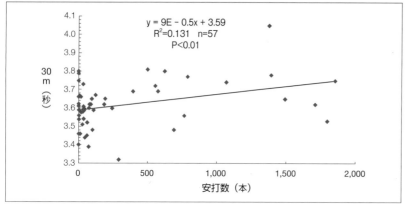

図12-11　30mと生涯安打数との関係

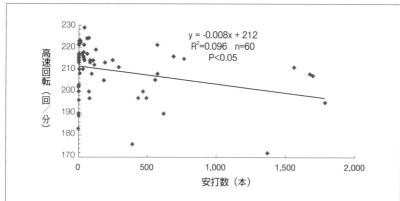

図12-12　パワーマックスVの高速回転と生涯安打数との関係

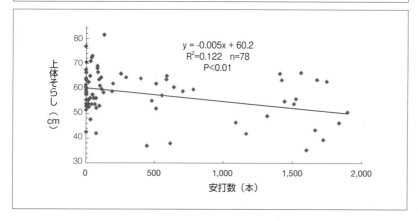

図12-13　上体そらしと生涯安打数との関係

と生涯安打数との関係も、回帰式y＝－0.003x＋12.5、R^2＝0.057で統計学的な有意な関係は認められなかった。

筋持久力の指標となる30秒間で何回の腹筋運動を繰り返すことができるかという「腹筋（30秒）」と生涯安打数との関係は、回帰式y＝－0.002x＋34.3、R^2＝0.054の関係を示し、統計学的な有意な関係は認められなかった。

パワー系種目の垂直跳びと生涯安打数との関係は、回帰式y＝－0.003x＋69.5、R^2＝0.051を示し、5％水準で統計学的な有意な負の相関関係を認めた（図12-10）。すなわち、垂直跳びが高く飛べない選手が生涯安打数が多いということであった。

次に30m走と生涯安打数との関係でも、回帰式y＝9E－05x＋3.59、R^2＝0.131を示し、1％水準で統計学的な有意な正の相関関係を認めた（図12-11）。すなわち、30m走が遅い選手が生涯で多くの安打を打っているということになる。その他のホームラン、パワーマックスVと生涯安打数との関係は、それぞれR^2＝0.0002、R^2＝0.026を示し、いずれも生涯安打数との有意な関係を認めることができなかった。しかし、パワーマックスVを用いた高速回転と生涯安打数との関係は、回帰式y＝－0.008x＋212、R^2＝0.096を示し、5％水準で統計学的な有意な負の相関

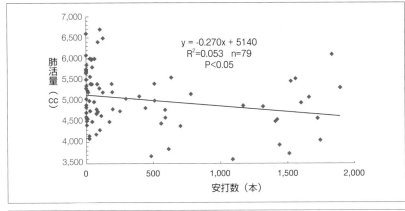

図12-14 肺活量と生涯安打数との関係

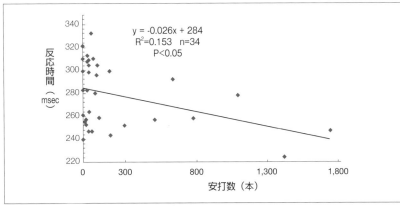

図12-15 反応時間と生涯安打数との関係

関係を認めた（図12-12）。すなわち、高速回転の回転数が少ない選手が多くの安打を打つことができることになる。

柔軟性の指標となる体前屈と生涯安打数との関係は、回帰式$y=-0.001x+14.2$、$R^2=0.007$で統計学的な有意な関係は認められなかった。しかし、上体そらしと生涯安打数との関係は、回帰式$y=-0.005x+60.2$、$R^2=0.122$を示し、1％水準で統計学的な有意な負の相関関係を認めた（図12-13）。このことは、上体そらしの硬い選手が多くの安打を打っていることになる。

呼吸循環系の測定項目である肺活量と生涯安打数との関係は、回帰式$y=-0.270x+5140$、$R^2=0.053$を示し、5％水準で統計学的に有意な負の相関関係を認めた（図12-14）。さらに、ABテストと$\dot{V}O_2max$と生涯安打数との関係は、それぞれ$R^2=0.041$、$R^2=0.059$を示し、負の相関の傾向を示したが、統計学的な有意な関係を認めることができなかった。このことは、呼吸循環系の能力は生涯の安打数とは負の関係となることが示唆された。

神経系の指標となる反応時間と生涯安打数との関係は、回帰式$y=-0.026x+285$、$R^2=0.153$を示し、5％水準で統計学的な有意な負の相関関係を認めた（図12-15）。すなわち、反応時間が速い選手が生涯の安打数が多い結果となった。このことは、打撃で重要なことは投手が投げてきたボールに対して素早く反応する能力が必要であることを示唆している。投手は自分のタイミングでボールを投球することができるが、打者はその投球に対して球種やコースを素早く判断し対処しなければならない。この判断や対処に反応時間が速いことが優位に作用していると考えられる。

2）無安打野手と有安打野手との比較

次は前項の投手の分析と同様に、全野手を「無安打群」と「有安打群」とに分け、各体力要素で違いがあるかをt検定で有意差を確認しようとした。

表12-4は、対象者の野手を無安打群と有安打群とに分類し、各測定項目の平均値、標準偏差、最大値、最小値を比較したものである。対象となった選手数は、測定された測定項目によって異なる。

野手全員を対象としたときの利き腕の握力と非利き腕の握力は、いずれも平均59.7kgで投手と異なりほとんど同じであり、有意差は認められなかった。同様に打撃時の引き手側の握力の平均は59.8kg、押し手側の握力の平均は60.1kgとなり、有意差は認められなかった。

表12-4 各体力要素の無安打野手群と有安打野手群との比較（群の比較）

番号	体力区分	項目	単位	野手全員					無安打群					有安打群					無・有の比較	
				人数	平均値	SD	最大値	最小値	人数	平均値	SD	最大値	最小値	人数	平均値	SD	最大値	最小値	t値	有意差
1	筋力	握力(利)	(Kg)	79	59.7	5.46	81.5	42.5	14	61.0	4.86	70.5	48.0	65	59.4	5.50	81.5	42.5	1.013	N.S
2		握力(非利)	(Kg)	79	59.7	4.92	73.5	40.5	14	61.1	4.51	72.0	53.5	65	59.4	5.02	73.5	40.5	1.141	N.S
3		握力(両)	(Kg)	79	119.3	9.79	155.0	83.0	14	122.1	8.78	142.5	103.5	65	118.8	9.79	155.0	83.0	1.153	N.S
4		握力(引)	(Kg)	76	59.8	4.90	73.5	43.5	14	59.8	4.57	72.0	50.5	62	59.9	4.98	73.5	43.5	-0.052	N.S
5		握力(押)	(Kg)	76	60.1	5.24	82.5	46.4	14	60.1	4.52	70.5	52.0	62	60.1	5.41	82.5	46.5	0.039	N.S
6		握力比(引/押)		76	1.000	0.068	1.172	0.853	14	0.994	0.048	1.102	0.917	62	1.002	0.072	1.172	0.853	-0.347	N.S
7		背筋力	(Kg)	75	201.9	21.90	273.0	141	13	218.5	22.88	270.0	151.0	62	198.4	20.58	273.0	141.0	3.095	P<0.01
8	筋持久力	腹筋(10kg)	(回)	65	11.8	4.58	27.0	0	14	13.6	3.64	23.0	6.0	51	11.3	4.66	27.0	0.0	1.746	N.S
9		腹筋(30秒)	(回)	58	33.6	4.05	45.0	2	11	35.0	3.82	41.0	27.0	47	33.3	4.00	45.0	26.0	1.244	N.S
10	パワー系	垂直跳び	(cm)	77	68.4	5.55	84.0	53	14	67.1	5.22	78.0	60.0	63	68.7	5.57	84.0	53.0	-0.987	N.S
11		30m	(秒)	53	3.61	0.09	4.05	3.32	10	3.62	0.10	3.80	3.40	43	3.61	0.09	4.05	3.32	0.340	N.S
12		ホームラン	(秒)	23	14.57	0.38	15.49	13.69	2	14.62	0.15	14.76	14.47	21	14.56	0.40	15.49	13.69	0.171	N.S
13		パワーMAX	(W)	74	1234.0	127	1662.0	850	14	1264.0	124.0	1498.0	1028.0	60	1227	126	1662.0	850.0	0.972	N.S
14		高速	(回/分)	60	209.5	9.24	229.0	172	14	209.3	10.63	223.0	183.0	46	209.5	8.82	229.0	172.0	-0.082	N.S
15	柔軟性	体前屈	(cm)	79	13.8	5.01	26.5	-1.5	14	13.3	5.75	26.5	1.0	65	13.9	4.86	24.0	-1.5	-0.433	N.S
16		上体そらし	(cm)	78	58.0	6.91	81.5	35.5	14	62.5	4.88	77.0	53.5	64	57.0	7.24	81.5	35.5	2.658	P<0.01
17	呼吸循環系	肺活量	(cc)	79	5030	543	6700	3600	14	5364	519	6600	4420	65	4958	518	6700	3600	2.623	P<0.05
18		ABテスト	(W)	65	233.9	35.85	302.0	120	14	247.0	26.57	289.0	197.0	51	230.3	37.67	302.0	120.0	1.534	N.S
19	神経系	反応時間	(msec)	34	278.7	24.57	332.0	224	6	287.7	24.78	321.0	240.0	28	276.8	23.98	332.0	224.0	0.970	N.S

　無安打群と有安打群を比較すると、利き腕の握力は、無安打群が平均61.0kg、有安打群が平均59.4kgで統計学的な有意差は認められなかった。同様に非利き腕の握力は、無安打群が平均61.1kg、有安打群が平均59.4kgで統計学的な有意差は認められなかった。両腕の握力も無安打群が平均122.1kg、有安打群が平均118.8kgで無安打群がやや大きい傾向にあったが、統計学的な有意差は認められなかった。

　打撃様式に基づいて引き腕と押し腕を比較してみた。引き腕の握力は、無安打群が平均59.8kg、有安打群が平均59.9kgでほとんど差がなく、押し腕の握力も無安打群、有安打群とも平均値が60.1kgと同じであった。握力比（引／押）では、無安打群が0.994で有安打群が1.002と有安打群がやや大きい傾向にあったが、統計学的な有意な差は認められなかった。

　背筋力は、無安打群が平均218.5kg、有安打群が平均198.4kgを示し、1％水準で統計学的な有意な差を認めた。すなわち、プロ野球で1本のヒットも打てなかった選手たちがヒットを打った選手たちよりも背筋力が強かったということになる。

　背筋力の拮抗筋的働きをする腹筋力（T球団独自の評価法）でも、無安打群が平均13.6回、有安打群が平均11.3回で無安打群が強い傾向にあったが、有意な差は認められなかった。さらに、筋持久力を評価する30秒間の腹筋でも、無安打群が平均35.0回、有安打群が平均33.3回で無勝利群が強い傾向にあったが、有意差はなかった。

　パワー系の測定項目である垂直跳びでは、無安打群が平均67.1cm、有安打群が平均68.7cmと有安打群がやや大きかったが、有意差は認められなかった。次に30mダッシュでも、無安打群が平均3.62秒、有安打群が平均3.61秒とほとんど差がなかった。同様に、ホームランの記録でも、無安打群が平均14.62秒、有安打群が平均14.56秒とほとんど差がなかった。さらに、パワーマックスVを使用した脚パワーは、無安打群が平均1,264W、有安打群が平均1,227Wで無安打群が大きい傾向にあったが、統計学的な有意差は認められなかった。体重の4％の負荷をかけた高速回転の測定では、無安打群が平均209.3回、有安打群が平均209.5回とほとんど差が認められなかった。このように、パワー系の体力は野手の競技成績にあまり反映されないようである。

　柔軟性の項目として、立位体前屈と伏臥上体そらしを測定し比較した。体前屈は、無安打群が平均13.3cm、有安打群が平均13.9cmでほとんど差が認められなかった。逆に、上体そらしでは無安打群が平均62.5cm、有安打群が平均57.0cmで無安打群が1％水準で有意に大きかった。すなわち、体前屈の測定値は競技成績とほとんど無関係であるが、競技成績がよい選手は上体そらしの測定値が低いという結果となった。

　呼吸循環系の測定項目としては、肺活量とエアロバ

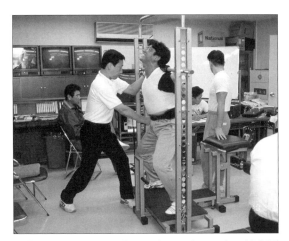

写真2-2 アイソメトリックのスクワットの筋力測定（田尾安志選手）

イクを使用したABテストであった。肺活量は、無安打群が平均5,364cc、有安打群が平均4,958ccで無安打群が5％水準で有意に大きかった。ABテストは、無安打群が平均247.0W、有安打群が平均230.3Wで無安打群が大きい傾向にあったが、統計学的な有意差は認められなかった。

神経系の測定項目としては、光刺激による全身反応時間を測定した。反応時間は、無安打群が平均287.7msec、有安打群が平均276.8msecで有安打群が速い傾向にあったが統計学的な有意差は認められなかった。

以上のように今回の測定項目と生涯安打数との関係は、ほとんどの種目で負の相関傾向を認め、体力レベルが低い選手が選手生活で多くの安打を放っているという結果となった。さらに無安打野手群と有安打野手群との比較でも、ほとんどの測定項目で有安打群の体力レベルが低い傾向にあった。

この理由として2つのことが考えられる。1つ目は、多くの安打を打っているベテランの選手が、加齢に伴って体力レベルが低下した選手生活の晩年において体力測定に参加し、その測定値がその選手の体力レベルとして評価されたためと考えられる。2つ目は、プロ野球に入団する選手の中には、入団時の野球の実力だけでなく、運動能力の高さを評価され、将来大きく飛躍するであろうと期待されて入団してくる選手も多い。しかしそのような選手たちは、打撃力が向上しない限り、代走や守備固めだけで試合に起用されることが多くなる。そしてレギュラーになれなかった場合には数年後には球団を解雇され、球界を去ることとなる。

各球団の二軍には、身体能力には非常に優れているが打撃の能力が伴わない若い選手たちが多く存在する

のも事実である。野球の打撃は、一流の投手が投じる伸びのあるボールや鋭く動く変化球に対して、細いバットの芯でボールを捉えなければならない。これは非常に高度な技術力を必要とする。この技術力を獲得するためには先天的な能力も当然必要であるし、日々の練習・ゲームの中での絶え間ない壮絶な努力も欠かせないであろう。このように考えると、プロ野球の世界で多くの安打を打つためには高度な打撃力が絶対条件であることが推測できる。

4．まとめ

1）野手の体力要素と生涯安打数との関係を相関関係で分析し、さらに無安打群と有安打群に分け、有意差を検定した。

2）相関係数での分析では、今回対象とした体力要素と生涯安打数との関係は、ほとんどの種目で負の相関傾向を認め、体力レベルが低い選手が選手生活で多くの安打を放っているという意外な結果となった。

3）押し手の握力よりも引き手の握力が強い選手が優秀な打者であった。

4）無安打群と有安打群に分けた差の検定でも、背筋力、上体そらし、肺活量の項目で無安打群が有意に大きかった。

5）プロ野球の野手が多くの安打を打つためには、今回対象となった体力要素よりも高い打撃の技術力が必要であると推測できた。

[主な参考文献]

1）平野裕一、野球選手の体力的特性, Jpn.J.Sports Sci., (1987), 6, 712-719.
2）森岡　浩編著「プロ野球人名辞典2001」日外アソシエーツ
3）中山悌一：「プロ野球界には右投げ左打ちが増加している」体力科学 VOL.49 NO6 DEC p942 2000
4）中山悌一：「日本人プロ野球選手の投球側と打撃様式の推移（1950-2002）」京都体育学研究 VOL.20 P39－47

第13章 スポーツ外傷・障害

1. 発症状況と筋力

1. 緒言

プロ野球界の1年は、1月の自主トレーニングから始まり2月のキャンプ、3月のオープン戦を経て4月に公式戦の開幕となる。4月に開幕したペナントレースは、10月まで約7カ月にわたって、交流戦を含め144試合の熱戦が繰り返される。さらにその後、資格を得たチームはクライマックスシリーズや日本シリーズ、アジアシリーズにも参加する。

最近ではベースボールクラシックなども開催され、この期間、コンディショニングを維持してベストの状態でゲームに臨むのはプロ野球選手として非常に重要なことである。コンディショニングがうまくいかなかった場合には、スポーツ外傷や障害が発症しやすくなる。スポーツ外傷とは、外部からの力によって引き起こされる故障であり、スポーツ障害とは使いすぎ（overuse）に代表されるように、そのスポーツを長年継続することによって起こる故障である。

チームとしても選手の故障に関するデータを整理、管理することは重要な課題となる。T球団でも選手の故障に関するデータを「故障者管理システム」で管理し、選手の故障をできるだけ減少させるための指導に役立てている。

本章では、T球団のスポーツ外傷、障害の発症状況について報告する。

2. 方法

T球団の1983年から1988年までの6シーズンの間に受傷し、通常の練習や試合に1日以上参加でき

表13-1 スポーツ外傷の月別発症件数

年度	1月	2月	3月	4月	5月	6月	7月	8月	9月	10月	合計
1983	0	9	9	5	7	5	5	3	3	7	53
1984	1	1	8	15	9	4	2	9	2	0	51
1985	1	5	3	11	6	4	5	9	7	5	56
1986	0	5	7	8	5	4	2	4	3	2	40
1987	1	2	5	10	7	5	4	9	2	3	48
1988	1	2	11	14	8	9	4	11	0	1	61
合計	4	24	43	63	42	31	22	45	17	18	309

表13-2 スポーツ障害の月別発症件数

年度	1月	2月	3月	4月	5月	6月	7月	8月	9月	10月	合計
1983	4	13	9	6	14	4	2	0	1	1	54
1984	7	14	9	4	4	5	6	1	4	5	59
1985	1	15	8	11	9	7	3	3	6	9	72
1986	2	12	7	9	7	5	3	1	4	5	55
1987	4	8	7	3	6	7	5	1	1	1	43
1988	3	7	9	9	6	14	10	2	2	0	62
合計	21	69	49	42	46	42	29	8	18	21	345

表13-3 スポーツ外傷、障害の月別発症件数

年度	1月	2月	3月	4月	5月	6月	7月	8月	9月	10月	合計
1983	4	22	18	11	21	9	7	3	4	8	107
1984	8	15	17	19	13	9	8	10	6	5	110
1985	2	20	11	22	15	11	8	12	13	14	128
1986	2	17	14	17	12	9	5	5	7	7	95
1987	5	10	12	13	13	12	9	10	3	4	91
1988	4	9	20	23	14	23	14	13	2	1	123
合計	25	93	92	105	88	73	51	53	35	39	654

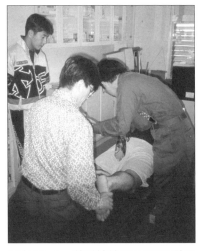
写真13-1 整形外科医により下肢の触診を行う

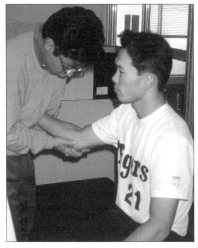
写真13-2 整形外科医により肘関節の触診を行う

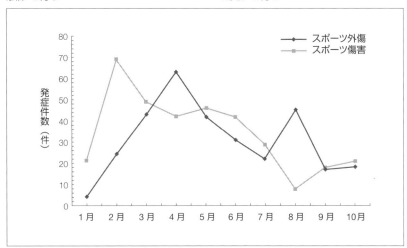
図13-1 発生件数の推移

なかった延べ選手654人を対象とした。内訳はスポーツ外傷が309件、スポーツ障害が345件であり、外傷の71件と障害の42件が医師の診察を受けている。

3. 結果および考察
1）発症状況の月別変化

表13-1は、スポーツ外傷の月別発症件数を年度別に示したものである。次に表13-2にはスポーツ障害の月別発症件数を年度別に示したものである。表13-3にはスポーツ外傷と障害の両方の発症件数をまとめた。さらに、図13-1はスポーツ外傷、障害の月別変化を図示したものである。

6年間の故障の発症は延べ654件に達し、1年間当たりにすると109件となり、年間の調査期間10ヵ月で除すると1ヵ月で10.9件の故障が発生したことになる。

スポーツ外傷は、1月の自主トレーニングの期間ではほとんど発症せず6年間の調査期間でわずか4件だけであった。2月のキャンプの時期になると24件に増え、オープン戦の時期となる3月には43件に増加している。このスポーツ外傷は、実戦の練習や試合が多くなると増加してくるものと推測される。すなわち、1月の自主トレーニングの期間では実戦練習はほとんどなく基礎的なトレーニングやキャッチボール、簡単な打撃練習や守備練習だけである。しかし2月のキャンプでは実戦的な練習も導入され、紅白戦や練習試合なども実施される。さらに3月になるとオープン戦が連日行われ、一軍入りを狙う若手選手たちにとっては生き残りをかけた実戦の場となるのである。このような状況になると、スポーツ外傷も増加してくると考えられる。

さらに本格的にシーズンが開幕する4月にはスポーツ外傷の発症件数も63件とピークを迎えることとなる。

表13-4　受傷別外傷、障害の月別発症件数

	1月	2月	3月	4月	5月	6月	7月	8月	9月	10月	合計
腰背部痛	4	16	17	7	13	9	13	1	7	6	93
肩　痛	3	10	7	8	10	6	1	2	2	4	53
肉離れ	3	5	7	11	10	5	5	2	4	0	52
膝　痛	7	7	5	2	0	6	4	2	1	1	35
肘　痛	0	1	7	6	2	3	0	0	1	4	24
アキレス腱痛	0	2	0	0	1	1	0	1	3	4	12
合計	17	41	43	34	36	30	23	8	18	19	269

表13-5　受傷別外傷、障害の年度別発症件数

	1983	1984	1985	1986	1987	1988	合計
腰背部痛	14	19	19	16	10	15	93
肩　痛	5	4	16	12	10	6	53
肉離れ	4	5	9	12	8	14	52
膝　痛	6	8	10	5	3	3	35
肘　痛	4	7	0	3	4	6	24
アキレス腱痛	3	3	2	2	1	1	12
合計	36	46	56	50	36	45	269

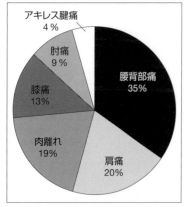

図13-2-1　部位別（6部位）発症件数の割合

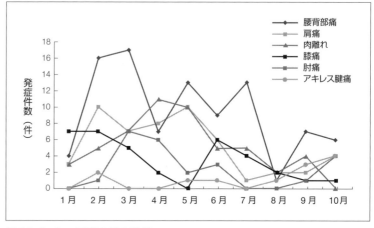

図13-2-2　月別の発症件数

　公式戦が開幕すると、来年の年棒を決定する大事な試合が連日開催されることとなり、レギュラー選手は毎日のようにゲームに出場することになる。春先は気候的にも未だ寒さも残り不順な場合も多いので、スポーツ外傷が発症しやすい状況が混在していると推測される。その後はシーズンが進むにつれてスポーツ外傷の発症件数も低下していく。しかし、ペナントレースの山場を迎える8月にはいったんスポーツ外傷の発症件数が増加する。8月はT球団にとって遠征が多くなる時期でもあるので、このことも原因しているのかもしれない。

　スポーツ障害は、1月の自主トレーニング中に6年間で21件しか発症していなかったが、2月のキャンプ期間中には69件も発症している。プロ野球のキャンプは、一般的に朝の10時からウォーミングアップを行い、午前中にチームプレーなどを行い、軽い昼食を挟んで夕方の5時くらいまで約7時間にわたって練習が続けられる。通常の時間帯以外でも、朝早く出ての練習や夕食後の夜間練習なども行われる。

　投手は、ブルペンなどで「投げ込み」を敢行し、約1カ月のキャンプ期間中に2,000球から3,000球の投球練習を行う。野手も打撃練習や守備練習を長時間かけて行う。正式な測定値はないがキャンプ期間中に、選手は1日に約5,000〜6,000kcalの熱量を消費するものと推測される。キャンプ期間中にはこのような厳しい練習が実施されるので、スポーツ障害の発症件数が多くなるものと推測される。キャンプでの練習の仕方を再考する必要があるかもしれない。その後は、オープン戦期間中の3月にはスポーツ障害の発症件数が低下し、シーズンに入ってもこの傾向が続き、8月には1月よりも少ない8件の発症件数のみであった。

表13-6　大腿二頭筋肉離れ故障者と健常者の膝筋力の比較（1988年）（90°/sec）

項　目	左右	故障者（n=10）		健常者（n=41）		t値	有意差
		平均値	SD	平均値	SD		
伸展力（Nm）	右	144.3	31.19	135.3	25.30	0.942	N.S
	左	138.9	30.28	138.5	27.30	0.040	N.S
屈筋力（Nm）	右	97.8	16.42	97.1	20.42	0.099	N.S
	左	97.3	12.9	97.5	17.31	-0.034	N.S
屈／伸（%）	右	68.6	6.98	71.8	10.30	-0.913	N.S
	左	71.4	8.25	70.2	10.67	0.323	N.S

2）発症部位別発症件数

　表13-4と表13-5は、故障部位別の月別発症件数と年度別発症件数の推移を示したものである。さらに図13-2-1、2は、故障頻度が最も多かった6部位の故障部位別の割合を比較したものである。故障部位の中で最も多かったのは意外にも腰背部痛であり、6部位の中で34.6%を占めた。腰背部痛は、6年間で延べ93件発症し、年間10〜19回の頻度で起こり、2月と3月のキャンプ期間中とオープン戦期間中に多発している。腰背部痛の発症要因はいろいろと指摘されるが、左右筋力のアンバランスも1つの要因と考えられる。野球の場合は、陸上競技のトラックの選手のように左右対称的な動作ではなく、非対称的な動作が多い。たとえば投手は投球動作のみを繰り返し、この繰り返しの運動により左右の筋力差が生じ投手独特の体型ができ上がる。さらに野手は、右投げの選手は右打席で打撃を行うことが多く、左投げの選手は左打ちの選手が多いために、回転動作が常に同じ方向であり左右筋力のアンバランスが生じ、腰背部痛発症の要因の1つになっているのではないかと推測できる。しかし、最近は右投げ左打ちの選手が急増しているので、腰背部痛発症の要因の1つが解消されつつあるかもしれない。

　次に発症件数が多いのは肩痛である。肩痛は、6年間で延べ53件発症し年間4〜16回の頻度で起こり、2月から5月にかけて多発しシーズンの後半には発症数が減少している。肩痛は野球選手にとって宿命的な要素が大きい。投手は常に投球することを要求され、投球の質や球速を高めるためには投球練習によって効率のよい投球ホームや微妙な感覚を身につけなければならない。さらに、試合では、先発投手は100球前後の投球数を投げることが要求され、救援投手は常にブルペンで待機し投球練習を繰り返しながら出番を待つことになる。

　野手の場合は、シーズンが始まり試合に出場し出すと送球する機会は少なくなるが、キャンプ中や練習時などは守備での送球や連携プレーの習得のために数多くの送球を行う場合が多く、このときに肩痛を発症しやすくなる。

　3番目に多いのは肉ばなれである。肉ばなれの発症部位はすべて下肢であり、大腿屈筋群33例、下腿三頭筋13例、大腿内転筋群4例、大腿四頭筋2例であった。同一選手で同じ部位に複数回発症した例もあった。肉ばなれは、6年間で延べ52件発症し年間4〜14回の頻度で起こり、3月から5月の春先に多発し、シーズンの後半には発症数が減少している。この傾向は高沢[1]らの報告と一致している。

　4番目に多いのは膝痛である。膝痛は、6年間で延べ35件発症し年間3〜10回の頻度で起こり、1月から3月の寒い時期に多発し、6月の梅雨の時期に6件発症し、シーズンの後半には発症数が減少している。

　5番目に多いのは肘痛である。肘痛は、6年間で延べ24件発症し年間0〜7回の頻度で起こり、3月と4月に多く発症している。24例中、14例は内側上顆から前腕の屈筋群の痛み（内側上顆炎）で、残り10例が肘頭外側から近位部の痛み（上腕三頭筋付着部炎）であった。延べ16例の受診者の中で、14例に遊離体などのX線上の変化が認められた。

　6番目に多いのはアキレス腱痛である。アキレス腱痛は、6年間で延べ12件発症し、年間1〜3回の頻度で起こり、シーズン終盤の9月と10月にそれぞれ3件と4件発症している。この調査期間中にアキレス腱断裂が1件発症している。

3）故障部位と筋力との関係

　表13-6は、1988年に大腿二頭筋の肉ばなれを起こした選手と、起こさなかった選手の膝伸展力と屈筋力の筋力、さらに拮抗筋比を比較したものである。選手の筋力は、前年度の体力測定でCybexを使用して測定された角速度90°/secの等速性筋力の値を採用した。この結果、故障者と健常者の筋力と拮抗筋比には有意な差を認めることはできなかった。

　表13-7は、大腿二頭筋の肉ばなれを起こした選手の故障側と健側の筋力と拮抗筋比を比較したものであ

表13-7 大腿二頭筋肉離れ故障者の故障側と健側の膝筋力の比較　(90°/sec)

項目	故障側		健側		t値	有意差
	平均値	SD	平均値	SD		
伸展力（Nm）	143.6	25.92	139.6	23.04	1.248	N.S
屈筋力（Nm）	97.6	13.44	97.5	11.04	0.040	N.S
屈/伸（%）	63.3	2.22	66.4	2.92	-4.467	P<0.01

表13-8 膝故障者と腱常者の筋力比較　(90°/sec)

項目	左右	故障者（n=5）		健常者（n=41）		t値	有意差
		平均値	SD	平均値	SD		
伸展力（Nm）	右	111.8	14.48	142.2	26.26	2.521	P<0.05
	左	126.0	23.38	144.0	25.28	1.513	N.S
屈筋力（Nm）	右	76.0	12.55	100.7	19.56	2.736	P<0.01
	左	86.2	12.48	99.4	17.17	1.664	N.S
屈/伸（%）	右	68.3	10.02	71.6	9.68	0.709	N.S
	左	69.0	7.25	70.2	9.98	0.240	N.S

表13-9 膝故障者の故障側と健側の筋力比較　(90°/sec)

項目	故障側		健側		t値	有意差
	平均値	SD	平均値	SD		
伸展力（Nm）	109.4	10.88	128.4	14.48	-1.712	N.S
屈筋力（Nm）	76.4	4.72	85.8	13.04	-1.383	N.S
屈/伸（%）	70.3	4.11	67.0	9.12	0.687	N.S

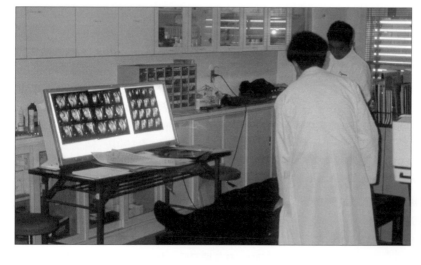

写真13-3　事前に撮影したMRI画像を基に選手の触診を行う

る。膝の伸展力は、故障側の筋力がやや高い傾向にあったが、統計学的に有意な差は認められなかった。膝の屈筋力は、故障側と健側がほとんど同じ値であった。しかし、拮抗筋比は故障側が63.6%、健側が66.4%で故障側が有意に小さかった。このことにより、大腿二頭筋の肉ばなれを起こす要因としては、筋力の絶対値や拮抗筋比は関係なく、個人の拮抗筋比の左右差が関係し、拮抗筋比が小さい側に肉ばなれを発症するのではないかと推測された。

表13-8も同様に、1988年に膝痛を起こした選手と、起こさなかった選手の膝伸展力と屈筋力の筋力、拮抗筋比を比較したものである。膝の伸展力は、故障者よりも健常者が強い傾向にあり、右脚のみに5%水準で統計学的な有意な差を認めた。屈筋力も、健常者の筋力が強い傾向にあり、右脚のみ1%水準で有意な差を認めた。拮抗筋比は、故障者がやや小さい傾向にあったが統計学的な有意差はなかった。

表13-9は、膝痛を起こした選手の故障側と健側の筋力と拮抗筋比を比較したものである。膝の伸展力と屈筋力は、健側よりも故障側が弱い傾向にあったが統計学的な有意な差は認められなかった。拮抗筋比は故障側がやや大きい傾向にあったが統計学的な有意な差は認められなかった。この結果、膝痛を起こす要因としては、膝の伸展力と屈筋力の筋力が弱いことに起因すると推測された。

4. まとめ

1) スポーツ外傷は、実戦の練習や試合が多くなる2

月、3月と増加し、3月にピークを迎えその後低下していく。
2）スポーツ障害は、運動量が最大となる2月のキャンプ中に最も多く発症し、その後低下していく。
3）プロ野球選手の最も多い故障部位は腰背部痛であり、その次は肩痛、肉ばなれ、膝痛、肘痛、アキレス腱痛の順であった。
4）大腿二頭筋の肉ばなれを起こす要因としては、個人の拮抗筋比の左右差が関係し拮抗筋比が小さい側に肉ばなれを発症すると推測された。
5）膝痛を起こす要因としては、膝の伸展力と屈筋力の筋力が弱いことに起因すると推測された。

2．投手の肘・肩の投球障害の発症状況

1．緒言

前項は、プロ野球選手のスポーツ外傷、障害の発症状況について述べたが、プロ野球選手の投手の障害として最も特徴的なのは、投球動作に起因して発症すると思われる肘と肩の障害である。投球することが仕事であるプロ野球の投手にとって、肘・肩の障害は選手生命を左右する重大な危機である。数十年前のプロ野球の世界では、投手が肘・肩を傷めた場合にはほとんどの選手が球界を引退することが多かった。しかし、最近では外科的手術によって復帰する投手も多くなった。内視鏡による手術も進歩し、関節内の軟骨を簡単に除去できるようになり多くの選手が手術を行う時代となった。

そこで今回は、T球団における1990年から1996年までの7年間に発症した投手の肘・肩の投球障害の発症状況を報告する。

2．方法

対象者は、1990年から1996年までの7年間にT球団に在籍した投手（延べ202人）である。肘・肩の投球障害の基準は、投球肢側に発症し、投手が痛みや違和感のために5日以上の投球練習ができなかった状態とした。さらに、完治とは投手が試合に登板できる状態になった時期とした。

3．結果および考察

1）肘・肩の年度別、月別発症状況

表13-10は、肘の障害件数を年度別、月別に示したものである。7年間で延べ40件の肘の障害が発症した。肘の障害は年間3件から10件の間で発症し、1992年に最多の10件の発症を数えたがその後は減少傾向にあった。

表13-11は、同様に、肩の障害件数を年度別、月別に示したものである。7年間で延べ39件の肩の障

表13-10　肘の障害件数

年度	1月	2月	3月	4月	5月	6月	7月	8月	9月	10月	11月	合計
1990	0	0	1	1	0	0	2	1	2	0	0	7
1991	1	1	0	1	0	0	1	0	0	1	0	5
1992	0	1	0	2	2	1	2	1	0	0	1	10
1993	0	0	0	1	0	1	0	0	1	0	1	4
1994	0	1	1	1	0	0	1	0	0	1	0	5
1995	0	0	0	0	1	2	0	2	0	1	0	6
1996	0	0	0	1	1	0	0	0	1	0	0	3
合計	1	3	2	7	4	4	6	4	4	3	2	40

表13-11　肩の障害件数

年度	1月	2月	3月	4月	5月	6月	7月	8月	9月	10月	11月	合計
1990	0	0	1	0	0	1	2	0	0	0	0	4
1991	0	0	0	1	1	1	0	0	1	0	0	4
1992	0	0	2	1	0	0	1	0	0	0	0	4
1993	0	2	1	3	0	3	0	0	0	0	0	9
1994	0	0	0	1	2	0	2	1	0	1	0	7
1995	1	2	0	1	0	0	1	0	0	0	0	5
1996	0	2	1	1	0	1	0	1	0	0	0	6
合計	1	6	5	8	3	5	6	2	2	1	0	39

表13-12 肘、肩の障害件数

年度	1月	2月	3月	4月	5月	6月	7月	8月	9月	10月	11月	合計
1990	0	0	2	1	0	1	4	1	2	0	0	11
1991	1	1	0	2	1	1	1	0	1	1	0	9
1992	0	1	2	3	2	1	3	1	0	0	1	14
1993	0	2	1	4	0	4	0	0	1	0	1	13
1994	0	1	1	2	2	0	3	1	0	2	0	12
1995	1	2	0	1	1	2	0	3	0	1	0	11
1996	0	2	1	2	1	0	1	0	2	0	0	9
合計	2	9	7	15	7	9	12	6	6	4	2	79

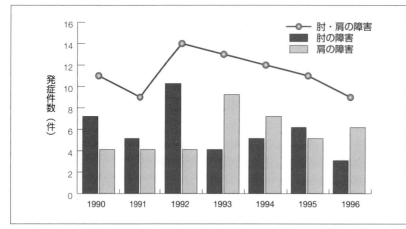

図13-3 肘と肩の年度別障害発生件数

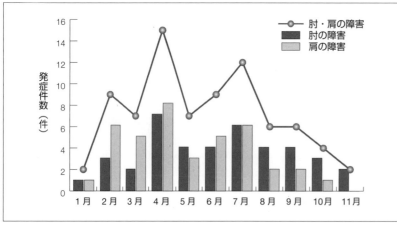

図13-4 肘と肩の月別障害発生件数

害が発症した。肩の障害は1993年に最多の9件を発症したがその他の年は4件から7件で推移している。

表13-12には、肘と肩の障害件数をまとめて示したものである。7年間で延べ79件の肘または肩の障害が発症した。肘と肩の障害は年間9件から14件の間で発症し、1992年に最多の14件の発症を数えたが、その他の年は9件から13件で推移している。7年間にT球団に在籍した延べ202人の投手の約39％が肘、肩の投球障害を発症したことになる。投球障害を発症した投手の中には、1人で数回の発症を経験した選手も存在した。

図13-3は、肘と肩の年度別発症件数を示したものである。肘と肩の発症件数は、3件から10件で推移し、肘と肩の7年間の発症件数はほとんど同数であった。肘と肩を合わせた発症件数は、1992年に最多の14件を発症したがその後は減少傾向にあった。

図13-4は、肘と肩の月別発症状況を示したものである。1月は、自主トレ期間中であり本格的な投球練習を行っていないために、肘と肩の障害は各1件と少ない。2月になるとキャンプの時期となり、キャンプ期間中（約1カ月）に投手は2,000～3,000球の投げ込みを行うので肘と肩の投球障害が増加する。

3月はキャンプ期間中の2月よりも発症件数が減少した。3月はオープン戦が行われ、一部のエース級

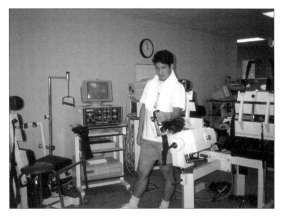

写真13-4 Dr.Jobeの手術を受けリハビリ中の中込伸投手

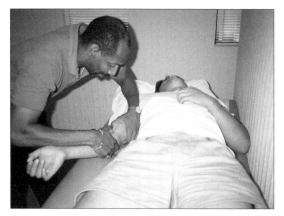

写真13-5 Dr.Jobeの手術を受け経過観察される中西投手

表13-13 肘と肩の故障者が完治までに要した日数とその割合（手術例も含む）

日 数	肘		肩		肘・肩	
	件数	割合（％）	件数	割合（％）	件数	割合（％）
10日以内	4	10.0	10	25.6	14	17.7
1カ月以内	14	35.0	8	20.5	22	27.8
3カ月以内	7	17.5	14	35.9	21	26.6
1年以内	10	25.0	7	17.9	17	21.5
1年以上	3	7.5	0	0.0	3	3.8
復帰できず	2	5.0	0	0.0	2	2.5
合 計	40	100.0	39	100.0	79	100.0

表13-14 肘・肩の故障者が完治までに要した日数（手術例を除く）

	肘	肩	肘・肩
件数	28	39	67
平均（日）	42.3	47.6	45.4
標準偏差（日）	67.3	45.8	55.8
最長（日）	350	190	350
最短（日）	5	5	5

の投手を除いた多くの投手は、この時期に結果を残し一軍入りを勝ち取らなければならない。試合での投球は、ブルペンでの投球練習と比較して、肘や肩によりいっそうのストレスをかける。しかし3月のこの時期に痛みを訴えることは、「一軍入りの競争」に敗れることになるので、多くの投手が我慢しながら投球を継続していると考えられる。

4月は、肘・肩の投球障害が最多の14件を示している。4月になると公式戦が開幕する。この時期は一、二軍の振り分けも行われ「一軍入りの競争」にも一応の決着がついたことになる。そこで今まで我慢して投球していた投手たちが、肘・肩の痛みや違和感を訴えることになり、発症件数が増加したと推測できる。

5月は、肘・肩の投球障害が7件と4月と比較して半減している。その後はペナントレースが進むにつれて徐々に増加し、梅雨の時期を過ぎて暑さが増し、疲労が蓄積されやすくなる7月には、2番目のピークとなる12件の発症件数を示している。その後は8月、9月に6件発症し、ゲームが少なくなる10月は4件と減少した。ペナントレースが終了する11月は、2件のみであった。

2）完治までの日数

表13-13、図13-5、6、7は、肘と肩の投球障害の選手が完治までに要した日数の状況を示したものである。

まず肘の障害は、10日以内に完治したのが10%（4件）で、1カ月以内に完治したのが35%（14件）と最も多く、3カ月以内に完治したのが17.5%（7件）で、1年以内に完治したのが25%（10件）であり、完治に1年以上要した選手が7.5%（3件）であった。残念ながら復帰できなかった選手も2件ほど存在した。肘の障害に対しては、再手術を含めて14件の手術が施行された。

第13章 スポーツ外傷・障害 177

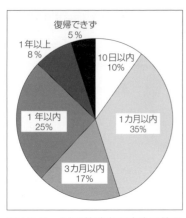

図13-5 肘の故障者の完治日数の割合

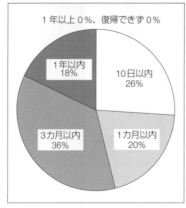

図13-6 肩の故障者の完治日数の割合

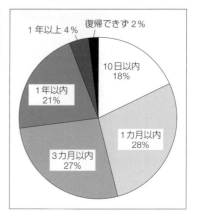

図13-7 肘・肩の故障者の完治日数の割合

表13-15 手術選手一覧（内容別）

No	手術日	氏名	部位	内容	備考	病院		登板日	復帰日数
1	1992.05.23	Y.K.	右肘	1 軟骨除去		1 国内	A	1992.09.03	100
2	1992.11.30	Y.T.	右肘	1 軟骨除去		1 国内	A	1993.05.29	179
3	1995.10.16	S.M.	右肘	1 軟骨除去		1 国内	A	1996.05.01	194
4	1990.09.27	K.N.	右肘	1 軟骨除去		2 米国	A	1991.04.25	208
5	1990.08.24	S.N.	右肘	1 軟骨除去		2 米国	A	1991.03.12	193
6	1994.10.04	S.N.	右肘	1 軟骨除去		2 米国	A	1995.07.02	298
7	1993.04.14	Y.S.	右肘	2 靱帯再建		1 国内	A	1993.09.16	153
8	1993.09.25	Y.Y.	右肘	2 靱帯再建		1 国内	B	復帰出来ず	
9	1993.12.16	Y.M.	右肘	2 靱帯再建	再手術	1 国内	B	復帰出来ず	
10	1994.04.21	S.N.	左肘	2 靱帯再建		1 国内	B	1995.07.15	450
11	1995.04.12	Y.Y.	右肘	2 靱帯再建	再手術	1 国内	B	復帰出来ず	
12	1992.07.15	Y.M.	右肘	2 靱帯再建		2 米国	B	復帰出来ず	
13	1993.11.23	S.N.	右肘	2 靱帯再建		2 米国	A	1995.07.02	584
14	1994.07.12	Y.S.	右肘	2 靱帯再建	再手術	2 米国	A	1995.11.01	473

表13-16 手術からの復帰日数（全体）

件数	10
平均（日）	283.2
標準偏差（日）	154.2
最長（日）	584
最短（日）	100

表13-17 手術内容、病院別の復帰日数

軟骨除去	復帰日数	靱帯再建	復帰日数
国内　A	100	国内　A	153
国内　A	179	国内　B	450
国内　A	194	米国　A	584
米国　A	208	米国　A	473
米国　A	193		
米国　A	298		
全体（件数）	6	全体（件数）	4
平均（日）	195.3	平均（日）	415.0
標準偏差（日）	38.4	標準偏差（日）	131.0
最長（日）	298	最長（日）	584
最短（日）	100	最短（日）	153
国内A（件数）	3	国内AB（件数）	2
平均（日）	157.7	平均（日）	301.5
標準偏差（日）	38.4	標準偏差（日）	148.5
最長（日）	194	最長（日）	450
最短（日）	100	最短（日）	153
米国A（件数）	3	米国A（件数）	2
平均（日）	233.0	平均（日）	528.5
標準偏差（日）	43.3	標準偏差（日）	55.5
最長（日）	298	最長（日）	584
最短（日）	193	最短（日）	473

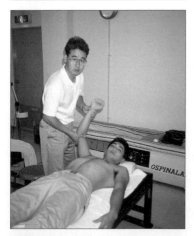

写真13-6 長嶋トレーナーによる触診

肩の障害は、10日以内に完治したのが25.6%（10件）で、1カ月以内に完治したのが20.5%（8件）で、3カ月以内に完治したのが35.9%（14件）で最も多く、1年以内に完治したのが17.9%（7件）であり、完治に1年以上要した選手や復帰できなかった症例はなかった。

このように肩の障害は、肘の障害よりも比較的短期間で完治する傾向が示された。このことは、肩の障害に関しては手術例がなかったことに起因していると考えられる。そこで、手術療法が完治日数に及ぼす影響を明らかにするために、手術例を除いて完治までの日数をまとめてみた。

表13-14は、手術例を除いた肘・肩の障害者が完治までに要した日数を示している。完治までの平均日数は、肘の障害で42.3日、肩の障害で47.6日と大差なかったが、肩の最大完治日数の190日と比較して、肘の最大完治日数は350日を要し、肘の障害は標準偏差が大きく、手術例を除いた場合でも肘の障害が長期化する場合もあることが確認できた。

3）手術例

表13-15は、1990年から1996年にT球団で行われた手術例を示したものである。手術は、すべて投球肢の肘に対して行われ、国内の2カ所の施設で計8件、米国の2カ所の施設で計6件実施された。手術の内容は、軟骨除去が6件、内側側副靱帯の再建が8件であり、そのうち再手術を行った事例も3件存在した。

表13-16は、手術からの復帰日数を示したものである。手術からゲームに復帰できたのは10件で、残りの4件は公式戦に登板することなく球界を去る無念の結果となった。手術からの復帰日数は平均で283日を要し、最短で100日、最長で584日もの日数を費やした。

表13-17は、手術内容、病院別の復帰日数を示したものである。手術の内容別に見ると、軟骨除去の手術は、国内のA施設と米国のA施設で各々3件実施されいずれもゲームに復帰している。復帰までの日数は、国内A施設では平均158日、米国A施設では平均233日となり、国内A施設でのリハビリ期間が短くなっている。靱帯再建術は、再手術を含めて国内外の4カ所の施設で8件実施されたが、ゲームに復帰できたのは4件のみであった。靱帯再建術の手術からの復帰日数は、平均で415、最短で153日、最長では584日もの日数を要した。日米で比較すると、日本での平均日数は302日で、米国での529日より短く、軟骨除去手術と同様に結果となった。このことは、日本の手術技術や術後のリハビリテーションも米国に追いつきつつあると言えるかもしれない。

4．まとめ

1）T球団の過去7年間（1990～1996）の投手の投球障害の発症状況を調査した。

2）月別の発症件数は、投球数が多くなる2月に多くなり、一、二軍の振り分けが終わった4月が最も多く、シーズンの半ばを迎える7月に2回目のピークを迎える。

3）障害の回復には保存療法で、肘が平均42.3日、肩が平均47.6日を要した。

4）手術は、7年間で14件実施され、4件は復帰することができなかった。

5）手術からの復帰日数は平均で283日、最長で584日、最短で100日であった。

6）手術内容別にみると、軟骨除去では平均195日、靱帯再建では平均415日のリハビリ期間を要した。

[主な参考文献]
1) 高沢晴夫ほか『臨床スポーツ医学』メディカル葵出版（1985）、p335
2) 中山悌一ほか「第10回 西日本臨床スポーツ医学研究会抄録」（1989）
3) 谷 一郎「平成8年度日本プロ野球トレーナー研究会抄録」
4) 中山悌一ほか「プロ野球T球団における過去7年間（1990～1996）における投手の肘・肩障害の発症状況」体力科学 VOL.46 NO6 DEC 1997

第14章 バットスイング速度

1. プロ野球選手のバットスイング速度と形態との関係

1. 緒言

本章では、バットスイング速度と形態の関係について論ずる。バットスイング速度が速いことは、多くの運動量を獲得できたことを意味し、ボールを打撃したときには速い打球を生み出す可能性が増し、ヒットやホームランになる確率も高まる。

プロ野球選手の体格は、一般成人男子よりも大きく、1950年から年々大きくなり、米大リーグ選手たちに近づきつつある。さらにプロ野球選手は、野球選手特有の形態を有しているので、バットスイングが速い選手はどのような形態を有しているか興味深い問題である。

2. 方法

対象者は、某プロ野球球団の二軍に在籍する野手15人である。測定は1994年の9月のシーズン中の練習日に二軍の練習場で実施された。バットスイング速度の測定は、3種類の打撃動作を垂直上方7mの位置からVHSビデオカメラにて撮影した。撮影された映像は、ビデオ解析システム（Dynas2D）にて分析し、スイング中のヘッドスピードの最大値を求めた。3種類の打撃動作とは、「素振り」「ティー打撃」「マシーン打撃」である（写真14-1）。

打撃動作は、各々5回ずつスイングし、最も速い値を測定値とした。「素振り」は、真ん中に投げられたボールをイメージし、時間的、空間的制約を受けず撮影するカメラの真下で、全力でスイングするように選手に指示した。

「ティー打撃」は、各打者の打撃時の真ん中にボールが位置するように選手自身で調整したティー打撃用のスタンドにボールを乗せ（写真14-2、P.211）、空間的制約のみを受け、全力でスイングするように選手に指示した。

「マシーン打撃」は、通常の打撃練習で使用するストレートマシーンを用いて実施した。ストレートマシーンのボールの軌道を各打者のほぼ真ん中にくるようにセットし、全力で5回スイングさせた。ボールの軌道に多少の「ばらつき」があったので「ボール球は打たなくてよい」と指示した。ボールのスピードは通常の打撃練習で行う程度とした。

バットの指定は行わず、日頃選手が使用しているバットを使用した。すなわち、各選手のバットの重量は異なっていたことになる。ただし、3種類の打撃動作の測定中は各個人は同じバットを使用した。

写真14-1　素振りでのスイング速度の測定。カメラは垂直上方7mにセットされている（右）

表14-1 対象者の形態測定値（n=15）

項目			平均	標準偏差	最大値	最小値
年齢		(歳)	23.3	4.32	31.0	18.0
身長		(cm)	177.5	2.97	182.0	171.3
体重		(kg)	76.3	5.11	90.0	69.8
体脂肪率		(%)	12.5	2.86	21.0	9.3
皮下脂肪厚	上腕部	(mm)	7.5	2.87	15.0	4.5
	背部	(mm)	10.0	3.26	20.5	6.5
	腹部	(mm)	12.2	6.46	30.5	5.5
頚囲		(cm)	36.8	1.12	39.6	35.2
胸囲	普通時	(cm)	94.1	3.61	102.5	88.4
	吸気時	(cm)	97.3	3.78	104.3	91.3
	呼気時	(cm)	92.2	3.57	98.8	86.4
腹囲	へそ	(cm)	79.1	4.54	90.5	73.5
腰囲	恥骨部	(cm)	95.5	3.49	104.0	91.7
上腕囲（押手）	普通時	(cm)	30.0	1.36	33.0	27.9
	屈曲時	(cm)	32.9	1.43	36.4	30.5
上腕囲（引手）	普通時	(cm)	30.4	1.28	34.0	28.7
	屈曲時	(cm)	32.2	2.07	37.0	28.1
前腕囲	押手	(cm)	28.0	0.81	30.0	26.8
	引手	(cm)	27.8	1.00	30.8	26.1
手首囲	押手	(cm)	17.2	0.54	18.2	16.3
	引手	(cm)	17.3	0.55	18.4	16.3
大腿囲	押手	(cm)	58.2	2.10	61.0	54.0
	引手	(cm)	58.4	2.30	61.6	55.0
下腿囲	押手	(cm)	38.3	2.04	42.0	33.0
	引手	(cm)	38.8	1.77	42.8	35.3
足首囲	押手	(cm)	22.8	1.55	27.1	20.0
	引手	(cm)	22.6	1.11	24.0	20.2

　形態の測定は、同年のシーズンオフに行われた恒例の「体力測定」で実施された形態測定の値を使用した。測定方法は、「第9章 形態と生涯成績の関係について」を参照願いたい。

3. 結果および考察

1）対象者

　表14-1は、今回の対象者15人の形態測定値を示したものである。平均年齢は、23.3歳と若く、身長、体重はチームの平均値よりやや低い値であった。15人の選手の中で右打ちが13人、左打ちが2人であった。そこで、前腕囲、手首囲、大腿囲、下腿囲、足首囲は、打撃時の動作によって「押し手」側と「引き手」側に分けて分析した。

2）バットスイング速度

　表14-2は、15人の選手の3種類の打撃動作時のバットスイング速度の最速値を示したものである。「素振り」でのバットスイング速度は、平均で36.05m/secで、最も速かった選手は38.43m/secを記録した。このスピードは時速に換算すると約138km/hとなる。「ティー打撃」での速度は、平均で34.33m/secで最速では36.05m/secを示した。「マシーン打撃」でのスイング速度は、最も遅く平均で33.43m/secであった。なお、マシーン打撃時のボールとバットが衝突するときのボールスピードは平均126km/hであった。

　この3種類の打撃動作時のバットスイング速度を比較したのが図14-1と表14-3である。スイング速度が最も速かった「素振り」と「ティー打撃」ではt＝7.578となり、1％水準で有意な差を認めた。また「素振り」と「マシーン打撃」でのスイング速度の比較では、t＝6.031となり1％水準で有意な差を認めた。さらに、「ティー打撃」と「マシーン打撃」の比較でも、t＝2.603となり5％水準で有意な差を認めた。このように、3つの打撃様式ではそれぞれのバットスイング速度に有意な差を認めることとなった。すなわち、何の制約も受けないで自分のタイミングで自由にスイングできる「素振り」で、最速のバットスイング速度が得られる結果となった。

　「ティー打撃」では、ティー打撃用のスタンドに乗せたボールを打撃する必要があり、バット操作に空間的制約が生じる。そこで「素振り」よりもスイング速度

表14-2 バットスイング速度の比較（m/sec）

No	氏名	素振り	ティー打撃	マシーン打撃
1	T.I.	37.09	35.84	33.38
2	Y.Y.	34.02	33.37	33.47
3	K.S.	38.08	35.05	32.05
4	D.K.	36.22	33.30	34.66
5	H.H.	36.56	33.68	35.78
6	K.Y.	33.67	33.01	32.87
7	M.H.	38.07	35.54	33.77
8	S.Y.	35.52	33.58	31.79
9	S.Y.	35.60	33.64	32.32
10	A.K.	35.37	33.86	34.57
11	O.H.	38.43	35.68	32.41
12	N.M.	37.75	36.05	35.35
13	K.Y.	34.61	33.96	33.52
14	M.M.	35.71	33.93	31.55
15	F.T.	34.00	34.47	33.94
	人数	15	15	15
	平均値	36.05	34.33	33.43
	標準偏差	1.316	0.886	1.017
	最大値	38.43	36.05	35.78
	最小値	33.67	33.01	31.55

表14-3 各打撃動作時のバットスイング速度の比較

	素振りとティー打撃		素振りとマシーン打撃		ティー打撃とマシーン打撃	
	素振り	ティー打撃	素振り	マシーン打撃	ティー打撃	マシーン打撃
平均値（m/sec）	36.05	34.33	36.05	33.43	34.33	33.43
標準偏差(m/sec)	1.316	0.886	1.316	1.017	0.886	1.017
t値	7.578		6.031		2.603	
	P<0.01		P<0.01		P<0.05	

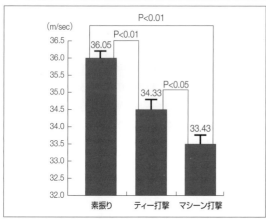

図14-1 各打撃動作時のスイング速度の比較

が遅くなったと推測できる。さらに「マシーン打撃」では、マシーンから放たれたボールに対して時間的制約と空間的制約が加わる。すなわち、ボールが自分のミートポイントにくる時間に合わせてスイングを開始し調整しなければならない。さらに、マシーンから放たれたボールは「ばらつき」がありスピードやコースが多少変化するので、ミートポイントが常に同じ位置とは限らなく空間的制約が加わるのである。この最た

るものが、実際のゲームで一流の投手が投ずる、よくコントロールされた切れのある直球や鋭い変化球に対応することであろうと思われる。

過去のヘッドスピードの測定としては大島らの報告がある。読売ジャイアンツの選手を対象にし、試合前の打撃練習時に測定し分析した結果である。これによると、王貞治選手が37.1m/sec、張本勲選手が35.3m/sec、淡口憲治選手が37.7m/sec、と報告されている。この結果は、測定条件が最も類似している今回の「マシーン打撃」でのスイング速度よりも速く、「素振り」でのバットスイング速度の平均値とほとんど同じ値であった。このことは、この3人の超一流の選手たちは「素振り」ではもっと速いスイング速度を出すことができるか、または「素振り」でのスイング速度を「マシーン打撃」でも発揮することができるのではないかと考えられる。すなわち優秀な打者は、何の制約もない「素振り」のバットスイングでも速い速度を発揮することができ、投手が投げるような制約のある打席でも技術によって「素振り」時のバットスイング速度を維持できるのではないかと推測される。

技術のない打者は、「素振り」では速いバットスイ

写真14-2　ティー打撃でのスイング速度の測定

表14-4　バットスイング速度と形態測定値の関係（n=15）

項目			素振り R^2	有意水準	ティー打撃 R^2	有意水準	マシーン打撃 R^2	有意水準
年齢		（歳）	0.195	N.S.	0.081	N.S.	0.191	N.S.
身長		（cm）	0.349	P<0.05	0.288	P<0.05	0.148	N.S.
体重		（kg）	0.056	N.S.	0.200	N.S.	0.000	N.S.
体脂肪率		（%）	0.144	N.S.	0.189	N.S.	0.003	N.S.
皮下脂肪厚	上腕部	（mm）	0.001	N.S.	0.071	N.S.	0.277	P<0.05
	背部	（mm）	0.048	N.S.	0.049	N.S.	0.000	N.S.
	腹部	（mm）	0.224	N.S.	0.141	N.S.	0.017	N.S.
頚囲		（cm）	0.183	N.S.	0.307	P<0.05	0.256	N.S.
胸囲	普通時	（cm）	0.003	N.S.	0.003	N.S.	0.240	N.S.
	吸気時	（cm）	0.046	N.S.	0.054	N.S.	0.265	P<0.05
	呼気時	（cm）	0.000	N.S.	0.010	N.S.	0.382	P<0.05
腹囲	へそ	（cm）	0.039	N.S.	0.000	N.S.	0.053	N.S.
腰囲	恥骨部	（cm）	0.056	N.S.	0.274	P<0.05	0.047	N.S.
上腕囲（押手）	普通時	（cm）	0.038	N.S.	0.001	N.S.	0.245	N.S.
	屈曲時	（cm）	0.018	N.S.	0.031	N.S.	0.059	N.S.
上腕囲（引手）	普通時	（cm）	0.001	N.S.	0.004	N.S.	0.008	N.S.
	屈曲時	（cm）	0.090	N.S.	0.008	N.S.	0.138	N.S.
前腕囲	押手	（cm）	0.057	N.S.	0.216	N.S.	0.470	P<0.01
	引手	（cm）	0.118	N.S.	0.264	P<0.05	0.238	N.S.
手首囲	押手	（cm）	0.182	N.S.	0.304	P<0.05	0.190	N.S.
	引手	（cm）	0.193	N.S.	0.244	N.S.	0.008	N.S.
大腿囲	押手	（cm）	0.010	N.S.	0.077	N.S.	0.145	N.S.
	引手	（cm）	0.037	N.S.	0.140	N.S.	0.055	N.S.
下腿囲	押手	（cm）	0.120	N.S.	0.015	N.S.	0.030	N.S.
	引手	（cm）	0.038	N.S.	0.024	N.S.	0.184	N.S.
足首囲	押手	（cm）	0.152	N.S.	0.283	P<0.05	0.126	N.S.
	引手	（cm）	0.135	N.S.	0.169	N.S.	0.236	N.S.

ングを発揮できるが、実際のゲームでは投手が投げたボールに対応できず、凡打を繰り返すことになる。二軍選手の中には、ある程度軌道が決まっている「マシーン打撃」では素晴らしい打球を放つが、ゲームになると結果を残せない選手が多く見受けられる。これを克服するためには、配球の「読み」やコース、球種に対応する高い技術力が要求されることになるのである。

3）バットスイング速度と形態測定値との関係

表14-4は、バットスイング速度と形態測定値との関係を示したものである。身長とバットスイング速度との関係は、素振りのときのバットスイング速度と身長との関係でy=1.14x+136の回帰直線を示し、5％水準で有意な相関を認めた（図14-2）。この関係は、「ティー打撃」においても認められたが、「マシー

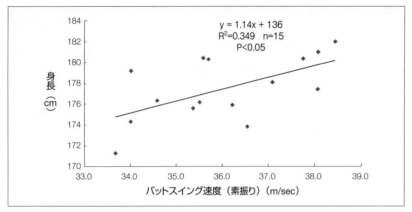

図14-2 バットスイング速度（素振り）と身長との関係

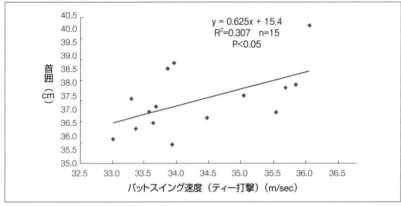

図14-3 バットスイング速度（ティー打撃）と首囲との関係

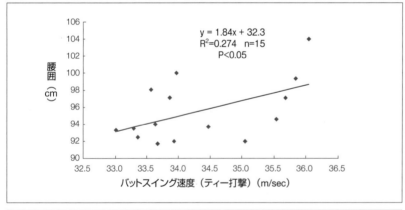

図14-4 バットスイング速度（ティー打撃）と腰囲との関係

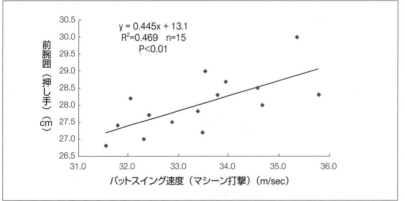

図14-5 バットスイング速度（マシーン打撃）と前腕囲（押し手）との関係

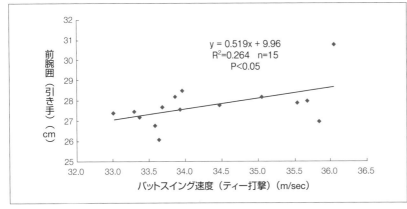

図14-6 バットスイング速度（ティー打撃）と前腕囲（引き手）との関係

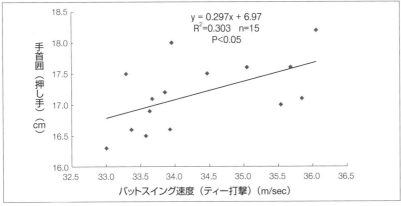

図14-7 バットスイング速度（ティー打撃）と手首囲（押し手）との関係

ン打撃」では認めることができなかった。すなわち、身長の高い選手は腕も長く、バットスイングを行う場合に回転の軸からバットの先端までの距離が長くなりヘッドスピードが速くなると推測される。しかし、マシーン打撃のように時間的制約と空間的制約が加わったときに、打撃技術がないと自分本来のバットスイングができなくなりバットスイング速度が遅くなると考えられる。

体重が重いことは、除脂肪体重が重いことが想像され、筋肉量も多いと考えられる。体重とバットスイング速度との関係は、「素振り」と「ティー打撃」では、体重が重いとバットスイング速度が速い傾向を示したが、統計学的な有意差を認めることはできなかった。しかしこの傾向も「マシーン打撃」で消滅した。

次にバットスイング速度と有意な関係を認めたのは首囲である。3種類の打撃動作とも、首の太い選手はバットスイング速度が速い傾向を示し、「ティー打撃」での関係では$y = 0.625x + 15.4$の回帰直線を示し5％水準で有意な相関関係を認めた（図14-3）。首の太い選手は、僧帽筋などが非常に発達しているような印象を受ける。すなわち、背筋群の発達した選手はバットスイング速度が速いのかもしれない。

さらに、腰囲もバットスイング速度と有意な関係を認めた。腰囲が大きいとバットスイング速度が速い傾向を示し、「ティー打撃」での関係では$y = 1.84x + 32.3$の回帰直線を示し、5％水準で有意な相関関係を認めた（図14-4）。プロ野球界でも「お尻」の大きい選手は大成するとよく言われている。「お尻」の大きい選手と言えば、平和台球場の場外に160m級の大ホームランを放ったと語り継がれている大打者、中西太選手を思い出す。

上肢の形態とバットスイング速度との関係では、上腕囲には有意な関係を認めることができなかった。しかし前腕囲では、バットスイング速度が速い選手は前腕囲が大きい傾向を示し、「マシーン打撃」の「押し手」との関係では、$y = 0.445x + 13.1$の回帰直線を示し1％水準で有意な相関関係を認めた（図14-5）。また、「ティー打撃」の「引き手」との関係においても、$y = 0.519x + 9.96$の回帰直線を示し5％水準で有意な相関関係を認めた（図14-6）。さらに、手首囲が大きいとバットスイング速度が速い傾向を示し、「ティー打撃」の「押し手」との関係では、$y = 0.297x + 6.97$の回帰直線を示し5％水準で有意な相関関係を認めた（図14-7）。

下肢の形態とバットスイング速度との関係では、大腿囲と下腿囲では有意な関係を認めなかった。しかし、

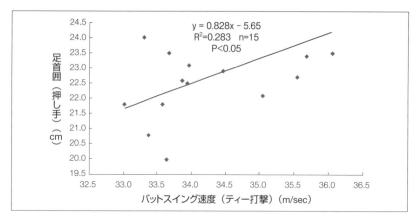

図14-8 バットスイング速度（ティー打撃）と足首囲（押し手）の関係

足首囲は「押し手」「引き手」とも足首囲が大きいとバットスイング速度が速い傾向を示し、「ティー打撃」の「押し手」との関係では、$y = 0.828x - 5.65$の回帰直線を示し5％水準で有意な相関関係を認めた（図14-8）。

4. まとめ

1) 3種類の打撃動作（素振り、ティー打撃、マシーン打撃）でのバットスイング速度を測定した。
2) 3種類の打撃動作間のバットスイング速度にはそれぞれ有意な差を認めた。
3) 一流選手は、バットスイング速度が速く、いかなる制約があっても速いバットスイング速度を維持できると推測された。
4) バットスイング速度は、身長、首囲、腰囲、前腕囲、手首囲、足首囲と正の相関関係を認めた。

2. プロ野球選手のバットスイング速度と体力との関係

1. 緒言

第9章において、「体力要素と生涯安打数との関係は、ほとんどの種目で負の相関傾向を認め、体力レベルが低い選手が選手生活で多くの安打を放ち、プロ野球の野手が多くの安打を打つためには、今回対象となった体力要素よりも高い打撃の技術力が必要であると推測できた」と結論づけている。

しかし、試合において多くの安打を放つための基礎的段階にあると思われる「バットスイング速度」と体力との関係を明らかにすることは、打撃の理論的展開を論じるうえで非常に重要であると考える。そこで本項では、バットスイング速度と体力との関係について述べる。

2. 方法

対象者とバットスイング速度の測定は、第14章1と同様であり参照されたい。体力の測定は、1994年のシーズンオフに行われた恒例の「体力測定」で実施された体力測定の値を使用した。通常の体力測定以外では、Cybex350を用いた肩関節の等速性筋力とアイソメトリックの筋力を測定し比較した。各測定項目の測定方法に関しては、第11章5を参照願いたい。

3. 結果および考察

1) 対象者の体力測定値

表14-5は、対象者15人の体力測定値を示したものである。対象者は第14章1と同一選手15人である。対象者の選手の中で右打ちが13人、左打ちが2人であったので、打撃時の動作によって「押し手」側と「引き手」側に分けて分析した。

表14-6は、対象者の等速性筋力の肩内旋・外旋の測定値を示したものである。角速度は90°/sec、180°/sec、270°/secの3種類であった。内旋での「押／引」は、すべての角速度で100以上を示し押し手の内旋が引き手の内旋より強いことを意味している。逆に外旋での「引／押」は、すべての角速度で100以上を示し、引き手の外旋が押し手の外旋より強いことを意味している。

表14-7は、対象者の静的筋力の測定値を示している。測定の角度は90°とし、ストロンゲージを用い単位はkgとなる。

表14-5 対象者の体力測定値（n=15）

項　目		平　均	標準偏差	最大値	最小値
握力（押し手）	(kg)	52.8	5.90	66.0	40.5
握力（引き手）	(kg)	53.2	5.43	62.0	42.0
握力（両手）	(kg)	106.0	10.71	128.0	82.5
背筋力	(kg)	185.7	24.28	251.0	146.0
腹筋（10kg）	(回)	8.1	4.03	15.0	2.0
腹筋（30秒）	(回)	36.5	3.48	44.0	31.0
垂直跳	(cm)	67.1	5.02	77.0	55.0
30M	(秒)	3.60	0.074	3.81	3.50
最大パワーMAX	(W)	1,082.7	143.82	1,342	842
高　速	(RPM)	203.5	6.65	216	189
体前屈	(cm)	11.2	3.30	17.0	6.0
上体反し	(cm)	53.6	8.56	70.5	42.5
肺活量	(cc)	4,729.3	621.3	6,000	3,840
ABテスト	(W)	227.0	44.21	294	155
反応時間	(msec)	296.7	20.05	327	261
静止視力	両眼	1.20	0.331	1.6	0.5
静止視力	押手側	0.94	0.406	1.6	0.2
静止視力	引手側	0.96	0.316	1.4	0.4
動体視力	両眼	0.82	0.422	1.96	0.32
動体視力	押手側	0.64	0.339	1.38	0.18
動体視力	引手側	0.64	0.339	1.36	0.16

表14-6 対象者の等速性筋力の測定値（n=15） （単位；Nm）

項　目			平　均	標準偏差	最大値	最小値
内　旋	90°	押し手	67.8	9.9	81.0	52.0
内　旋	90°	引き手	64.0	8.0	78.0	48.0
内　旋	90°	（押／引）	106.3	11.9	127.9	81.2
内　旋	180°	押し手	58.6	8.5	74.0	46.0
内　旋	180°	引き手	58.6	6.8	66.0	44.0
内　旋	180°	（押／引）	100.5	12.9	132.7	81.0
内　旋	270°	押し手	51.8	6.2	63.0	40.0
内　旋	270°	引き手	51.3	5.1	59.0	40.0
内　旋	270°	（押／引）	101.2	10.2	125.5	87.0
外　旋	90°	押し手	44.9	7.1	59.0	33.0
外　旋	90°	引き手	45.4	5.5	54.0	36.0
外　旋	90°	（引／押）	102.4	12.3	127.3	84.0
外　旋	180°	押し手	39.3	5.6	48.0	27.0
外　旋	180°	引き手	39.3	4.9	47.0	32.0
外　旋	180°	（引／押）	101.4	13.6	133.3	81.8
外　旋	270°	押し手	34.3	4.8	42.0	27.0
外　旋	270°	引き手	34.3	3.8	40.0	29.0
外　旋	270°	（引／押）	100.9	10.8	121.9	84.6

2）一般的な体力測定値とバットスイング速度との関係

表14-8は、一般的体力測定値とバットスイング速度との関係を示したものである。筋力の代表的指標である握力とバットスイング速度との関係は、「押し手」「引き手」「両手」とも握力が強いほどバットスイング速度が速い傾向を示し、「素振り」「ティー打撃」「マシーン打撃」と進むにつれてこの傾向は顕著になったが、統計学的に有意な相関関係は認められなかった。もう1つの筋力の測定項目である背筋力は、バットスイング速度と正の相関傾向を示し、「マシーン打撃」「ティー打撃」「素振り」と進むにつれてこの傾向は顕著になったが、統計学的に有意な相関関係は認めることはできなかった。腹筋力は、約45°の傾斜をつけた腹筋台で10kgのおもりを持って何回の腹筋ができるかという測定を行ったが、いずれのバットスイング速度とも有意な関係を認めることができなかった。筋持久力の測定項目である30秒間で何回の腹筋ができるかという測定でもバットスイング速度との間に有意な関係は認められなかった。

表14-7 対象者の静的筋力（n＝15） （単位：kg）

項　目		平　均	標準偏差	最大値	最小値
ベンチプレス		97.0	9.09	107.9	80.7
ショルダープレス		73.4	5.46	85.9	65.4
アッパーバック		98.4	8.62	113.3	83.8
レッグエクステンション	押手側	85.8	13.78	116.7	61.9
	引手側	86.3	13.51	123.6	71.9
	両脚	170.8	22.67	208.4	133.3
レッグカール	押手側	46.9	5.05	54.4	36.9
	引手側	46.4	9.20	59.9	27.0
	両脚	84.8	9.92	101.8	69.1
スクワット		166.3	19.61	204.9	138.7

表14-8 バットスイング速度と体力測定値の関係（n＝15）

番号	体力区分	項目	単位	素振り R^2	有意水準	ティー打撃 R^2	有意水準	マシーン打撃 R^2	有意水準
1	筋力	握力（押し手）	(kg)	0.000	N.S.	0.034	N.S.	0.259	N.S.
2		握力（引き手）	(kg)	0.036	N.S.	0.125	N.S.	0.108	N.S.
3		握力（両手）	(kg)	0.010	N.S.	0.079	N.S.	0.200	N.S.
4		背筋力	(kg)	0.247	N.S.	0.084	N.S.	0.073	N.S.
5		腹筋（10kg）	(回)	0.034	N.S.	0.034	N.S.	0.000	N.S.
6	筋持久力	腹筋（30秒）	(回)	0.033	N.S.	0.033	N.S.	0.017	N.S.
7	パワー	垂直跳	(cm)	0.000	N.S.	0.031	N.S.	0.009	N.S.
8		30M	(秒)	0.008	N.S.	0.045	N.S.	0.065	N.S.
9		最大パワー MAX	(W)	0.111	N.S.	0.292	$P<0.05$	0.022	N.S.
10		高速	(RPM)	0.098	N.S.	0.157	N.S.	0.017	N.S.
11	柔軟性	体前屈	(cm)	0.024	N.S.	0.065	N.S.	0.107	N.S.
12		上体反し	(cm)	0.009	N.S.	0.014	N.S.	0.019	N.S.
13	呼吸循環系	肺活量	(cc)	0.526	$P<0.01$	0.434	$P<0.01$	0.008	N.S.
14		ABテスト	(W)	0.117	N.S.	0.199	N.S.	0.061	N.S.
15	神経系	反応時間	(msec)	0.007	N.S.	0.066	N.S.	0.389	$P<0.05$
16	視力	静止視力	両眼	0.063	N.S.	0.002	N.S.	0.238	N.S.
17			押し手側	0.258	N.S.	0.082	N.S.	0.053	N.S.
18			引き手側	0.019	N.S.	0.028	N.S.	0.325	$P<0.05$
19		動体視力	両眼	0.073	N.S.	0.109	N.S.	0.076	N.S.
20			押し手側	0.108	N.S.	0.046	N.S.	0.128	N.S.
21			引き手側	0.006	N.S.	0.015	N.S.	0.231	N.S.

　パワー系の測定項目として、まず垂直跳びを比較するとバットスイング速度とに有意な関係はなく、30m走でも同様の結果となった。しかし、パワーマックスVを使用した脚パワーの測定では、バットスイング速度と正の相関傾向を示し、ティー打撃でのバットスイングとの関係では、$y=78.3x-1605$の回帰直線を示し、5％の危険率で有意正の相関関係を認めた（図14-9）。すなわち、垂直跳びや30m走では自分の体重を垂直方向や水平方向に移動させなければならない。しかしパワーマックスVでの脚パワーの測定値は、体重とは関係なく自分の身体から外部にパワーを発揮することであり、バットスイング速度と正の相関を得る結果となったと考察できる。パワー系の測定項目の最後の高速回転は、体重の4％の負荷をかけて全力でペダリングさせる方法で測定されるために体重の影響を受け、統計学的に有意な正の相関を得ることはできなかった。

　柔軟性の測定項目である体前屈と上体そらしとバットスイング速度との関係は、「素振り」と「ティー打撃」では負の相関傾向にあり、「マシーン打撃」では正の相関傾向に転じたが、統計学的に有意な関係を示すことはなかった。

　呼吸循環系の測定項目である肺活量は、バットスイング速度と正の相関傾向を示し、「素振り」では$y=294x-5863$の回帰直線が算出され、1％の危険率で統計学的に有意な正の相関関係を認めた（図14-10）。さらに、「ティー打撃」との関係も同様に$y=413x-9432$の回帰直線を示し、1％水準の危険率で統計学的に有意な正の相関関係を認めた（図14-11）。しかし、「マシーン打撃」でのバットスイング速度との関

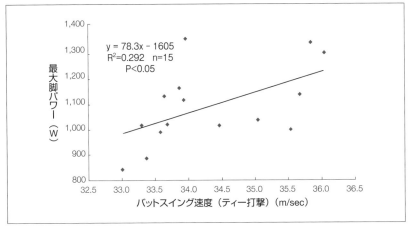

図14-9　最大脚パワーとティー打撃速度との関係

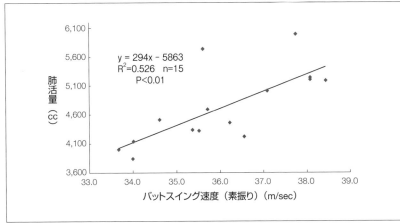

図14-10　肺活量と素振り速度の関係

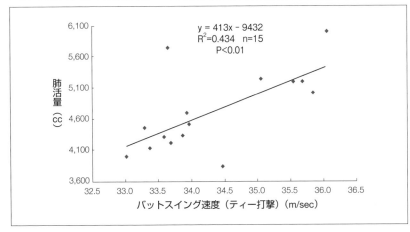

図14-11　肺活量とティー打撃速度との関係

係では有意な関係を認めることができなかった。このように、肺活量とバットスイング速度とに正の相関傾向を認めたことは、肺活量を呼吸循環系の指標として捉えるよりも、肺活量が個人の体格、とくに身長と正の相関関係があることを考慮すべきである。すなわち、肺活量の大きい選手は体格もよく、とくに身長の高い選手が多くなり、身長が高い選手は腕・脚が長く回転の軸からバットの先端までの距離が長くなり、バットスイング速度が速くなると推測できる。

　エアロバイクで測定されるABテストも呼吸循環系の体力要素の1つである。このABテストとバットスイング速度との関係は、いずれの打撃様式でも有意な関係を認めることはできなかった。このような結果から呼吸循環系能力はバットスイング速度を増すための体力要素ではないと言えるかもしれない。

　神経系の測定項目としての反応時間とバットスイング速度との関係では、「素振り」と「ティー打撃」との関係では有意な関係を認めることはできなかった。

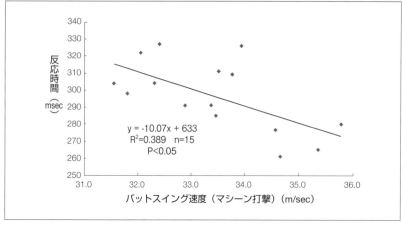

図14-12 反応時間とマシーン打撃速度との関係

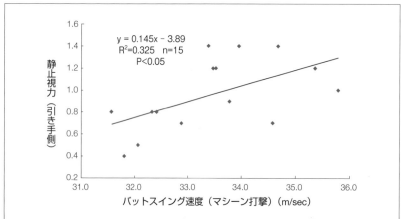

図14-13 静止視力(引き手側)とマシーン打撃速度との関係

表14-9 等速性筋力(肩内旋・外旋)とバットスイング速度との関係

	項 目		素振り R^2	有意水準	ティー打撃 R^2	有意水準	マシーン打撃 R^2	有意水準
内旋	90°	押し手	0.032	N.S.	0.040	N.S.	0.001	N.S.
		引き手	0.153	N.S.	0.164	N.S.	0.102	N.S.
		(押/引)	0.027	N.S.	0.022	N.S.	0.149	N.S.
	180°	押し手	0.075	N.S.	0.073	N.S.	0.011	N.S.
		引き手	0.137	N.S.	0.279	$P<0.05$	0.070	N.S.
		(押/引)	0.001	N.S.	0.033	N.S.	0.132	N.S.
	270°	押し手	0.020	N.S.	0.011	N.S.	0.000	N.S.
		引き手	0.071	N.S.	0.200	N.S.	0.075	N.S.
		(押/引)	0.005	N.S.	0.103	N.S.	0.089	N.S.
外旋	90°	押し手	0.027	N.S.	0.071	N.S.	0.000	N.S.
		引き手	0.236	N.S.	0.469	$P<0.01$	0.055	N.S.
		(引/押)	0.065	N.S.	0.087	N.S.	0.115	N.S.
	180°	押し手	0.002	N.S.	0.054	N.S.	0.012	N.S.
		引き手	0.083	N.S.	0.186	N.S.	0.002	N.S.
		(引/押)	0.055	N.S.	0.014	N.S.	0.029	N.S.
	270°	押し手	0.002	N.S.	0.126	N.S.	0.001	N.S.
		引き手	0.030	N.S.	0.078	N.S.	0.006	N.S.
		(引/押)	0.006	N.S.	0.043	N.S.	0.018	N.S.

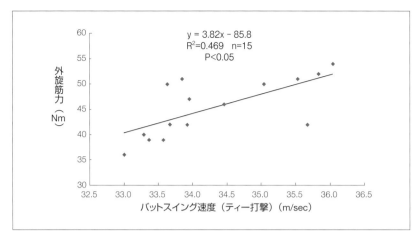

図14-14　引き手の肩外旋筋力（90°）とティー打撃速度との関係

しかし、「マシーン打撃」ではy＝－10.07x＋633の回帰直線を示し、5％の危険率で統計学的に有意な負の相関関係を認めた（**図14-12**）。すなわち反応時間が速い選手は、「マシーン打撃」でのバットスイング速度が速いということになる。「素振り」と「ティー打撃」で有意な関係を認められなかったことは、これらの打撃様式では時間的制約が求められず、自由に自分のタイミングでバットスイングができるためと推測される。このように考えると「マシーン打撃」よりも多くの時間的制約を受ける試合での打撃では、反応時間が鍵を握っているかもしれない。第12章2．では、反応時間が速い選手が有意に生涯安打数も多いという報告を行った。すなわち、よい打撃のためには反応時間が非常に重要な要素となると考察できる。

視力としては、静止視力と動体視力を測定し、両眼で見たときと片眼で見たときを比較した。片眼で見たときは、打撃時の押し手側と引き手側に分けて統計処理した。静止視力とバットスイング速度の関係は、「素振り」と「ティー打撃」では負の相関傾向を示したが、「マシーン打撃」との関係では正の相関傾向を示した。そして引き手側の静止視力とバットスイング速度の関係では、y＝0.145x－3.89の回帰直線が算出され、5％の危険率で統計学的に有意な負の相関関係を認めた（**図14-13**）。

動体視力においても同じような傾向を示したが、統計学的に有意な関係を認めることができなかった。すなわち、「素振り」と「ティー打撃」の段階においては視力とバットスイング速度との有意な関係は認められなかったが、「マシーン打撃」になると視力のよい選手はバットスイング速度も速いという傾向が認められた。

3）等速性筋力とバットスイング速度との関係

表14-9は、等速性筋力とバットスイング速度の関係を示したものである。肩関節の内旋と外旋の動作は、打撃時の上肢の動きと類似している。すなわち、右打者の場合は押し手側の右腕が内旋の動きに類似し、引き手側の左腕が外旋の動きによく似ている。内旋の筋力とバットスイング速度との関係をみてみると、結果に統一性がなくほとんどの項目で統計学的に有意な関係は認められなかった。しかし、角速度180°のとき、引き手の外旋の筋力が強いと「ティー打撃」のバットスイング速度が速いという結果になった。その関係は、y＝3.82x－85.8の回帰直線を示し、5％の危険率で統計学的に有意な正の相関関係を認めた（**図14-14**）。

内旋の「押／引」比とバットスイング速度との関係では、引き手の内旋筋力よりも押し手の内旋筋力が強ければバットスイング速度が速くなるかの検証である。この結果は、いずれの角速度でも「素振り」と「ティー打撃」では負の相関傾向を示したが、「マシーン打撃」では正の相関傾向を示した。すなわち、「マシーン打撃」時には、押し手の内旋筋力が強いほうがバットスイング速度が速いということを意味する。

外旋の筋力とバットスイング速度との関係は、ほとんどの項目で正の相関傾向を示した。とくに角速度90°のとき、引き手の外旋筋力が強いと「ティー打撃」のバットスイング速度が速いという結果になった。その関係は、y＝3.64x－66.4の回帰直線を示し、1％の危険率で統計学的に有意な正の相関関係を認めた（**図14-15**）。

同様に、外旋の「引／押」とバットスイング速度との関係では、押し手の外旋筋力よりも引き手の外旋筋力が強ければバットスイング速度が速くなるかの検証である。この結果は、角速度が90°と180°ではいず

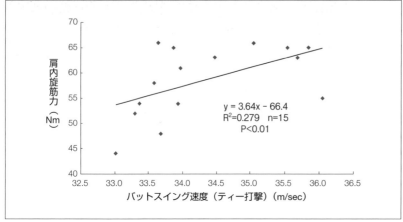

図14-15 引き手の肩内旋筋力（180°）とティー打撃速度との関係

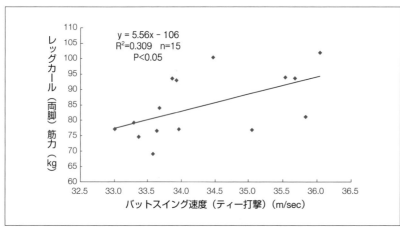

図14-16 レッグカール（両脚）筋力とティー打撃速度との関係

表14-10 静的筋力とバットスイング速度との関係

項　目			素振り		ティー打撃		マシーン打撃	
			R^2	有意水準	R^2	有意水準	R^2	有意水準
ベンチプレス			0.039	N.S.	0.001	N.S.	0.034	N.S.
ショルダープレス			0.008	N.S.	0.104	N.S.	0.142	N.S.
アッパーバック			0.001	N.S.	0.096	N.S.	0.032	N.S.
レッグエクステンション		押し手側	0.085	N.S.	0.004	N.S.	0.252	N.S.
		引き手側	0.002	N.S.	0.012	N.S.	0.013	N.S.
		両脚	0.249	N.S.	0.236	N.S.	0.064	N.S.
レッグカール		押し手側	0.036	N.S.	0.033	N.S.	0.197	N.S.
		引き手側	0.023	N.S.	0.003	N.S.	0.000	N.S.
		両脚	0.090	N.S.	0.309	P<0.05	0.143	N.S.
スクワット			0.043	N.S.	0.081	N.S.	0.167	N.S.

れの打撃様式でも正の相関傾向を示したが、統計学的に有意な関係は認められなかった。

4）静的筋力とバットスイング速度との関係

表14-10は、静的筋力とバットスイング速度との関係を示したものである。ベンチプレスとバットスイング速度との関係は、いずれの打撃様式でも有意な関係を認めることができなかった。もう1つのプレス系の種目であるショルダープレスでは、「ティー打撃」と「マシーン打撃」で正の相関傾向を示したが、統計学的に有意な関係は認められなかった。背中の筋肉が多く動員されるアッパーバックとバットスイング速度との関係でも有意な関係を見出せなかった。

主に大腿四頭筋が主働筋となるレッグエクステンションでは、正の相関傾向を示したが、統計学的に有意な関係は認められなかった。レッグカールでも同様に正の相関傾向を示し、とくに両脚で測定した筋力と「ティー打撃」時のバットスイング速度との関係では、

y＝5.56x－106の回帰直線を示し、5％の危険率で統計学的に有意な正の相関関係を認めた（図14-16）。スクワットでは、バットスイング速度と正の相関傾向を示し「素振り」「ティー打撃」「マシーン打撃」と進むにつれてこの傾向は顕著となったが統計学的に有意な関係は認められなかった。

4．まとめ
1）バットスイング速度と体力との関係を調査した。
2）最大脚パワーとバットスイング速度には正の相関傾向を示し、「ティー打撃」時に有意な関係を認めた。
3）肺活量とバットスイング速度には正の相関傾向を示したが、肺活量は身長との相関が高く、長身選手のバットスイング速度が速いためと考えられる。
4）反応時間とバットスイング速度との関係は、「マシーン打撃」で有意な負の相関関係を認め、反応時間が速いことは試合での打撃においても重要な役割を果たしていることが推測できる。
5）視力のよい選手は、「マシーン打撃」のバットスイング速度が速い傾向を示した。
6）引き手の外旋筋力が強い選手は、「ティー打撃」時のバットスイング速度が速い傾向を示し、これは打撃時の引き手の動きが外旋動作と類似しているためと考えられる。
7）レッグカール（両脚）の静的筋力と「ティー打撃」のバットスイング速度とに有意な正の相関関係を認めた。

3．高校野球選手のバットスイング速度と形態・体力との関係

1．緒言
本項では高校野球選手のバットスイング速度について述べる。日本の高校野球は、日本高等学校野球連盟に全国4,132校が加盟し、169,449人の高校球児が登録され[1]、春と夏に甲子園球場で華々しく開催される全国大会に向けて日々努力を続けている。そこで今回は、日本の野球界の裾野を支えているともいえる高校野球選手のバットスイング速度と形態・体力との関係について述べる。

2．方法
1）対象者
対象者は、奈良県下の公立高校の硬式野球部に在籍する高校球児23人（3年生14人、2年生9人）である。

2）バットスイング速度・形態・体力の測定
バットスイング速度の測定は、プロ野球選手を対象としたときと同様の方法で行った（本章1参照）。測定時のバットは同一の金属バットを使用し、その重量は880gであった。

形態・体力の測定項目は、身長、体重、体脂肪率、除脂肪体重、握力、背筋力、垂直跳びであった。握力は、打撃時の打撃様式によって「押し手」と「引き手」に分けて統計処理した。すなわち、右打ちの場合は右手が「押し手」となり、左手が「引き手」となる。除脂肪体重は、栄研式キャリパーを用い上腕背部、肩甲骨下部の皮脂厚を測定し、体脂肪率を推定し算出した。

バットスイング速度の測定と、形態・体力の測定は1998年3月に実施した。

3．結果および考察
1）対象者の形態・体力測定値
表14-11は、今回の対象者23人の形態・体力測定値を示したものである。対象者の身長は、平均173.0cmで対象者と同年齢と思われる17歳の全国平均値よりもやや大柄であった。体重は、平均65.9kgで17歳の全国平均値よりもやや重かった。体脂肪率の平均は11.4％であり、体脂肪率から算出された除脂肪体重は58.3kgであった。

筋力の代表的指標となる握力は、両手の平均で46.2kgとなり全国平均値とほとんど同じであった。握力を「押し手」と「引き手」に分けて比較すると「押し手」がやや強い傾向にあったが、統計学的な有意な差を認めることはなかった。背筋力は、平均152.3kgで全国平均値よりも15.7kgほど強かった。脚パワーの測定項目である垂直跳びは、平均55.8cmで全国平均値よりも5.8cmほど低かった。以上のように今回の対象者は、垂直跳びを除いて同年齢の全国平均よりも形態的にも体力的にも優れている集団であった[2]。

表14-11 高校野球選手の形態・体力測定値（n=23）

項　目	単　位	高校野球選手				全国平均（17歳）	
		平均	標準偏差	最大値	最小値	平均	標準偏差
身　長	(cm)	173.0	5.02	181.5	164.0	170.5	5.5
体　重	(kg)	65.9	6.28	79.0	50.0	62.7	10.4
体脂肪率	(%)	11.4	1.88	15.6	7.8		
除脂肪体重	(kg)	58.3	4.99	66.8	45.7		
握力（押）	(kg)	46.9	6.55	61.5	34.0	46.2	6.36
握力（引）	(kg)	45.5	5.30	54.5	33.0		
背筋力	(kg)	152.3	33.05	212.0	103.0	136.6	26.9
垂直跳び	(cm)	55.8	4.75	65.0	49.0	61.6	8.2

表14-12 各打撃動作時のバットスイング速度の比較（高校野球選手）

項　目	素振りとティー打撃		素振りとマシーン打撃		ティー打撃とマシーン打撃	
	素振り	ティー打撃	素振り	マシーン打撃	ティー打撃	マシーン打撃
平均値(m/sec)	27.56	26.29	27.56	25.63	26.29	25.63
標準偏差(m/sec)	2.544	1.429	2.544	1.779	1.429	1.779
t値	3.816		5.697		2.560	
有意差	P<0.001		P<0.001		P<0.05	

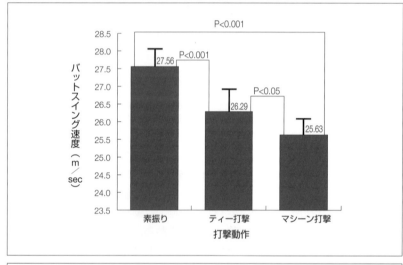

図14-17　バットスイング速度の比較（素振り・ティー打撃・マシーン打撃）

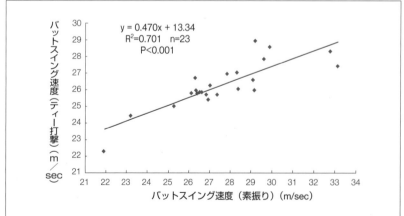

図14-18　「素振り」と「ティー打撃」でのバットスイング速度の関係

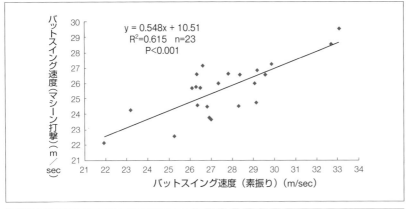

図14-19 「素振り」と「マシーン打撃」でのバットスイング速度の関係

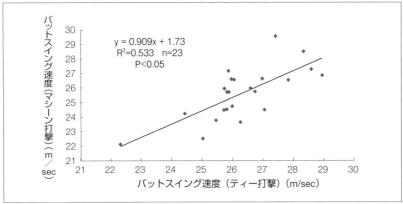

図14-20 「ティー打撃」と「マシーン打撃」でのバットスイング速度の関係

2) バットスイング速度の比較

図14-17と表14-12は、高校野球選手のバットスイング速度を比較したものである。
「素振り」でのバットスイング速度は平均で27.56m/secを示し、「ティー打撃」では平均で26.29m/secを計測し、「マシーン打撃」では平均で25.63m/secを算出した。

この3種類の打撃動作のバットスイング速度を比較すると、「素振り」と「ティー打撃」「マシーン打撃」との関係では、0.1％水準で統計学的な有意な差を認めた。また、「ティー打撃」と「マシーン打撃」との関係でも、5％水準で統計学的な有意な差を認めた。3者間の関係をみてみると、「素振り」と「ティー打撃」の関係では、y＝0.470x＋13.34の回帰直線を示し、0.1％水準で有意な正の相関関係を認めた（図14-18）。次に「素振り」と「マシーン打撃」の関係は、y＝0.548x＋10.51の回帰直線を示し、0.1％水準で有意な正の相関関係を認めた（図14-19）。さらに、「ティー打撃」と「マシーン打撃」の関係でも、y＝0.909x＋1.73の回帰直線を示し、5％水準で有意な正の相関関係を認めた。（図14-20）

この結果3種類のバットスイング速度は、「素振り」「ティー打撃」「マシーン打撃」の順で有意な差を認めたが、その関係では「素振り」でのバットスイング速度が速い選手は「ティー打撃」や「マシーン打撃」でのバットスイング速度も速いという結果となった。

3) 体格・体力測定値とバットスイング速度との関係

表14-13は、体格・体力測定値とバットスイング速度との関係を示したものである。

身長とバットスイング速度との関係は、すべての打撃動作で正の相関傾向を示し、「素振り」と「マシーン打撃」で有意な相関関係を示した。「素振り」では、y＝0.9389x＋147.15の回帰直線を示し、5％水準で有意な正の相関関係を認めた（図14-21）。さらに「マシーン打撃」での関係では、y＝1.5605x＋133.04の回帰直線を示し、1％水準で有意な正の相関関係を認めた（図14-22）。すなわち、身長の高い選手は腕の長さも長く、同じ角速度で動作した場合でも回転の軸からバットの先端までの距離も長く、身長の高い選手のバットスイング速度が速いことになる。

体重とバットスイング速度との関係でも、すべての打撃動作で正の相関傾向を示したが、「マシーン打撃」のみで有意な相関関係を示した。「マシーン打撃」では、では、y＝1.9582x＋15.688の回帰直線を示し、

表14-13 体格・体力とバットスイング速度との関係（高校野球選手、n＝23）

番号	項目	単位	素振り		ティー打撃		マシーン打撃	
			R^2	有意水準	R^2	有意水準	R^2	有意水準
1	身長	(cm)	0.227	P<0.05	0.166	N.S.	0.306	P<0.01
2	体重	(kg)	0.140	N.S.	0.160	N.S.	0.308	P<0.01
3	体脂肪率	(%)	0.143	N.S.	0.159	N.S.	0.331	N.S.
4	除脂肪体重	(kg)	0.046	N.S.	0.055	N.S.	0.039	P<0.01
5	握力（押）	(kg)	0.108	N.S.	0.031	N.S.	0.046	N.S.
6	握力（引）	(kg)	0.201	P<0.05	0.136	N.S.	0.162	N.S.
7	背筋力	(kg)	0.395	P<0.01	0.302	P<0.01	0.289	P<0.01
8	垂直跳び	(cm)	0.139	N.S.	0.219	P<0.05	0.053	N.S.

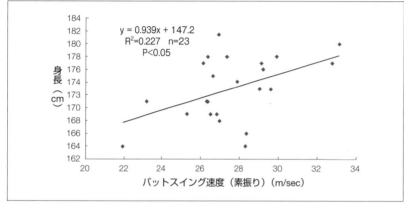

図14-21　バットスイング速度（素振り）と身長との関係

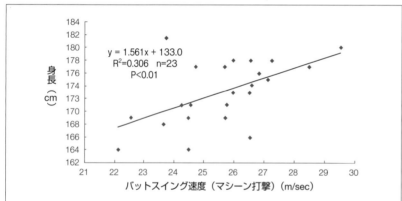

図14-22　バットスイング速度（マシーン打撃）と身長との関係

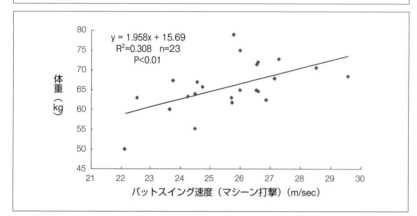

図14-23　バットスイング速度（マシーン打撃）と体重との関係

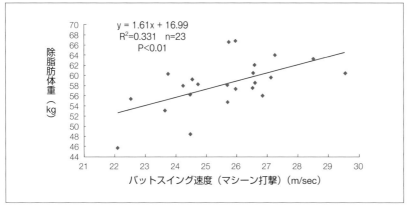

図14-24 バットスイング速度（マシーン打撃）と除脂肪体重との関係

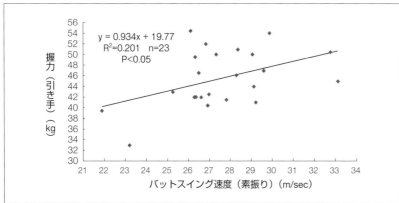

図14-25 バットスイング速度（素振り）と握力（引き手）との関係

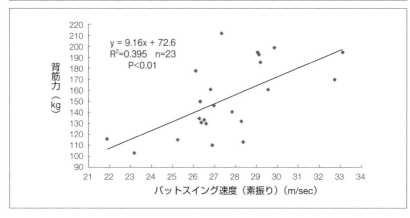

図14-26 バットスイング速度（素振り）と背筋力との関係

1％水準で有意な正の相関関係を認めた（**図14-23**）。

体脂肪率との関係では、すべての打撃動作とも正の相関傾向（体脂肪率が高い選手はバットスイング速度が速い）を示したが、有意な関係は認められなかった。体脂肪率と体重から算出される除脂肪体重とバットスイング速度との関係では、すべての打撃動作とも正の相関傾向を認めたが、「マシーン打撃」時のみに有意な相関関係を示した。「マシーン打撃」時には、$y = 1.61x + 16.99$の回帰直線を示し、1％水準で有意な関係を認めた（**図14-24**）。

筋力の代表的指標である握力とバットスイング速度との関係は、両方の握力ともすべての打撃動作時のバットスイング速度とに正の相関傾向を認めた。その中で唯一統計学的に有意な相関を認めたのは、「素振り」と引き手側の握力の関係で、$y = 0.934x + 19.77$の回帰直線を示し5％水準で有意な関係を認めた（**図14-25**）。

筋力の中で最も大きな筋力発揮となる背筋力とバットスイング速度との関係は、すべての打撃動作時とも正の相関関係を認めた。背筋力と「素振り」時のバットスイング速度との関係は、$y = 9.16x - 72.6$の回帰直線を示し、1％水準で有意な関係を認めた（**図14-26**）。また、背筋力と「ティー打撃」時の関係でも、$y = 12.7x - 181.9$の回帰直線を示し、1％水準

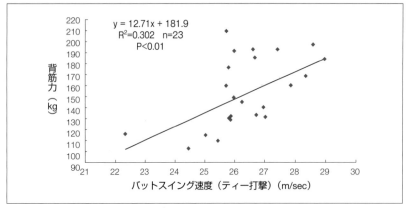

図14-27　バットスイング速度（ティー打撃）と背筋力との関係

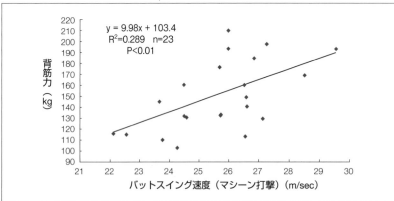

図14-28　バットスイング速度（マシーン打撃）と背筋力との関係

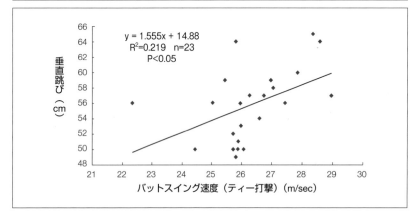

図14-29　バットスイング速度（ティー打撃）と垂直跳びとの関係

で有意な関係を認めた（図14-27）。さらに、背筋力と「マシーン打撃」時の関係でも、$y = 9.98x - 103.4$の回帰直線を示し1%水準で有意な関係を認めた（図14-28）。

以上のように、代表的な筋力の指標となる握力と背筋力はバットスイング速度と正の相関関係にあり、筋力が強いとバットスイング速度も速いという結果となった。

脚パワーの測定項目としての垂直跳びとバットスイング速度との関係は、すべての打撃動作時に正の相関傾向を認めた。その中で唯一統計学的に有意な相関を認めたのは「ティー打撃」との関係で、$y = 1.555x + 14.88$の回帰直線を示し、5%水準で有意な関係を認めた（図14-29）。

このように体格・体力測定値とバットスイング速度との関係では、身長も高く、体重も重い選手がバットスイング速度も速く、さらに筋肉量が多く体力レベルが高い選手がバットスイング速度も速いという結果となった。プロ野球選手の結果とはやや異なるものであった。

4．まとめ

1) 高校野球選手のバットスイング速度と体格・体力との関係を調査した。

2）体格のよい選手（身長が高い、体重が重い）は、バットスイング速度が速く、すべての打撃動作で正の相関傾向を示した。
3）握力と背筋力が強い選手は、すべての打撃動作でバットスイング速度が速い傾向を示し、とくに背筋力ではすべての打撃動作で統計学的に有意であった。
4）垂直跳びとバットスイング速度との関係は正の相関傾向を示し、「ティー打撃」との関係では統計学的に有意であった。
5）以上の結果は、プロ野球選手の結果とはやや異なるものであった。

4. 少年野球選手のバットスイング速度と形態・体力との関係

1. 緒言

本項では体力的にも技術的にも劣ると思われる少年野球選手について論じる。日本の少年野球は、首都圏、近畿圏を中心に組織化され多くのチームが活動している。技術的レベルも高く、世界大会などにも参加し、素晴らしい成績も収めている。

この少年野球の選手たちがどのような形態と体力を有し、どのくらいのスピードでバットスイングを行うか、さらに形態と体力との関係を明らかにすることは非常に興味のあることである。さらに少年野球からプロ野球までの打撃技術の発達を考えるうえでも非常に重要なことだと考えられる。そこで、今回は少年野球選手のバットスイング速度と形態・体力との関係について述べる。

2. 方法
1）対象者

対象者は、大阪府のスポーツ少年団の野球チームの選手21人であり、選手の学年は、小学4年生6人、5年生7人、6年生8人であった。

2）バットスイング速度・形態・体力の測定

バットスイング速度の測定と、形態・体力の測定は1993年10月に実施した。バットスイング速度の測定は、「素振り」と「ティー打撃」の2種類で行った。詳しい測定方法に関しては、本章1.の「バットスイング速度と形態の関係」を参照願いたい。なお、測定時のバットは同一のものを使用し、その重量は590gであった。

形態・体力の測定項目は、身長、体重、除脂肪体重、握力、背筋力、垂直跳びであった。握力は、打撃時の打撃様式によって「押し手」と「引き手」に分けて統計処理した。すなわち、右打ちの場合は右手が「押し手」となり、左手が「引き手」となる。除脂肪体重は、栄研式キャリパーを用い上腕背部、肩甲骨下部の2カ所の皮脂厚を測定し、体脂肪率を算出した。

3. 結果および考察
1）対象者の形態・体力測定値

表14-14は、対象者21人の形態・体力測定値を示したものである。対象者の身長は、平均141.9cmで3学年が混在しているチームなので標準偏差（6.54cm）も大きく、同年齢の11歳の全国平均値よりもやや小柄であった。体重は、平均35.6kgで全国平均値よりもやや軽かった。体脂肪率の平均は17.2％であり、体脂肪率から算出された除脂肪体重は29.4kgであった。

筋力の代表的指標となる握力は、両手の平均で

表14-14 少年野球選手の形態・体力測定値（n=21）

項目	単位	少年野球選手				全国平均（11歳）	
		平均	標準偏差	最大値	最小値	平均	標準偏差
身長	(cm)	141.9	6.54	155.2	130.1	145.9	6.7
体重	(kg)	35.6	4.17	43.5	27.0	39.7	7.4
体脂肪率	(%)	17.2	3.39	26.6	11.7		
除脂肪体重	(kg)	29.4	3.33	38.4	23.3		
握力（押）	(kg)	18.0	3.74	25.0	12.5	21.1	4.4
握力（引）	(kg)	18.3	4.33	26.0	12.0		
背筋力	(kg)	59.4	8.48	71.0	40.0	69.0	17.9
垂直跳び	(cm)	35.8	7.29	54.0	26.0	39.0	6.7

表14-15 少年野球選手のバットスイング速度の比較（n=21）

選手	素振り (m/s)	ティー打撃 (m/s)	選手	素振り (m/s)	ティー打撃 (m/s)
1	19.0	17.0	14	20.0	19.0
2	20.9	17.7	15	25.4	22.8
3	20.0	18.5	16	15.4	13.1
4	19.3	17.7	17	16.6	14.4
5	16.9	14.5	18	18.3	15.9
6	25.5	20.6	19	22.4	19.3
7	19.2	17.4	20	17.5	15.5
8	19.2	17.9	21	18.5	16.5
9	16.2	13.4	最大値	25.5	22.8
10	18.3	15.5	最小値	15.4	13.1
11	16.0	14.7	平均値	19.21	17.04
12	17.8	16.4	標準偏差	2.725	2.468
13	21.0	20.0			

表14-16 体格・体力とバットスイング速度との関係（少年野球、n=21）

番号	項目	単位	素振り R^2	素振り 有意水準	ティー打撃 R^2	ティー打撃 有意水準
1	身長	(cm)	0.250	$P<0.05$	0.248	$P<0.05$
2	体重	(kg)	0.210	$P<0.05$	0.173	N.S.
3	除脂肪体重	(kg)	0.401	$P<0.01$	0.316	$P<0.01$
4	体脂肪率	(%)	0.142	N.S.	0.102	N.S.
5	握力（利）	(kg)	0.311	$P<0.01$	0.420	$P<0.01$
6	握力（非）	(kg)	0.259	$P<0.01$	0.277	$P<0.05$
7	背筋力	(kg)	0.321	$P<0.01$	0.314	$P<0.01$
8	垂直跳び	(cm)	0.373	$P<0.01$	0.293	$P<0.05$

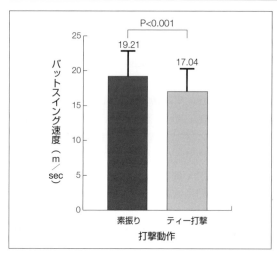

図14-30 少年野球選手のバットスイング速度の比較

18.15kgとなり全国平均値よりもやや低かった。握力を「押し手」と「引き手」に分けて比較すると「引き手」がやや強い傾向にあったが、統計学的な有意な差を認めることはなかった。背筋力も標準偏差（8.48kg）が大きく、平均59.4kgで全国平均値よりも低かった。脚パワーの測定項目である垂直跳びは、平均35.8cmで全国平均値よりもやや低かった。以上のように、対象者は同年齢の学童よりも形態的にも体力的にもやや劣る集団であることがわかる。

2）バットスイング速度の比較

表14-15と図14-30は、少年野球選手のバットスイング速度を比較したものである。「素振り」でのバットスイング速度は平均で19.21m/secを示し、「ティー打撃」でのバットスイング速度は平均で17.04m/secを計測し、両者間に0.1％水準で統計学的な有意な差を認めた。両者間の関係は、y＝0.855x＋0.609の回帰直線を示し、0.1％水準で有意な正の相関関係を認めた（図14-31）。すなわち、「素振り」と「ティー打撃」でのバットスイング速度は「素振り」が有意に速かったが、その関係では「素振り」でのバットスイング速度が速い選手は「ティー打撃」でのバットスイング速度も速いという結果となった。

3）体格・体力測定値とバットスイング速度との関係

表14-16は、体格・体力測定値とバットスイング速度との関係を示したものである。身長とバットスイング速度との関係は、「素振り」では、y＝1.201x＋118.8の回帰直線を示し、5％水準で有意な正の相関関係を認めた（図14-32）。さらに「ティー打撃」との関係では、y＝1.32x＋119の回帰直線を示し、5

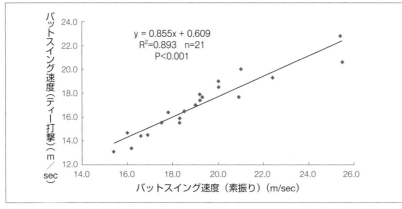

図14-31 「素振り」と「ティー打撃」でのバットスイング速度の関係

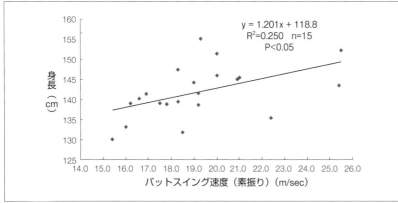

図14-32 身長とバットスイング速度（素振り）との関係

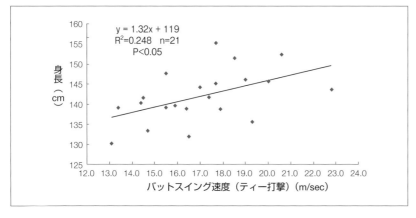

図14-33 身長とバットスイング速度（ティー打撃）との関係

％水準で有意な正の相関関係を認めた（図14-33）。すなわち、身長の高い選手は腕の長さも長く、同じ角速度で動作した場合でも回転の軸からバットの先端までの距離も長く、身長の高い選手のバットスイング速度が速いことになる。

体重とバットスイング速度との関係は、「素振り」では、$y=0.700x+22.1$の回帰直線を示し、5％水準で有意な正の相関関係を認めた（図14-34）。しかし、「ティー打撃」との関係では、正の相関傾向を示したものの有意な関係を認めることはできなかった。体脂肪率との関係では、2つの打撃動作とも負の相関傾向（体脂肪率が高い選手はバットスイング速度が遅い）を示したが、有意な関係は認められなかった。

体脂肪率と体重から算出される除脂肪体重とバットスイング速度との関係では、2つの打撃動作とも相関係数が非常に高く正の相関関係を認めた。「素振り」では、$y=0.774x+14.54$の回帰直線を示し1％水準で有意な関係を認めた（図14-35）。「ティー打撃」でも同様に、$y=0.759x+16.48$の回帰直線を示し、1％水準で有意な関係を認めた（図14-36）。

このように、除脂肪体重が重いことは多くの筋肉を有していることを意味し、動作の発現力となる筋肉量が多いことがバットスイング速度も速くなるということになる。

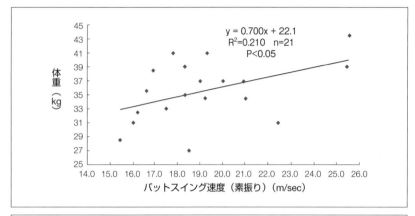

図14-34 体重とバットスイング速度(素振り)との関係

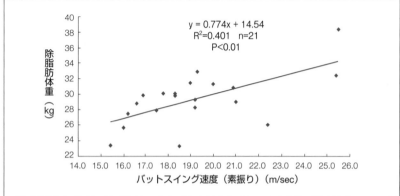

図14-35 除脂肪体重とバットスイング速度(素振り)との関係

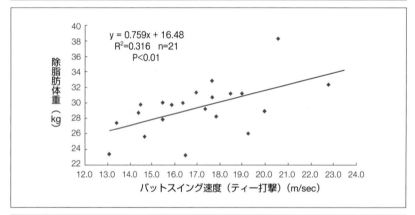

図14-36 除脂肪体重とバットスイング速度(ティー打撃)との関係

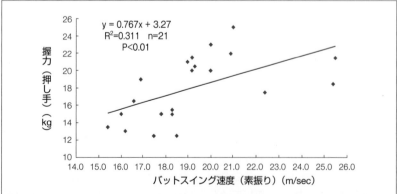

図14-37 握力(押し手)とバットスイング速度(素振り)との関係

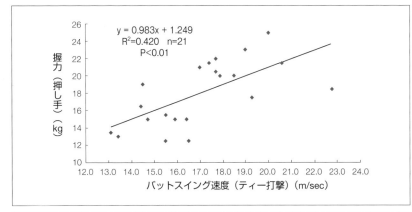

図14-38 握力（押し手）とバットスイング速度（ティー打撃）との関係

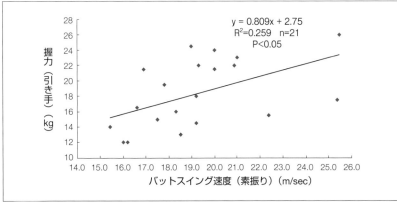

図14-39 握力（引き手）とバットスイング速度（素振り）との関係

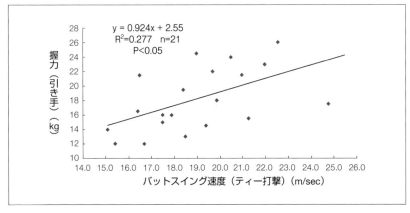

図14-40 握力（引き手）とバットスイング速度（ティー打撃）との関係

　筋力の代表的指標である握力とバットスイング速度との関係は、両方の握力とも2つの打撃動作時のバットスイング速度とに正の相関関係を認めた。押し手側の握力と「素振り」時のバットスイング速度との関係は、y＝0.767x＋3.27の回帰直線を示し、1％水準で有意な関係を認めた（図14-37）。また、「ティー打撃」時の関係でも、y＝0.983x＋1.249の回帰直線を示し1％水準で有意な関係を認めた（図14-38）。

　引き手側の握力と「素振り」時のバットスイング速度との関係は、y＝0.809x＋2.75の回帰直線を示し5％水準で有意な関係を認めた（図14-39）。さらに、引手側の握力と「ティー打撃」時の関係でも、y＝0.924x＋2.55の回帰直線を示し5％水準で有意な関係を認めた（図14-40）。このように、握力は押し手、引き手に関係なくバットスイング速度と正の相関関係が認められ、握力が強い選手がバットスイング速度も速いという結果となった。

　もう1つの筋力の指標となる背筋力とバットスイング速度との関係は、握力と同様に2つの打撃動作時とも正の相関関係を認めた。背筋力と「素振り」時のバットスイング速度との関係は、y＝1.764x＋25.54の回帰直線を示し1％水準で有意な関係を認めた（図14-41）。

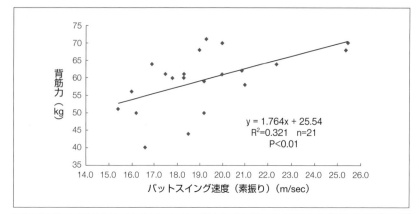

図14-41 背筋力とバットスイング速度（素振り）との関係

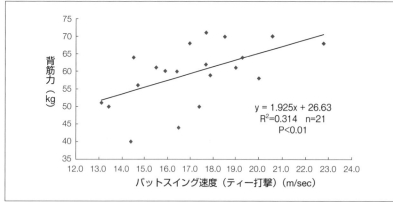

図14-42 背筋力とバットスイング速度（ティー打撃）との関係

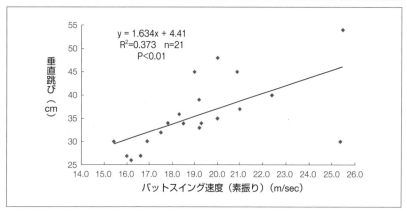

図14-43 垂直跳びとバットスイング速度（素振り）との関係

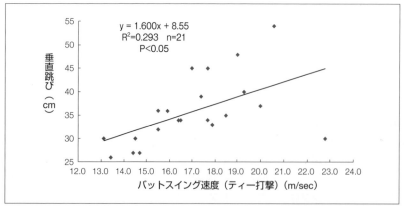

図14-44 垂直跳びとバットスイング速度（ティー打撃）との関係

また、背筋力と「ティー打撃」時の関係でも、y＝1.925x＋26.63の回帰直線を示し、1％水準で有意な関係を認めた（図14-42）。以上のように、代表的な筋力の指標となる握力と背筋力はバットスイング速度と正の相関関係にあり、筋力が強いとバットスイング速度も速いという結果となった。

パワー系の測定項目としての垂直跳びとバットスイング速度でも正の相関関係が認められた。まず「素振り」でのバットスイング速度と垂直跳びとの関係では、y＝1.634x＋4.41の回帰直線を示し、1％水準で有意な関係を認めた（図14-43）。次に「ティー打撃」時のバットスイング速度と垂直跳びとの関係でも、y＝1.600x＋8.55の回帰直線を示し、5％水準で有意な関係を認めた（図14-44）。

このように体格・体力測定値とバットスイング速度との関係では、身長も高く、体重も重い選手がバットスイング速度も速く、さらに筋肉量が多く、体力レベルが高い選手がバットスイング速度も速いという結果となった。すなわち少年野球のレベルでは、バットを振るための高い技術が未だ獲得されておらず、体格のよさや体力レベルの高さが直接バットスイング速度に影響を与えていると推測される。

4．まとめ
1）少年野球選手のバットスイング速度と体格・体力との関係を調査した。
2）体格のよい選手（身長が高い、体重が重い）はバットスイング速度が速く、除脂肪体重との関係では正の相関がより顕著となった。
3）握力と背筋力が強い選手は、バットスイング速度が速く、押し手側の握力と背筋力でこの傾向はより顕著となった。
4）垂直跳びとバットスイング速度との関係は正の相関関係を認め、「素振り」ではその関係がより顕著となった。
5）以上の結果は、少年野球のレベルでは、バットを振るための高い技術が未だ獲得されておらず、体格のよさや体力レベルの高さが直接バットスイング速度に影響を与えていると推測される。

5．プロ野球、高校野球、少年野球選手の比較

1．緒言
前項までは、プロ野球選手と高校野球、少年野球選手のバットスイング速度と形態・体力との関係について述べてきたが、ここでは3つの集団の比較を行う。

2．方法
1）対象者
測定の対象者は、プロ野球選手（本章1、2）、高校野球選手（本章3）、少年野球選手（本章4）を参照願いたい。

2）バットスイング速度・形態・体力の測定
バットスイング速度の測定は、プロ野球選手と高校野球選手は3種類の打撃動作（素振り、ティー打撃、マシーン打撃）で行ったが、少年野球選手はマシーン打撃でのスイング速度の測定は行わなかった。バットスイング速度の測定の詳細については、本章1、2を参照頂きたい。

形態・体力の測定項目は、3つの集団で異なったので、身長、体重、体脂肪率、除脂肪体重、握力、背筋力、垂直跳びの7種目を分析の対象とした。

3．結果および考察
1）対象者の形態・体力測定値の比較
表14-17は、プロ野球選手、高校野球選手、少年野球選手の形態・体力とバットスイング速度を比較したものである。さらに、プロ野球選手を100％としたときの高校野球選手、少年野球選手をそれぞれ百分率で示した。まず身長（図14-45）は、プロ野球選手が177.5cmで最も高く、高校野球選手はわずかに2.5％低いだけであったが1％水準で有意な差を認めた。少年野球選手は、プロ野球選手よりも20.1％低く、0.1％水準で有意な差を認めた。高校野球選手と少年野球選手の間にも、0.1％水準で有意な差を認めた。

体重（図14-46）は、プロ野球選手が76.3kgで最も重く、高校野球選手が86％、少年野球選手が47％と長軸（身長）よりも差が大きくなり、すべての関係において0.1％水準で有意な差を認めた。除脂肪体重（図14-47）は、プロ野球選手が66.7kgで、高校野球選手が87％、少年野球選手が44％で、すべての関係において0.1％水準で有意な差を認めた。体脂肪率

表14-17 プロ野球、高校野球、少年野球選手の形態・体力、バットスイング速度の比較

No	項目	単位		実測値			プロ野球＝100		
				プロ野球 n=15	高校野球 n=23	少年野球 n=21	プロ野球	高校野球	少年野球
1	身長	(cm)	平均値	177.5	173.0	141.9	100	97.5	79.9
			標準偏差	2.97	4.91	6.39			
2	体重	(kg)	平均値	76.3	65.9	35.6	100	86.3	46.6
			標準偏差	5.11	6.14	4.07			
3	除脂肪体重	(kg)	平均値	66.7	58.3	29.4	100	87.4	44.1
			標準偏差	3.80	4.88	3.25			
4	体脂肪率	(%)	平均値	12.5	11.4	17.2	100	91.4	137.4
			標準偏差	2.97	1.88	3.39			
5	握力（利）	(kg)	平均値	54.0	46.9	18.0	100	86.8	33.3
			標準偏差	4.79	6.41	3.65			
6	握力（非利）	(kg)	平均値	55.3	45.5	18.3	100	82.3	33.1
			標準偏差	5.04	5.19	4.23			
7	背筋力	(kg)	平均値	189.5	152.3	59.4	100	80.4	31.4
			標準偏差	21.24	32.32	8.28			
8	垂直跳び	(cm)	平均値	67.7	55.8	35.8	100	82.4	52.9
			標準偏差	3.45	4.64	7.12			
9	バットスイング速度（素振り）	(m／秒)	平均値	36.0	27.6	19.2	100	76.5	53.3
			標準偏差	1.53	2.49	2.66			
10	バットスイング速度（ティー打撃）	(m／秒)	平均値	34.3	26.3	17.0	100	76.6	49.6
			標準偏差	0.99	1.40	2.41			
11	バットスイング速度（マシーン打撃）	(m／秒)	平均値	33.4	25.6		100	76.7	
			標準偏差	1.29	1.74				
12	バットの重量	(g)	平均値	924.1	880.0	590.0	100	95.2	63.8
			標準偏差	10.34	0.00	0.00			

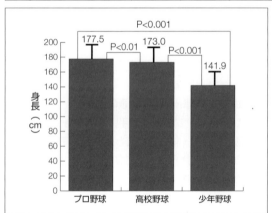

図14-45　身長の比較

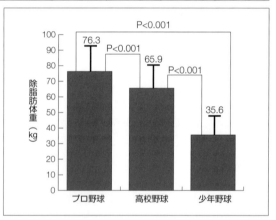

図14-46　体重の比較

（図14-48）は、少年野球選手が17.2％で最も多く、プロ野球選手や高校野球選手と0.1％水準で有意な差を認めた。プロ野球選手と高校野球選手の体脂肪率には有意な差は認められなかった。

利き腕の握力（図14-49）は、プロ野球選手が54.0kgで最も強く、高校野球選手が46.9kgで続き、少年野球選手はわずか18.0kg（プロ野球選手の33％）しかなかった。この少年野球選手の握力は、プロ野球選手と高校野球選手の握力とに0.1％水準で有意な差を認めた。プロ野球選手と高校野球選手との間にも1％水準で差を認めた。

非利き腕の握力（図14-50）も、利き腕の握力と同様に傾向を示し、すべての関係に0.1％水準で有意な差を認めた。背筋力（図14-51）は、プロ野球選手が190kgで最も強く、高校野球選手は152kg、少年野球選手が59kg（プロ野球選手の31％）であり、すべての関係に0.1％水準で有意な差を認めた。垂直跳び（図14-52）は、プロ野球選手が67.7cm、高校野球選手が55.8cm（82.4％）、少年野球選手が35.8cm（52.9％）で、3者間に0.1％水準で有意な

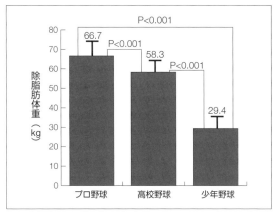

図14-47 除脂肪体重の比較

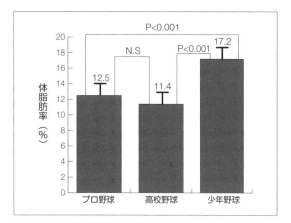

図14-48 体脂肪率の比較

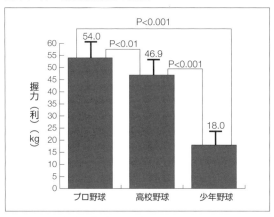

図14-49 握力（利）の比較

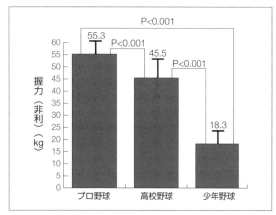

図14-50 握力（非利）の比較

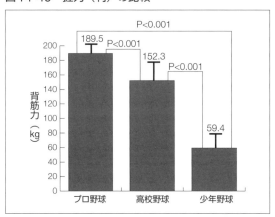

図14-51 背筋力の比較

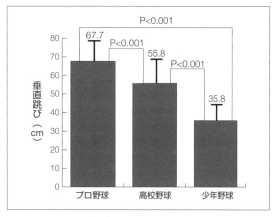

図14-52 垂直跳びの比較

差を認めた。

2）バットスイング速度とバット重量の比較

図14-53は、素振りでのバットスイング速度を比較したものである。プロ野球選手のバットスイング速度は36.0m/secで一番速く、高校野球選手は27.6m/sec、少年野球選手は19.2m/secであり、3者間に0.1%水準で有意な差を認めた。ティー打撃でのバットスイング速度でも、素振りと同様にプロ野球選手、高校野球選手、少年野球の順となり、すべての関係に0.1%水準で有意な差を認めた（図14-54）。マシーンでのバットスイング速度は、少年野球選手では測定できなかったが、プロ野球選手と高校野球選手とに0.1%水準で有意な差を認めた（図14-55）。

バットの重量は、プロ野球選手が個人のバットを使用したためバットの重量が異なったが、高校野球選手

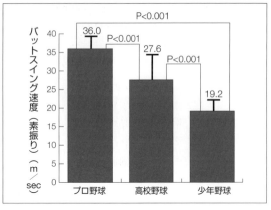

図14-53 バットスイング速度（素振り）の比較

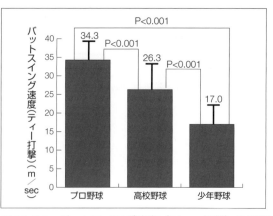

図14-54 バットスイング速度（ティー打撃）の比較

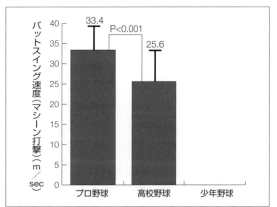

図14-55 バットスイング速度（マシーン打撃）の比較

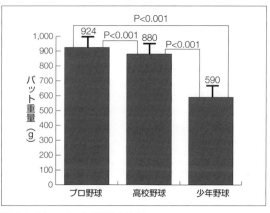

図14-56 バット重量の比較

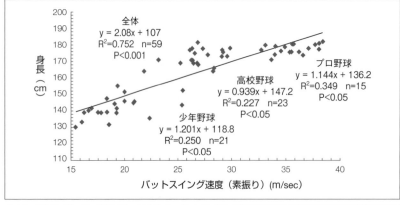

図14-57 身長とバットスイング速度（素振り）との関係

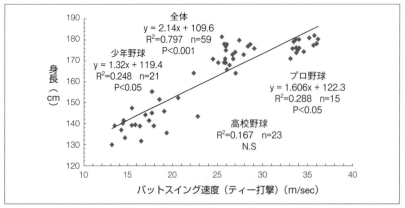

図14-58 身長とバットスイング速度（ティー打撃）との関係

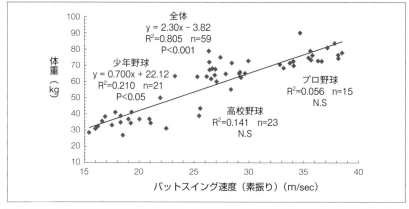

図14-59 体重とバットスイング速度(素振り)との関係

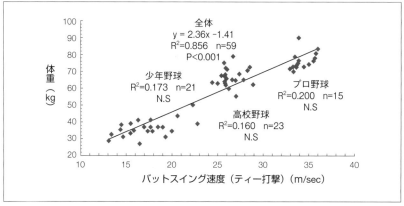

図14-60 体重とバットスイング速度(ティー打撃)との関係

の測定では重さ880gの同一のバットを使用し、少年野球選手では重量590gのバットを使用した。このバット重量の比較でも3者間に0.1％水準で有意な差を認めた（図14-56）。

3）バットスイング速度と体格・体力測定値との関係
(1) 身長との関係

図14-57は、身長と素振りでのバットスイング速度との関係を示したものである。この関係を全体として捉えると、$y=2.08x+107$の回帰直線と、$R^2=0.752$の相関係数が得られ、0.1％水準で有意な関係を認めた。各々の集団で見てみると、少年野球選手、高校野球選手、プロ野球選手とも5％水準で有意な関係を認めた。同様に、身長とティー打撃でのバットスイング速度との関係でも、$y=2.136x+109.6$の回帰直線と、$R^2=0.797$の相関係数が得られ、0.1％水準で有意な関係を認めた。各々の集団では、高校野球選手のみに有意な関係が認められなかったが、その他の2つの集団では5％水準で有意な関係を認めた（図14-58）。この結果より、身長が高ければバットスイング速度が速い傾向にあることがわかる。

(2) 体重との関係

図14-59は、身長と素振りでのバットスイング速度との関係を示したものである。全体としての関係は、$y=2.30x-3.82$の回帰直線と、$R^2=0.805$の相関係数が得られ、0.1％水準で有意な関係を認めた。しかし集団別にみてみると、プロ野球と高校野球では有意な関係が認められず、少年野球選手のみ5％水準で有意な関係を認めた。さらに体重とティー打撃でのバットスイング速度との関係を見てみると、全体では$y=2.36x-1.41$の回帰直線と、$R^2=0.8557$の相関係数が得られ、0.1％水準で有意な関係を認めたが、集団別ではすべての集団で有意な関係を認めることができなかった（図14-60）。すなわち、すべての野球選手を対象として捉えた場合には、成長とともに体重が増えていくとバットスイング速度も速くなると解釈できるが、各々の集団ではこの関係は成り立ちにくいと考察できる。

(3) 除脂肪体重との関係

図14-61は、除脂肪体重と素振りでのバットスイング速度との関係を示したものである。全体としての関係は、$y=2.12x-6.62$の回帰直線と、$R^2=0.815$の相関係数が得られ、0.1％水準で有意な関係を認め

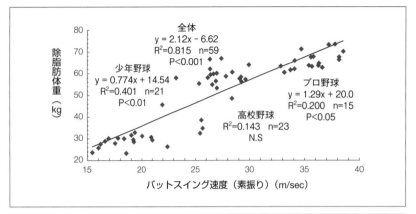

図14-61 除脂肪体重とバットスイング速度（素振り）との関係

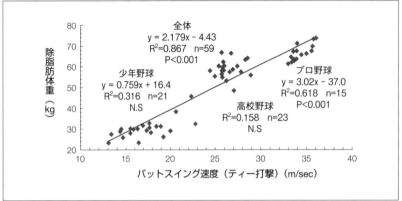

図14-62 除脂肪体重とバットスイング速度（ティー打撃）との関係

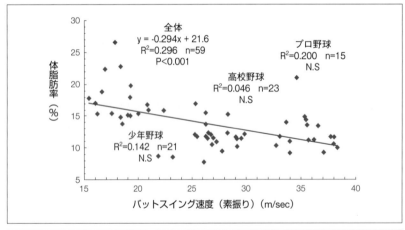

図14-63 体脂肪率とバットスイング速度（素振り）との関係

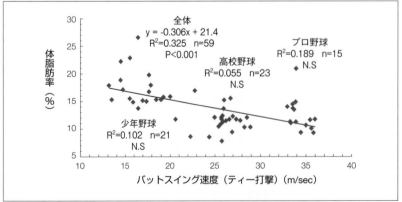

図14-64 体脂肪率とバットスイング速度（ティー打撃）との関係

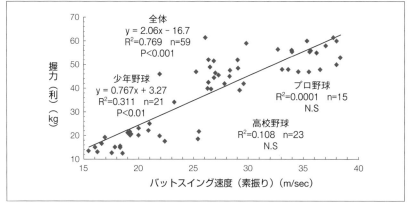

図14-65 握力（利）とバットスイング速度（素振り）との関係

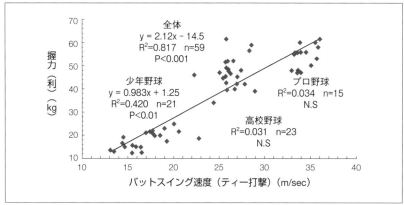

図14-66 握力（利）とバットスイング速度（ティー打撃）との関係

た。集団別にみると、プロ野球と少年野球ではそれぞれ5％水準と1％水準で有意な関係を認めたが、高校野球選手では$R^2=0.143$と相関係数が小さく有意な関係が認められなかった。さらに除脂肪体重とティー打撃でのバットスイング速度との関係でも同様に、全体としては0.1％水準で有意な関係を認め、プロ野球選手と少年野球選手でも有意な関係を認めたが、高校野球選手では有意な関係が認められなかった（図14-62）。

（4）体脂肪率との関係

図14-63は、体脂肪率と素振りでのバットスイング速度との関係を示したものである。全体としての関係は、$y=-0.294x+21.6$の回帰直線と、$R^2=0.296$の相関係数が得られ、0.1％水準で有意な負の相関関係を認めた。すなわち、体脂肪率が低いとバットスイング速度が速いという結果となった。しかし、集団別にみるといずれの集団でも有意な関係を認めることができなかった。さらにティー打撃でのバットスイング速度との関係でも同様に、全体としては0.1％水準で有意な負の関係を認めたが、集団別ではこの関係が認められなかった（図14-64）。

（5）握力（利）との関係

図14-65は、利き腕の握力と素振りでのバットスイング速度との関係を示したものである。全体としての関係は、$y=2.06x-16.7$の回帰直線と、$R^2=0.769$の相関係数が得られ、0.1％水準で有意な関係を認めた。しかし集団別にみると、少年野球選手のみに1％水準で有意な関係を認めたが、その他のプロ野球と高校野球の集団では、有意な関係が認められなかった。さらにティー打撃でのバットスイング速度との関係では、全体としては0.1％水準で有意な関係を認めたが、集団別での関係では、少年野球選手のみに1％水準で有意な関係を認めたが、その他の集団では有意な関係が認められなかった（図14-66）。

（6）握力（非利き手）との関係

利き腕ではない握力と素振りでのバットスイング速度との関係を示したのが図14-67である。全体としての関係は、$y=2.12x-18.27$の回帰直線と、$R^2=0.827$の相関係数が得られ、0.1％水準で有意な関係を認めた。この関係は少年野球選手と高校野球選手の集団では認められたが、プロ野球選手では正の相関関係を認めることができなかった。同様にティー打撃でのバットスイング速度との関係では、少年野球選手の

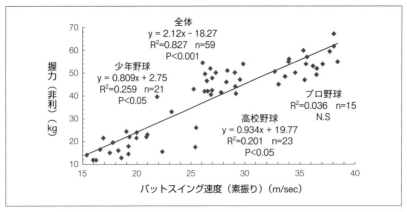

図14-67 握力(非利)とバットスイング速度(素振り)との関係

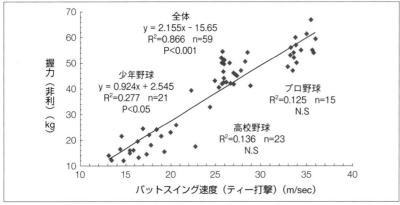

図14-68 握力(非利)とバットスイング速度(ティー打撃)との関係

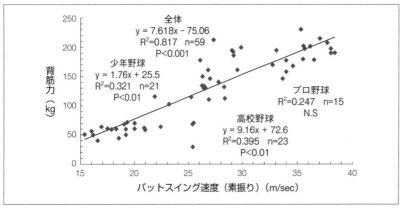

図14-69 背筋力とバットスイング速度(素振り)との関係

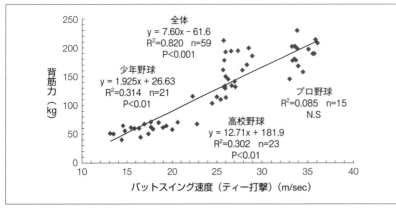

図14-70 背筋力とバットスイング速度(ティー打撃)との関係

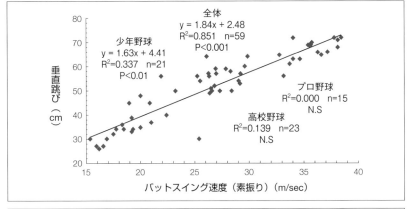

図14-71 垂直跳びとバットスイング速度（素振り）との関係

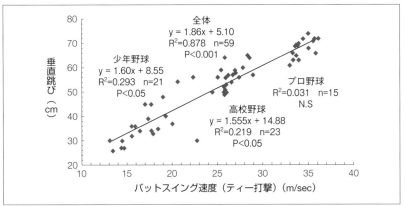

図14-72 垂直跳びとバットスイング速度（ティー打撃）との関係

みに有意な関係を認めたが、高校野球選手とプロ野球選手では正の相関関係を認めることができなかった（図14-68）。すなわち、プロ野球選手の場合は、握力が強くても必ずしもバットスイング速度が速いとは限らないという結果となった。

(7) 背筋力との関係

図14-69は、背筋力と素振りでのバットスイング速度との関係を示したものである。全体としての関係は、$y = 7.618x - 75.06$の回帰直線と、$R^2 = 0.817$の相関係数が得られ、0.1％水準で有意な関係を認めた。しかし集団別にみると、少年野球選手と高校野球選手には正の相関関係を認めたが、プロ野球選手ではこの関係を認めることができなかった。同様にティー打撃でのバットスイング速度との関係でも、プロ野球選手では正の相関関係を認めることができなかった（図14-70）。

(8) 垂直跳びとの関係

図14-71は、垂直跳びと素振りでのバットスイング速度との関係を示したものである。全体としての関係は、$y = 1.84x + 2.48$の回帰直線と、$R^2 = 0.851$の相関係数が得られ、0.1％水準で有意な関係を認め

た。しかし集団別にみると、少年野球選手のみに正の相関関係を認め、高校野球選手とプロ野球選手ではこの関係を認めることができなかった。同様にティー打撃でのバットスイング速度との関係では、少年野球選手と高校野球選手には5％水準で正の相関関係を認めたが、プロ野球選手ではこの関係を認めることができなかった（図14-72）。

4．まとめ

1）プロ野球選手と高校野球選手、少年野球選手との体格、体力、バットスイング速度の比較を行った。

2）体格と体力は、常にプロ野球選手、高校野球選手、少年野球選手の順番となり、最も差が大きかったのは筋力の項目であった。

3）バットスイング速度は、プロ野球選手が最も速く、高校野球選手はプロ野球選手の約77％、少年野球選手は約53％であった。

4）身長とバットスイング速度との関係は、すべての集団で正の相関関係を認めた。

5）体重と素振りのバットスイング速度との関係は、少年野球選手のみに正の相関関係を認めた。

6）体脂肪率とバットスイング速度との関係は、全体としては正の相関関係を認めたが、各集団では有意な

関係を認めることができなかった。

7）筋力とバットスイング速度との関係は、少年野球選手では正の相関関係を認めたが、プロ野球選手ではこの関係は認められなかった。

8）この理由としては、少年野球選手は筋力が強いことがバットスイング速度に直接結びつくが、プロ野球選手ではその間に高い技術力が関与するものと考察できる。

[主な参考文献]
1）大島義晴ほか「身体運動の科学4」朝倉書店　p201（1983）
2）中山悌一ほか「プロ野球選手のバットスイング速度と肩関節の等速性筋力」体力科学 VOL.45 NO6 DEC 1996
3）中山悌一ほか「プロ野球選手のバットスイング速度」体力科学 VOL.44 NO6 DEC 1995
4）財団法人「日本高等学校野球連盟」ホームページ
5）「新・日本人の体力標準値」東京都立大学体力標準値研究会編、不昧堂出版（2000）
6）中山悌一ほか「プロ野球に対する少年野球・高校野球選手のバットスイング速度の比較」第49回日本体育学会発表資料（1998）
7）児玉公正ほか「少年野球選手の体格・体力特性（体力とバットスイング速度）」第45回日本体育学会発表資料（1994）
8）永田　晟著『バイオキネティクス――運動力学からリハビリテーション工学』杏林書院（1991）

付章 プロ野球界で実施された ユニークな自主トレーニングと講習会

1. 競輪学校自主トレーニング（平成12年1月10日〜20日）

1. 緒言

プロ野球選手は、正月三が日を過ぎると本格的な自主トレーニングを開始する。この自主トレは、来たるべくキャンプに向けての重要な準備期間となる。しかし、本格的な野球を行うまでには多少の時間的余裕があるのでシーズン中とは異なった自主トレを実施する選手も多い。過去には元阪神の掛布雅之選手がスキートレーニングを敢行したり、最近では阪神の城島健司選手などのように異なった競技の選手たちと自主トレを行うことも多い。

2. 事前の準備

2000年の競輪学校での自主トレーニングは、当時の野村監督の発案により若手8選手が自主的に希望して実施されたものであった。この自主トレを行うにあたり仲介役となった球団は、担当者（中山悌一）と郷里も同じであり陸上競技時代からの知り合いでもあった元競輪界のスーパースター中野浩一氏のご紹介を受け競輪学校での自主トレを実施することができた（**写真 1、2、3**）。

日本競輪学校は、伊豆の修善寺町の約15万平方メートルの敷地に2つのバンクや体育館などを持つ、競輪選手の養成機関である。入学した学生は、午前中は学科、午後は実技練習が行われ約1年間で競輪選手としての必要な知識・技能を習得する。期間中はほとんど缶詰め状態で普段の生活態度も厳しく指導される。1977年には元阪神の植松精一、安仁屋宗八、山本和行選手がサイクルスポーツセンターで自主トレを行った（2000年1月12日付、日刊スポーツ）。

競輪学校でも「阪神タイガース競輪学校自転車練習計画」なるものを作成し、積極的にご協力いただいた。タイガースでも「競輪学校自主トレーニング計画案」を作成し、準備を整えた。

3. 練習内容

競輪学校での実際のトレーニングは、競輪学校練習内容（**資料1-1**）に示す内容であった。基本的には、午前中にキャッチボール、ノック、ティーバッティングなどの野球の基礎技術の練習を行った。昼食は、競輪学校の食堂にて生徒たちと一緒に同じものを食べた。生徒たちの食欲は凄まじく、タイガースの選手の2倍近くは食べていたと思われる。

練習2日目の1月12日には、アクシデントが発生した。今はタイガースの中心選手として活躍している関本選手が「右下腿部挫創」のケガを負ってしまったのである。幸い骨には異常がなく、患部を5針縫合しただけで済んだが、1つ間違えばシーズンを棒に振るおそれのある事故であった。当日は雨天のため、練

写真1　競輪学校にて、富士山を背に記念撮影

写真2　ローラーに乗ってのトレーニング

資料1-1　競輪学校練習内容

1月11日
- 8:40　競輪学校集合
- 9:00　競輪学校の朝礼に参加　自己紹介
- 9:20　施設の見学
- 9:40　アップ開始（400mバンク）
- 10:10　キャッチボール
- 10:30　ノック（全員）
- 10:50　TBT（野手）、WT（投手）
- 11:10　バスケットボール（全員）
- 12:00　昼食（競輪学校の食堂にて生徒と一緒に）
- 12:50　自転車に関する説明
- 13:20　33バンク（1周333mのバンク）にて自転車に試乗
- ・傾斜のあるバンクも登りながら休憩を挟んで約50周走った
- 15:00　終了、ホテルに帰る

1月12日
- 9:50　アップ、CB、ノック後雨天のためグラウンドでの練習中止
- 10:50　体育館にてトレーニング（ウェイト、ダッシュ）
- 12:00　昼食
- 13:00　自転車負荷テスト準備（最終日に行う予定だったが、雨天のため予定変更）
- ・アップ…パワーマックスにてウォーミングアップ
- 14:00　テスト開始
- ・最初のテスト者、関本選手事故のため以後の予定中止。残りの選手はホテルに帰る。
- ＊関本選手は事故の後現場にて約10分ほど安静、冷却後、競輪学校の車にて順天堂伊豆長岡病院を受診、整形外科のDr.最上の診断を受ける。レントゲン検査の結果、骨には異常なく「右下腿部挫創」全治2週間の診断を受ける。患部を5針縫合し、抗生物質の投与を受け半ギブスで固定し、松葉杖にて歩行しホテルに帰る。翌日、坂マネージャー運転の車にて西宮の寮に帰った。
- ＊事故の経緯…競輪学校に常設されている、固定式自転車での30秒間の全力ペダリングを試みた際に、終了間際に足がペダルから外れ、回ってきたペダルが右下腿部を直撃し、挫創を負った。ウォーミングアップはパワーマックスで十分に行い、測定風景のビデオを見て事前の準備は十分に行っていた。固定式自転車は競輪学校に特別推薦枠（自転車競技の経験のない競技者を対象とした制度）で入学してくる選手のためのテストにも採用され、パワーマックスを体験しているタイガースの選手に対しては安全だと判断し、テストを実施した。このような状況下で事故が発生した原因は、測定用の自転車はペダルが空回りせず、ペダルと車輪が同じように回転する自転車だったので、偶然に足がペダルから外れた際に不慣れのため対応が遅れ、事故が誘発されたと考えられる。

1月13日
- 10:00　アップ開始（250mバンク）
- 10:30　キャッチボール。その後雨のため体育館に移動
- 10:50　ウェイト、バスケットボール（体育館）
- 12:00　昼食（競輪学校の食堂にて生徒と一緒に）
- 13:00　学校敷地内の1周1kmの周回コースを12周
- 15:00　終了、ホテルに帰る
- ＊松井ヘッドコーチ視察（12:00～15:00）

1月14日
- 10:00　アップ開始（400mバンク）
- 10:30　キャッチボール、ノック
- 11:10　TBT（田中、寺田）、ウェイト（投手）
- 12:00　昼食（競輪学校の食堂にて生徒と一緒に）
- 13:00　自転車トレーニング
- ・スタートの練習と200mタイムトライアル
- ・400mバンク20周
- 15:00　終了、ホテルに帰る

1月15日
- 10:00　アップ開始（400mバンク）
- 10:30　キャッチボール、ノック
- 11:10　TBT（田中、寺田）、ウェイト（投手）
- 11:40　バスケットボール（全員）
- 12:00　昼食（競輪学校の食堂にて生徒と一緒に）
- 13:00　競輪学校休日のため自由練習となり、各自自転車でトレーニングを行った。
- 15:00　終了、ホテルに帰る
- ＊中野浩一氏（元競輪選手）が来校、激励を受ける

1月16日
- 休日（各自思い思いに休日を過ごす）

1月17日（金沢選手練習終了後帰阪）
- 10:00　アップ開始、キャッチボール（雨のため体育館使用）
- 11:20　ウェイト、バスケットボール（体育館）
- 12:00　昼食（競輪学校の食堂にて生徒と一緒に）
- 13:00　自転車トレーニング
- ・ローラー上で自転車を漕ぐ（15分4セット）
- 15:00　終了、ホテルに帰る

1月18日
- 10:00　アップ、キャッチボール、ノック、ペッパー（400mバンク）
- 11:20　ウェイト
- 12:00　昼食（競輪学校の食堂にて生徒と一緒に）
- 13:00　自転車トレーニング
- ・登坂練習（12％の上り坂を登りきる）10本（最後まで登りきったのは1本のみ）
- 15:00　生徒の寮を見学する
- ・2期生、約150人で生活している
- ・4人部屋で生活し、個人の仕切りはカーテンのみ
- ・暖房はあるが冷房はなし
- 15:30　終了、ホテルに帰る

1月19日
- 10:00　アップ開始、キャッチボール（雨のため体育館使用）
- 11:20　ウェイト、バスケットボール（体育館）
- 12:00　昼食（競輪学校の食堂にて生徒と一緒に）
- 13:00　プールトレーニング
- ・競輪学校に隣接する温水プールにて水泳、水中歩行を行う
- 15:00　終了、ホテルに帰る
- ＊18:00より競輪学校主催による慰労会が開催される。

1月20日
- 10:00　自転車トレーニング
- ・1周3kmの周回コースを5周、その後1kmコースを5周
- 11:30　終了、ホテルに帰る
- ＊田中、中山は帰阪し、部坂、奥村、寺田、藤川は自宅に帰り、山岡は日産自動車での自主トレに参加した。

習内容を一部変更し、最終日に行う予定だった「自転車負荷テスト」を実施した。最初の測定者であった関本選手が測定中に足がペダルから外れて、回ってきたペダルが右下腿部を直撃し、挫創を負ったのである。その後の測定は中止した。

この事故の原因としては、測定用の自転車は競輪で使用されるのと同じく、ペダルが空回りせずペダルと車輪が同じように回転する自転車であったためと考えられる。当初の計画では、最終日に行う予定だった測定をいまだだ競輪用の自転車に乗りなれていない2日目に実施したことも事故の一因とも思われる。普段行っていない場所でトレーニングを行う場合には細心の注意を払ってトレーニングを実施すべきであることを痛感した。その後の練習はほぼ予定通りに行われ、1月20日に自主トレを終了した。

資料1-2 藤川球児投手の感想文

今回、競輪学校に参加したのは1年目なので初めて過ごすOFFで、いろいろなことを経験したいと思ったからです。

あの環境は身体にはつらいなあと思いましたが、今考えてみると、精神的にすごく鍛えられたと思っています。実際、自転車に乗ると思った以上に難しく、大変でした。練習が終わると疲れていたので、これならキャンプにいい状態で行けると思いました。

まだ若いので、いろいろなOFFの過ごし方、トレーニング方法などもどんどん勉強していきたいと思います。また機会があれば参加してみたいと思います。

阪神タイガース
30番 藤川球児

4. 競輪学校での自主トレーニングを終えて

競輪学校での自主トレーニングを終えるにあたって、参加した選手達が感想文を残している。全ての選手が競輪学校の厳しさや、同じプロスポーツ選手を目指す生徒達のひた向きな姿勢に感心したようであった。最後に今や阪神タイガースだけでなく全日本のクローザーにまでに成長した藤川球児投手の感想文（**資料1-2**）を紹介してこの項を終わりたいと思います。

写真3 ローラー訓練（全体の様子）

2. コーチ講習会（平成13年1月17日～18日）

1. 緒言

競輪学校での自主トレーニングの次の年には、コーチ講習会が実施された。日本のプロ野球界では、有名選手や実績を残した選手がそのまま監督やコーチとして指導者になることが多い。Jリーグなどでは指導者になるための資格審査を行い、これに合格した者だけが指導者になれるのである。指導者になるためには、現役時代の自分の経験だけでは不十分であり、運動学やコーチ学、心理学などの知識も必要となってくる。当時の野村監督も同じような考えを持っていて「コーチ講習会」の開催を熱望されたのである。

2. 事前の準備

「コーチ講習会」の準備は著者が担当した。まずは、「コーチ講習会企画書」（**資料2-1**）を作成し、球団に提出した。次に講習内容と講師の選択を始めた。この件に関しては、東京大学の平野裕一先生やJISS（国立スポーツ科学センター設置準備室）の船渡和男先生、早稲田大学の礒繁雄先生の助言をいただき決定した。

当初の計画（**資料2-2**）では、9人の先生方に内諾を頂き、4日間での講演が決定した。しかし、最終的には球団側の日程の調整がうまくいかず、2日間のみの開催となった（**資料2-3**）。内諾までいただき、講演をお断りした5人の先生方には申し訳なく思い、上京してお詫びを申し上げたのが昨日のように思い出される。先生方には快くご了解頂き、感謝申し上げます。

3. 講演内容

1）スポーツ解剖学とスポーツ障害（島田幸造先生）

主に筋肉の構造と機能（野球で行われる動作に対してどの筋肉がいかに働くか）、さらにスポーツ障害についての講演があり、痛みの起きる仕組みや、故障の早期発見の必要性などについてのお話があった。

2）スポーツ栄養学（杉浦克己先生）

トレーニング効果を上げ、身体を大きく強くするための食事の種類と時間帯についての講演が行われた。

資料 2-1

阪神タイガースコーチ講習会企画書

コンデショニング担当
中山 悌一

　2000年の春季キャンプ中に、石田管理部長より「野村監督がタイガースのコーチ達にオフの間に大学にでも行って勉強させたい」との意向があるので大学の方をリサーチするようにとの依頼があり検討した。大学での授業を短期間でも受講する為には、聴講生となって受講することは可能である。しかし大学の授業は普通、前期、後期に分けられ、最低半年間にわたって系統だった授業が展開される。そこにタイガースのコーチがオフの1ヶ月間だけ受講しても当初の目的を達成できるとは考え難い。そこで、各団体が主催する講習会に参加出来ないものか検討してみた。日本のスポーツに関する公的資格認定（資料1）によると、文部省、厚生省、労働省によって認定され、プロ野球のコーチが目標とする資格内容は、文部省のコーチ（競技力向上指導者）が適当かと考えられる。（尚文部省のアスレチックトレーナーは、数年前にプロ野球のトレーナーの多くが特別の処置で資格を取得している。）この「コーチ」制度はC級から始まりB級、A級と進んでいきオリンピックを目指す種目の指導者は殆どこの資格を取得している。（資料1）この資格を取得する為には、長時間の講習時間が必要となり、プロ野球のコーチにとって時間的に無理である。そこで公認C級コーチ養成の為の集合講習会が、全国6会場において実施されているので、そこでの講義内容と講師名を調べてみた。（資料2）講義は5日間にわたり、朝8時30分から夜9時まで、前期、後期にわたり実施され、後期の講習の最後には検定試験も行われている。この講習会の講義内容と講師名を整理してみると、講師にはその道の専門家、研究者が名を連ねている。（資料3）以上のことを参考して、タイガースのコーチに対する勉強会は、文部省の「コーチ」制度の講義内容に準じてプロ野球のコーチを対象とすることを考慮しながら、シーズンオフの1週間位の期間に集中して実施する事が最適かと考える。講義内容は資料4に示した。講師については実施場所、日時を考慮して決定していくものとする。講師の依頼はなるべく早い方が良いと思われる。
　尚、予算的には50万円×10人＝500万円程度が必要かと試算される。

平成12年6月10日

資料 2-2

殿

株式会社阪神タイガース　取締役社長　高田　順弘

コーチ講習会の講師受諾の件

　この度は阪神タイガースコーチ講習会を開催するにあたり、講師依頼を内諾頂きまして有難う御座いました。講習会も下記の要綱にて開催する事となりました。つきましては、別紙の事項にご記入頂きご返送下さりますよう御願い致します。

実施要綱

1、期　日　平成13年1月17日（水）～20日（土）4日間

2、場　所　大阪　梅田　ハービスOSAKA 6階
　　　　　「ガーデンシテイークラブ大阪」（地図参照）

3、講演内容
17日
　①スポーツ解剖学とスポーツ障害（越智先生）（9:00～12:00）
　②スポーツ内科学（川原先生）（13:00～16:00）
18日
　①スポーツバイオメカニクス（金子先生）（9:00～12:00）
　②メンタルトレーニング（高妻先生）（13:00～15:00）
　③スポーツ科学は競技力向上に如何に貢献してきたか？
　　（石井喜八先生）（15:30～17:30）
19日
　①野球の科学（平野先生）（9:00～12:00）
　②スポーツ栄養学（杉浦先生）（13:00～16:00）
20日
　②運動生理学（福永先生）（9:00～12:00）
　③トレーニングの科学（石井直方先生）（13:00～15:00）

以　上

資料 2-3

コーチ講習会開催の件

　この度、野村監督の発案により阪神タイガースコーチ講習会を、下記の要綱にて開催する事となりましたのでここに御通知申しあげます。

記

1、期　日　平成13年1月17日（水）～18日（木）2日間

2、場　所　大阪　梅田　ハービスOSAKA 6階
　　　　　「ガーデンシテイークラブ大阪」（地図参照）

3、講演内容]
17日
　①スポーツ解剖学とスポーツ障害（9:00～12:00）
　・講師―島田　幸造（大阪大学医学部整形外科助手）
　※1月1日より「りんくう総合医療センター泉佐野市立病院」の整形外科部長に転任予定
　②スポーツ栄養学（13:00～16:00）
　・講師―杉浦　克巳（明治製菓（株）ザバス
　　　　　　　　　　　スポーツ＆ニュートリション・ラボ）
18日
　①スポーツバイオメカニクス（9:00～12:00）
　・講師―金子　公宥（大阪体育大学副学長）
　②メンタルトレーニング（13:00～16:00）
　・講師―高妻　容一（東海大学助教授）

以上

3）スポーツバイオメカニクス（金子公宥先生）
　身体運動の際に、力が物理学的に支持運動器系を通じてどのように伝達されるかについての講演が行われた。

4）メンタルトレーニング（高妻容一先生）
　個々に性格の違う選手の能力を最大限に引き出すためのメンタル面でのケア（心理面でのアドバイス）についての講演が行われた。

4. コーチ講習会を終えて

　コーチ講習会に関するマスコミの反応も大きかった。当時のスポーツ新聞の記事によると、第1日の講演終了後の野村監督の感想として「小学1年生の心境や。球団にお願いしたんですが、非常にいい企画だった」と述べている。また「アマチュアに学べ、の思いは数年前からあった。セリーグの監督会議で球界レベルの取り組みを提言したものの、受け入れなかった」、さらに「プロの指導者は自分の経験をベースにやろうと

いう人が多い。アマチュアの人は勉強して指導していこうという根本姿勢がある」とも述べている。2日目の「選手は褒めることで選手はプラス思考になる」というメンタルトレーニングの講演に関しても、当時の野村監督は「自分の指導法を見直さなきゃいかんな。僕がやってきたことはすべてマイナス思考。選手の反発を起こさせる。180度違った」と反省の弁を述べている。最後に全ての講演が終わった後にも野村監督は、「4人の先生には4通りの感動があった。われわれも勉強することがもっとたくさんあると思いました。無知、無学を再確認しました」と謙虚に述べておられた。

　日本のプロ野球界は、間違いなく日本のスポーツエリートの集団であることは真実である。しかし指導法や指導者の育成法などにはいまだ改善の余地があると思われる。

あとがき

　日本のプロ野球は、今日素晴らしい発展を遂げ我国では最も人気のあるプロスポーツの一つである。日本のスポーツ界は、東京オリンピックを機にスポーツ科学を急激に導入した。しかし日本プロ野球界は、アマチュアポーツとは異なり独自の道を歩み、必ずしもスポーツ科学に裏付けされたトレーニングや指導が行われてきたわけではない。

　こんなプロ野球界への道を開いて頂いたのが故小津正次郎氏である。小津正次郎氏は、1978年当時阪神タイガースの社長を務められ、「プロ野球を科学的に分析し、野球に必要なトレーニングを生み出してくれる人材を探している」と三上修二氏（千葉経済短期大学）から情報を得て、小津社長と東京で何度も面談した。小津社長の熱き心意気に心動かされ、翌年の奉職が決まっていた大学に御断りの連絡を入れ、1979年の9月に阪神タイガースにトレーニングコーチとして入団したのである。

　当時のタイガースのトレーニング環境は惨憺たるものであった。まともなトレーニングルームもなく、錆びついたバーベルが室内練習場の片隅に横たわっているだけであった。そこで私は、トレーニングルームの設置と選手の形態と体力の現状把握から始めた。トレーニングルームは、当時の監督であったブレイザー氏の助言もあり、ノーチラスのトレーニングマシーンと共に1980年に完成した。体力の現状把握では、1980年に鳴り物入りで早稲田大学からドラフト1位で入団した岡田彰布選手を思い出す。某社製の多用途筋力計を使用して脚の伸展力を測定していた時にワイヤーが切れ、岡田選手の下腿部前面が鉄製の机を強打したのである。幸い大事に至らず事なきを得たが、今思い出しても血の気が引く一瞬であった。

　その後は、体力測定や健康診断が球団の恒例行事となり、その資料が選手のトレーニング指導や故障予防、リハビリテーションのために役立てられたのである。これらのシステムは12球団で最も優れたものであったと自負している。

　2002年には、志半ばでタイガースを退団することになる。この間に蓄積した資料や書籍をタイガースに残したままにしておいたが、甲子園球場の改築に伴い全ての資料が廃棄されたと聞いた時は晴天の霹靂であり、目の前が真っ暗になった。資料などが廃棄される時は連絡してくれるように関係者にお願いしていたが、連絡を頂けなかったのは残念である。

　このようなことがあり、選手達の協力によって得られたスポーツの文化遺産ともいえるプロ野球の貴重な資料を何とか保存したいと思う気持ちがますます強くなった。そこでプロ野球のデータを何らかの形に残したいと伊坂忠夫教授（立命館大学・スポーツ健康科学部副学部長）に相談したところ、トレーニングジャーナル誌の浅野将志編集長を御紹介頂き、書籍化への足掛かりとなった。

　この書籍の完成にあたり、トレーニングジャーナル誌への連載の機会を与えて頂いた浅野氏と伊坂忠夫教授に感謝申し上げます。40回の長きに亘り連載を継続でき、書籍化できたのも御二人の的確な御指導と御指摘があったためと考えております。

　大学院を修了した後、多くの仲間達が大学の教職へと進んでいく中、プロ野球界への就職を選択した

私に、恩師故石井喜八先生は「プロ野球の世界は未だスポーツ科学を取り入れた指導が行われていない。その基礎となるデータを集積し指導に活かしなさい」とアドバイスを頂いたことを今も忘れてはいない。この書籍の完成は、恩師故石井喜八先生に幾ばくかの恩返しができたのではないかと思い、この書籍を霊前に捧げたいと考えている。

　今までにない視点からのプロ野球に関する多くのデータが分析され、新たな知見が得られたものをまとめたのが本書である。プロ野球界の皆様には、この新しい知見を参考にされ、選手育成やコーチングに活用されることを願っています。25年間在籍した日本のプロ野球界に僅かでも恩返しができたことを嬉しく思います。この本は、指導者や研究者だけでなく多くのプロ野球ファンに御拝読頂き、違った側面からプロ野球を楽しむ資料として御活用頂ければ幸いである。

　最後に書籍化に関して快く御理解を頂き、御許可頂いた株式会社阪神タイガースに心より感謝申し上げます。

2011年3月吉日

中山 悌一

この書籍を愛する家族に捧げる

中山悌一 研究業績

[著書]
「現代体育・スポーツ大系」，講談社，1984．(23巻：野球・ソフトボール・ゴルフ・クリケット)
「トレーニングの科学」，朝倉書店，1994．(エンデュランス・トレーニング)

[研究業績]
1) 最大下運動時の心拍数と酸素摂取量の年間変動について，日本体育大学紀要第8号，1979．
2) HR-VO2関係についての一考察，日本体育大学紀要第9号，1980．
3) 阪神タイガース二軍選手の形態および体力について，体力科学，29（6），1980．
4) プロ野球Y投手のアキレス腱断裂後のリハビリトレーニングと復帰経過について，体力科学，35（6），1986．
5) スポーツマンの栄養について－プロ野球選手の場合－，体力科学，35（6），1986．
6) プロ野球選手の形態について，体力科学，36（6），1987
7) スポーツマンの栄養について－食生活に対する意識と実態－，36（6），1987．
8) プロ野球選手の筋力トレーニングの現状と使用器具，Japanese Journal of Sports Sciences，6（8），1987．
9) 2名のプロスポーツマンのアキレス腱断裂後の復帰過程，臨床スポーツ医学，6（4），1989．
10) スポーツ医科学が今後の日本プロ野球界に果す役割，臨床スポーツ医学，7（4），1990．
11) プロ野球選手の障害について－障害発生の月別特徴と筋力－，臨床スポーツ医学，7，第10回西日本臨床スポーツ医学研究会報告集，1990．
12) プロ野球選手の肉離れ発症の素因と対策，第1回関西臨床スポーツ医科学研究会報告書，1991．
13) プロ野球選手の肩関節障害の早期チェックの試み，第11回西日本臨床スポーツ医科学研究会報告書，1991．
14) プロ野球選手の等速性筋力について，体力科学，40（6），1991．
15) プロ野球選手にみられる障害発生と対策，第2回関西臨床スポーツ医科学研究会報告書，1992．
16) プロ野球選手の等速性筋力と故障，障害との関係について，体力科学，41（6），1992
17) プロ野球選手の形態と体力の関係，体力科学，42（6），1993．
18) プロ野球選手の脚筋パワー－自転車エルゴメーターをもちいて－，関西学院大学―論功―保健体育学研究XII，1994．
19) 左内側半月板全切除術後のリハビリトレーニングと復帰経過の一例，体力科学，43（6），1994．
20) 等速性筋力の競技特性－プロ野球選手と短距離選手を比較して－，体力科学，43（6），1994．
21) プロ野球選手における脚筋パワーと30m塁間モデル走の関係，大阪薬科大学教養論業・ぱいでいあ，19，1995．
22) プロ野球選手の自転車エルゴメーターを用いた脚筋パワーの加齢に伴う変化，大阪産業大学論集自然科学編，97，1995．
23) プロ野球選手のバットスイング速度，体力科学，44（6），1995．
24) プロ野球選手における脚筋パワーと30m塁間モデル走および脚筋力の相互関係，関西学院大学―論功―スポーツ科学・健康科学研究XIII，1996．
25) プロ野球選手のバットスイング速度と肩関節の等速性筋力，体力科学，45（6），1996．
26) プロ野球選手における脚筋パワー測定の至適負荷，関西学院大学―論功―保健体育学研究XIV，1997．
27) プロ野球T球団における過去7年間（1990～1996）における投手の肘・肩障害の発症状況，体力科学，46（6），1997．
28) プロ野球選手のバットスイング速度と膝関節等速性筋力，体力科学，46（6），1997．
29) プロ野球選手のバットスイング速度と肩関節等速性筋力，大谷女子大学―小川修三先生退職記念論文集，1998
30) 高卒プロ野球選手は入団5年間に形態的に向上するか？，体力科学，47（6），1998．
31) プロ野球選手の関節可動域，体力科学，48（6），1999．
32) プロ野球界には右投げ左打ちが増加している，体力科学，49（6），2000．
33) 日本人プロ野球選手の体格の推移（1950～2002），体力科学，53（4），2004．
34) 日本人プロ野球選手の投球側と打撃様式の推移（1950～2002），京都体育学研究，20，2004．
35) 日本人プロ野球選手の出身地別特徴について（1959～2002），体力・栄養・免疫学雑誌，14（3），2004
36) 本学学生の体力について（第5報）－2004年度春学期履修生の測定結果より－，関西学院大学スポーツ科学・健康科学研究，9，2005．
37) 日本人プロ野球選手の生まれ月の特徴（1950～2002），大阪体育研究，43，2005
38) MECHANISTIC APPROACH TO THE EFFECTS OF LOW LEVEL LASER IRRADIATION (LLLI) WITH THE GaAIAs DIODE LASER ON THE PRODUCTION OF REACTIVE OXYGEN SPECIES FROM HUMAN NEUTROPHILS AS A MODEL FOR THERAPEUTIC MODALITY AT A CELLULULAR LEVEL，Laser Tberapy，14（2），2005

[学会発表]
1) 日本プロ野球選手の体格の推移について，第31回日本体育学会，東京学芸大学，1980.10.
2) 阪神タイガース二軍選手の形態および体力について，第35回日本体力医学会，栃木県宇都宮市栃木会館，1980.10.
3) プロ野球新人選手の一年間における体格，体力の変化について，第33回日本体育学会，東京大学（駒場），1982.10.
4) スポーツマンの栄養について－プロ野球選手の場合―，第41回日本体力医学会，山梨県県民会館，1986.9.
5) プロ野球Y投手のアキレス腱断裂後のリハビリトレーニングと復帰経過について，第41回日本体力医学会，山梨県県民会館，1986.9.
6) 日本プロ野球選手の体格の推移について（第2報），第38回日本体育学会，立命館大学，1987.9.
7) プロ野球選手の形態について，第42回日本体力医学会，沖縄市民会館，1987.10.
8) スポーツマンの栄養について－食生活に対する意識と実態－，第42回日本体力医学会，沖縄市民会館，1987.10.
9) プロ野球選手の体力トレーニングに対する意識調査，第40回日本体育学会，横浜国立大学，1989.10.
10) プロ野球選手の体力トレーニングに対する意識調査（その2），第41回日本体育学会，岡山大学，1990.10.
11) プロ野球選手の出身地別特徴について，第41回日本体育学会，岡山大学，1990.10.
12) プロ野球選手の等速性筋力について，第46回日本体力医学会，金沢市観光会館他，1991.10.
13) プロ野球選手の体力トレーニングに対する意識調査（その3），第42回日本体育学会，富山大学，1991.10.
14) プロ野球選手の出身地別特徴について（第2報），第42回日本体育学会，富山大学，1991.10.
15) プロ野球新人選手の1年間における体格，体力の変化について（第2報），第43回日本体育学会，大妻女子大学，1992.12.
16) プロ野球選手の等速性筋力と故障，障害との関係について，第47回日本体力医学会，山形県県民会館他，1992.9.
17) 我チームのメディカルサポートの現状について，第5回トレーニング科学研究会，東京大学教養学部，1993.1.
18) プロ野球選手の形態と体力の関係，第48回日本体力医学会，徳島県郷土文化会館他，1993.9.
19) プロ野球選手の形態について（第2報），第44回日本体育学会，大阪国際交流センター，1993.11.
20) プロ野球選手の脚筋パワー，第44回日本体育学会，大阪国際交流センター，1993.11.
21) 等速性筋力の競技特性―プロ野球選手と短距離選手を比較して－，第49回日本体力医学会，名古屋中小企業振興会館，1994.9.
22) 左内側半月板全切除術後のリハビリトレーニングと復帰経過の一例，第49回日本体力医学会，名古屋中小企業振興会館，1994.9.
23) プロ野球選手の筋持久力，第45回日本体育学会，山形大学，1994.10.
24) 少年野球選手の体格，体力特性（体力とバットスイング速度），第45回日本体育学会，山形大学，1994.10.
25) Relationship between Isokinetic Peak Torque and Physical Conditioning in Japanese Professional Baseball Players，XIII INTERNATIONAL SYMPOSIUM ON BIOMECHANICS IN SPORTS LAKEHEAD UNIVERSITY CANADA，1995.7.
26) プロ野球選手のバットスイング速度，第50回日本体力医学会，福島県文化センター，1995.9.
27) プロ野球外国人選手の形態と等速性筋力，第46日本体育学会，群馬県民会館，1995.10.
28) プロ野球選手のバットスイング速度と肩関節の等速性筋力，第51回日本体力医学会，広島国際会議場，1996.9.
29) プロ野球選手の年間体脂肪率変化，第47回日本体育学会，千葉大学，1996.9.
30) プロ野球選手と少年野球選手のバットスイング速度と体力，第47回日本体育学会，千葉大学，1996.9.
31) プロ野球選手の年間体脂肪率変化（第2報），第48回日本体育学会，新潟大学，1997.10.
32) プロ野球選手のバットスイング速度と下肢の筋力，第48回日本体育学会，新潟大学，1997.10.
33) プロ野球選手における脚筋パワー測定の至適負荷，第48回日本体育学会，新潟大学，1997.10.
34) プロ野球選手のバットスイング速度と膝関節等速性筋力，第52回日本体力医学会，リーガロイヤルホテル，1997.9.
35) プロ野球T球団における過去7年間（1990～1996）における投手の肘・肩障害の発症情況，第52回日本体力医学会，リーガロイヤルホテル，1997.9.
36) 高卒プロ野球選手は入団5年間に形態的に向上するか？，第53回日本体力医学会，パシフイコ横浜会議センター第53回日本体力医学会，パシフイコ横浜会議センター，1998.9.
37) プロ野球選手に対する少年野球・高校野球選手のバットスイング速度の比較，第49回日本体育学会，愛媛大学，1998.10.
38) プロ野球の外国人選手と日本人選手の年間体脂肪率変化の比較，第49回日本体育学会，愛媛大学，1998.10.
39) プロ野球選手の関節可動域，第54回日本体力医学会，熊本市民会，1999.9.
40) プロ野球選手の体格の推移（1950～1999年），第50回日本体育学会，東京大学（駒場），1999.10.
41) 野球打撃動作時の各身体部位及びバットスイングの角速度関係，第50回日本体育学会，東京大学（駒場），1999.10.
42) プロ野球界には右投げ左打ちが増加している，第55回日本体力医学会，富山国際会議場，2000.9.
43) プロ野球選手の出身地別特徴について，第51回日本体育学会，奈良大学，2000.10.
44) 日本プロ野球選手の投球側と打撃様式の推移（1950～2002），第133回京都体育学会，立命館大学，2004.3.

[著者紹介]

中山 悌一（なかやま　ていいち）
1953年、福岡県生まれ。1972年、福岡県立久留米高等学校卒業、1978年、日本体育大学大学院修士課程体力学専攻修了後、同大学院健康学研究室助手。1979年、株式会社阪神タイガース二軍トレーニングコーチとして入団、一軍トレーニングコーチ、総合トレーニングコーチ、コンディショニングコーチを経て、1991年、ユニホームを脱ぎ球団本部コンディショニング担当に就任、2002年、株式会社阪神タイガースを退団、現在に至る。

現在

立命館大学、関西学院大学、大阪産業大学、武庫川女子大学、各非常勤講師、日本体力医学会会員、日本バイオメカニクス学会会員、日本プロ野球天地会会員（阪神タイガース日本一の監督、コーチ、選手にて組織し、野球教室等の社会貢献を実施している）、日本プロ野球28会会員（昭和28年度生まれのプロ野球関係者で組織し、子供達への野球教室等の社会貢献を実施している）、日本プロ野球OB会会員（日本プロ野球のOBで組織し、子供の日に全国47都道府県にて子供達を対象とした野球教室を毎年実施している）

プロ野球選手のデータ分析

2011年3月31日　第1版第1刷発行
2015年3月31日　改訂版第1刷発行
2018年2月28日　改訂版第3刷発行

著　者　中山　悌一
発行者　松葉谷勉
発行所　有限会社ブックハウス・エイチディ
　　　　〒164-8604　東京都中野区弥生町1丁目30番17号
　　　　電話　03-3372-6251
印刷所　シナノ印刷株式会社

方法の如何を問わず、無断で全部もしくは一部の複写、複製、転載、デジタル化、映像化を禁じます。
©2011, 2015 by Teiichi NAKAYAMA Printed in Japan　ISBN978-4-938335-90-8
乱丁、落丁本はお取り替えいたします。